普通高等教育机电类规划教材

液压控制系统

主　编　王春行
参　编　徐　渌
主　审　王益群

机械工业出版社

本书是在原作者的《液压伺服控制系统》教材基础上重新编写而成的。

全书共七章。主要阐述液压伺服控制的基本原理、液压控制元件和动力元件的特性以及系统的动、静态特性分析与设计，并附有例题、习题和思考题。本书取材适当，便于教学和自学，可作为高等学校流体传动与控制专业方向及有关专业使用，也可供工程技术人员参考。

图书在版编目（CIP）数据

液压控制系统/王春行主编. —北京：机械工业出版社，1999.5（2025.3重印）

普通高等教育机电类规划教材

ISBN 978-7-111-06491-6

Ⅰ．液… Ⅱ．王… Ⅲ．液压控制－控制系统－高等学校－教材 Ⅳ．TH137

中国版本图书馆 CIP 数据核字（2000）第 65603 号

机械工业出版社（北京市百万庄大街 22 号　邮政编码 100037）
责任编辑：孙祥根　邓海平　段晓雅　版式设计：霍永明　责任校对：张　佳
封面设计：姚　毅　　　　　责任印制：张　博
北京建宏印刷有限公司印刷
2025 年 3 月第 1 版第 24 次印刷
184mm×260mm・10.25 印张・250 千字
标准书号：ISBN 978-7-111-06491-6
定价：29.00 元

电话服务　　　　　　　　网络服务
客服电话：010-88361066　机　工　官　网：www.cmpbook.com
　　　　　010-88379833　机　工　官　博：weibo.com/cmp1952
　　　　　010-68326294　金　书　网：www.golden-book.com
封底无防伪标均为盗版　机工教育服务网：www.cmpedu.com

前 言

《液压伺服控制系统》一书于 1981 年 7 月出版，作为流体传动与控制专业及有关专业的专业课教材。并于 1989 年 7 月修订再版。

1996 年 10 月在华中理工大学召开的机械工程及自动化专业教学指导委员会会议和 1997 年 5 月在浙江大学召开的流体传动与控制教学指导小组会议，确定《液压伺服控制系统》作为九五规划教材重新编写，计划学时为 40 学时，并改书名为《液压控制系统》。

本书共七章。主要阐述液压伺服控制的基本原理、液压控制元件和动力元件的特性以及系统的动、静态特性分析与设计。第一章至第三章由甘肃工业大学徐渌编写，第四章至第七章由甘肃工业大学王春行编写。全书由王春行主编。燕山大学王益群教授对全书进行了认真的审阅，提出了许多宝贵的意见，在此表示衷心的感谢。

由于编者水平所限，书中有不当之处，请读者提出宝贵意见，深表谢意。

编　者

目 录

前言
第一章 绪论 …………………………………… 1
 第一节 液压伺服控制系统的工作原理及组成 ………………………………… 1
 第二节 液压伺服控制的分类 …………… 4
 第三节 液压伺服控制的优缺点 ………… 5
 第四节 液压伺服控制的发展和应用 …… 7
第二章 液压放大元件 …………………………… 8
 第一节 圆柱滑阀的结构型式及分类 …… 8
 第二节 滑阀静态特性的一般分析 ……… 10
 第三节 零开口四边滑阀的静态特性 …… 14
 第四节 正开口四边滑阀的静态特性 …… 18
 第五节 双边滑阀的静态特性 …………… 20
 第六节 滑阀受力分析 …………………… 22
 第七节 滑阀的输出功率及效率 ………… 25
 第八节 滑阀的设计 ……………………… 27
 第九节 喷嘴挡板阀 ……………………… 28
 第十节 射流管阀 ………………………… 36
 思考题 ……………………………………… 39
 习 题 ……………………………………… 39
第三章 液压动力元件 ………………………… 40
 第一节 四通阀控制液压缸 ……………… 40
 第二节 四通阀控制液压马达 …………… 52
 第三节 三通阀控制液压缸 ……………… 54
 第四节 泵控液压马达 …………………… 57
 第五节 液压动力元件与负载的匹配 …… 60
 思考题 ……………………………………… 65
 习 题 ……………………………………… 65
第四章 机液伺服系统 ………………………… 67
 第一节 机液位置伺服系统 ……………… 67
 第二节 结构柔度对系统稳定性的影响 … 69
 第三节 动压反馈装置 …………………… 73
 第四节 液压转矩放大器 ………………… 77
 思考题 ……………………………………… 80
 习 题 ……………………………………… 80
第五章 电液伺服阀 …………………………… 81
 第一节 电液伺服阀的组成及分类 ……… 81
 第二节 力矩马达 ………………………… 83
 第三节 力反馈两级电液伺服阀 ………… 87
 第四节 直接反馈两级滑阀式电液伺服阀 ……………………………… 100
 第五节 其它型式的电液伺服阀简介 …… 102
 第六节 电液伺服阀的特性及主要的性能指标 …………………………… 107
 思考题 ……………………………………… 111
 习 题 ……………………………………… 111
第六章 电液伺服系统 ………………………… 112
 第一节 电液伺服系统的类型 …………… 112
 第二节 电液位置伺服系统的分析 ……… 113
 第三节 电液伺服系统的校正 …………… 124
 第四节 电液速度控制系统 ……………… 129
 第五节 电液力控制系统 ………………… 134
 思考题 ……………………………………… 139
 习 题 ……………………………………… 139
第七章 液压伺服系统设计 …………………… 141
 第一节 液压伺服系统的设计步骤 ……… 141
 第二节 液压伺服系统设计举例 ………… 145
 第三节 液压能源的选择 ………………… 157
 思考题 ……………………………………… 159
 习 题 ……………………………………… 160
参考文献 ………………………………………… 160

第一章 绪 论

第一节 液压伺服控制系统的工作原理及组成

一、液压伺服控制系统的工作原理

液压伺服控制系统是以液压动力元件作驱动装置所组成的反馈控制系统。在这种系统中，输出量（位移、速度、力等）能够自动地、快速而准确地复现输入量的变化规律。与此同时，还对输入信号进行功率放大，因此也是一个功率放大装置。

图 1-1 所示是一个简单的液压伺服控制系统原理图。以此为例说明液压伺服控制的工作原理。图中，液压泵 4 是系统的能源，它以恒定的压力向系统供油，供油压力由溢流阀 3 调定。液压动力元件由四边滑阀 1 和液压缸 2 组成。滑阀是转换放大元件，它将输入的机械信号（阀芯位移）转换成液压信号（流量、压力）输出，并加以功率放大。液压缸是执行元件，输入是压力油的流量，输出是运动速度（或位移）。滑阀阀体与液压缸缸体刚性连结在一起，构成反馈回路。因此，这是个闭环控制系统。

当滑阀阀芯处于阀套中间位置时，阀的四个窗口均关闭（阀芯凸肩宽度与阀套窗口宽度相等），阀没有流量输出，液压缸不动。如果给阀芯一个输入位移，例如向右移动 x_i，则窗口 a、b 便有一个相应的开口量 $x_v = x_i$，压力油经窗口 a 进入液压缸右腔，推动缸体右移，液压缸左腔油液经窗口 b 回油。在缸体右移的同时，带动阀体也右移，使阀的开口量减小，即 $x_v = x_i - x_p$。当缸体位移 x_p 等于阀

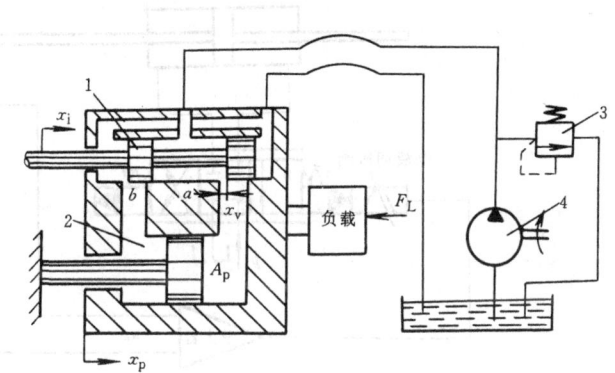

图 1-1 机液伺服控制系统原理图
1—滑阀 2—液压缸 3—溢流阀 4—液压泵

芯位移 x_i 时，阀的开口量 $x_v = 0$，阀的输出流量为零，液压缸停止运动，处在一个新的平衡位置上，从而完成了液压缸输出位移对阀芯输入位移的跟随运动。如果阀芯反向运动，液压缸也反向跟随运动。

在这个系统中，输出位移之所以能自动地、快速而准确地复现输入位移的变化，是因为阀体与液压缸缸体刚性连结在一起，构成了负反馈闭环控制系统。在控制过程中，液压缸的输出位移能够连续不断地反馈到阀体上，与滑阀阀芯的输入位移相比较，得出两者之间的位置偏差，这个位置偏差就是滑阀的开口量。滑阀有开口量就有压力油输出到液压缸，驱动液压缸运动，使阀的开口量（偏差）减小，直到输出位移与输入位移相一致为止。可以看出，这个系统是靠偏差工作的，即以偏差来消除偏差，这就是反馈控制的原理。系统的工作原理可以用图 1-2

所示的方块图表示。

在该系统中,移动滑阀阀芯所需要的信号功率很小,而系统的输出功率却可以达到很大,因此这是个功率放大装置。功率放大所需的能量是由液压能源供给的,供给能量的控制是根据伺服系统偏差的大小自动进行的。因此,液压伺服系统也是一个控制液压能源输出的装置。

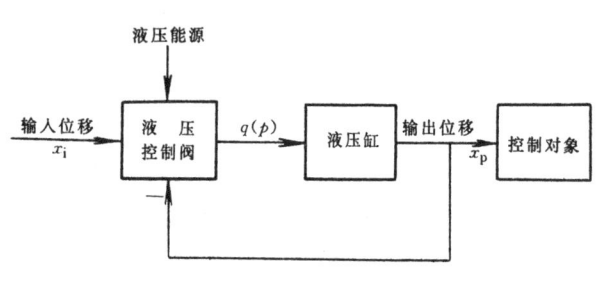

图 1-2　系统工作原理方块图

图 1-1 所示的系统,其输出量是位移,故称位置伺服控制系统。在该系统中,输入信号和反馈信号均由机械构件实现,所以也称机械液压伺服系统。液压控制元件为滑阀,靠节流原理工作,也称节流式或阀控式液压伺服系统。

图 1-3 所示是双电位器电液位置伺服系统的工作原理图。该系统控制工作台(负载)的位置,使之按照指令电位器给定的规律变化。系统由指令电位器、反馈电位器、电子放大器、电液伺服阀、液压缸和工作台组成。因为采用电液伺服阀作为液压控制元件,所以也称阀控式电液位置伺服系统。

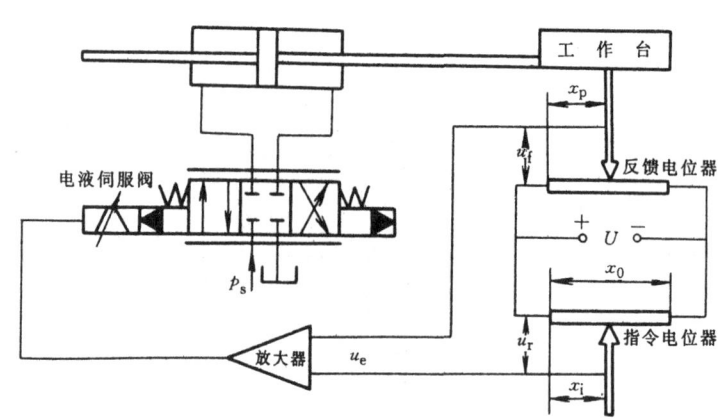

图 1-3　双电位器电液位置伺服系统

指令电位器将滑臂的位置指令 x_i 转换成指令电压 u_r,被控制的工作台位置 x_p 由反馈电位器检测转换为反馈电压 u_f。两个线性电位器接成桥式电路,从而得到偏差电压 $u_e = u_r - u_f = K(x_i - x_p)$,$K = \dfrac{U}{x_o}$ 为电位器增益。当工作台位置 x_p 与指令位置 x_i 相一致时,电桥输出偏差电压 $u_e = 0$,此时伺服放大器输出电流为零,电液伺服阀处于零位,没有流量输出,工作台不动。当指令电位器滑臂位置发生变化时,如向右移动一个位移 Δx_i,在工作台位置发生变化之前,电桥输出的偏差电压 $u_e = K\Delta x_i$,偏差电压经伺服放大器放大后变为电流信号去控制电液伺服阀,电液伺服阀输出压力油到液压缸推动工作台右移。随着工作台的移动电桥输出偏差电压逐渐减小,当工作台位移 Δx_p 等于指令电位器位移 Δx_i 时,电桥输出偏差电压为零,工作台停止运动。如果指令电位器滑臂反向运动,工作台也反向跟随运动。图 1-4 表示该系统的工作原理方块图。

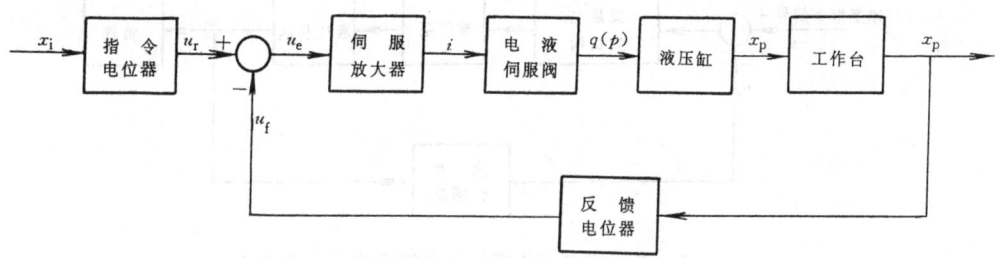

图 1-4　电液位置伺服系统工作原理方块图

图 1-5 是泵控式电液速度控制系统的原理图。该系统的液压动力元件由变量泵和液压马达组成,变量泵既是液压能源又是液压控制元件。由于操纵变量机构所需的力较大,通常采用一个小功率的液压放大装置作为变量控制机构。图 1-5 所示系统采用阀控式电液位置伺服机构(与图 1-3 所示系统相似)作为泵的变量控制机构。液压马达的输出速度由测速发电机检测,转换为反馈电压信号 u_f,与输入指令电压信号 u_r 相比较,得出偏差电压信号 $u_e = u_r - u_f$,作为变量控制机构的输入信号。

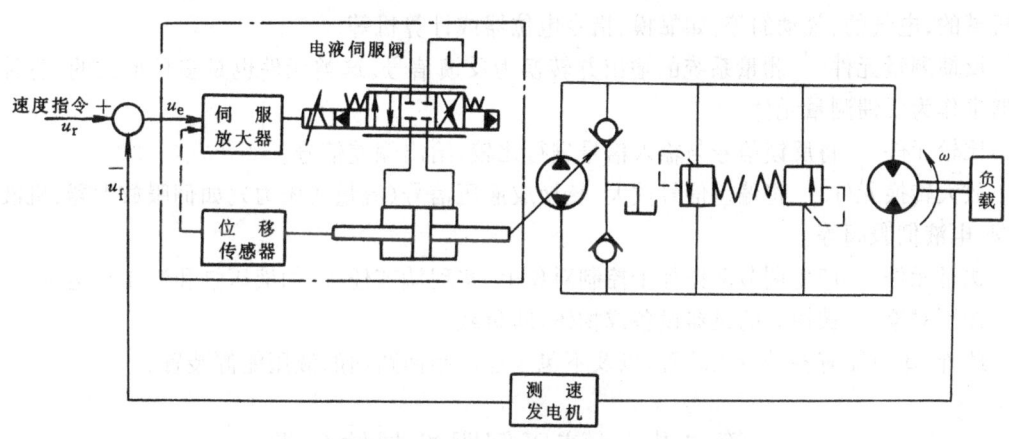

图 1-5　泵控式电液速度控制系统原理图

当速度指令为 u_{r0} 时,负载以某个给定的转速 ω_0 工作,测速机输出反馈电压 u_{f0},则偏差电压 $u_{e0} = u_{r0} - u_{f0}$,这个偏差电压对应于一定的液压缸位置,从而对应于一定的泵流量输出,此流量为保持负载转速 ω_0 所需之流量。可见偏差电压 u_{e0} 是保持工作速度 ω_0 所需要的,因此这是个有差系统(内部控制回路闭合)。如果负载变化或其它原因引起转速发生变化时,则 $u_f \neq u_{f0}$,假如 $\omega > \omega_0$,则 $u_f > u_{f0}$。此时,$u_e = u_{r0} - u_f < u_{e0}$,使液压缸输出位移减小,于是泵输出流量减小,液压马达转速便自动下调至给定值。反之,如果转速下降,则 $u_f < u_{f0}$,因而 $u_e > u_{e0}$,使液压缸输出位移增大,于是泵输出流量增大,液压马达转速便自动回升至给定值。可见在速度指令一定时,液压马达转速可保持恒定,不受负载变化等影响。如果速度指令变化,则液压马达转速也相应变化。系统的工作原理方块图见图 1-6。

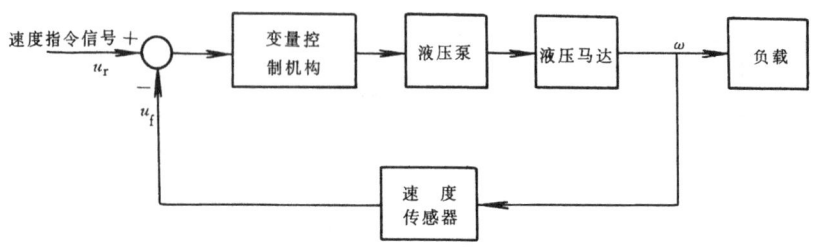

图 1-6　泵控式电液速度控制系统工作原理方块图

在这个系统中,内部控制回路(图中的虚线)可以闭合也可以不闭合。当内部控制回路闭合时,由于消除了液压泵变量液压缸的积分作用,使前置级不再带有积分环节,整个系统成为 O 型系统。当内部控制回路不闭合时,整个系统是 I 型系统。

图 1-6 所示系统,在内部控制回路闭合的情况下,将速度指令变为位置指令,测速机改为位置传感器,就成为泵控式电液位置伺服系统。

二、液压伺服控制系统的组成

液压伺服控制系统由以下一些基本元件组成:

输入元件　也称指令元件,它给出输入信号(指令信号)加于系统的输入端。该元件可以是机械的、电气的、气动的等。如靠模、指令电位器或计算机等。

反馈测量元件　测量系统的输出并转换为反馈信号。这类元件也是多种形式的。各种传感器常作为反馈测量元件。

比较元件　将反馈信号与输入信号进行比较,给出偏差信号。

放大转换元件　将偏差信号放大、转换成液压信号(流量或压力)。如伺服放大器、机液伺服阀、电液伺服阀等。

执行元件　产生调节动作加于控制对象上,实现调节任务。如液压缸和液压马达等。

控制对象　被控制的机器设备或物体,即负载。

此外,还可能有各种校正装置,以及不包含在控制回路内的液压能源装置。

第二节　液压伺服控制的分类

液压伺服控制系统可按不同的原则分类,每一种分类的方法都代表系统一定的特点。

一、按系统输入信号的变化规律分类

液压伺服控制系统按输入信号的变化规律不同可分为:定值控制系统、程序控制系统和伺服控制系统。

当系统输入信号为定值时,称为定值控制系统。对定值控制系统,基本任务是提高系统的抗干扰性,将系统的实际输出量保持在希望值上。当系统的输入信号按预先给定的规律变化时,称为程序控制系统。伺服系统也称随动系统,其输入信号是时间的未知函数,而输出量能够准确、快速地复现输入量的变化规律。对伺服系统来说,能否获得快速响应往往是它的主要矛盾。

二、按被控物理量的名称分类

按被控物理量的名称不同可分为：位置伺服控制系统、速度伺服控制系统、力控制系统和其它物理量的控制系统。

三、按液压动力元件的控制方式或液压控制元件的形式分类

液压伺服系统可分为：节流式控制（阀控式）系统和容积式控制（变量泵控制或变量马达控制）系统两类。其中，阀控系统又可分为阀控液压缸系统和阀控液压马达系统两种；容积式控制系统又可分为伺服变量泵系统和伺服变量马达系统两种。

阀控系统的优点是响应速度快、控制精度高、结构简单；缺点是效率低。由于它的性能优越，得到广泛的应用，特别是在快速、高精度的中、小功率伺服系统中应用很广。泵控伺服系统的优点是效率高，缺点是响应速度较慢、结构复杂。另外，操纵变量机构所需的力较大，需要专门的操纵机构。通常采用一套小型的伺服机构（见图1-5），其功率为主回路功率的2%～10%，还常需要单独的能源，使系统复杂化。泵控系统适用于大功率而对响应速度要求不高的场合。

阀控系统根据液压能源的型式不同又可分为恒压伺服系统和恒流伺服系统。在恒压伺服系统中，液压能源以恒定的压力向系统供油；在恒流伺服系统中，液压能源以恒定的流量向系统供油。恒流伺服系统结构简单、价格便宜、效率相对较高，但阀的线性度差。一般恒流伺服系统的性能不如恒压伺服系统，所以恒压伺服系统用得比较多，而恒流伺服系统只用在系统性能要求不高的场合。

四、按信号传递介质的形式分类

按系统中信号传递介质的形式或信号的能量形式可分为：机械液压伺服系统、电气液压伺服系统和气动液压伺服系统等。

在机液伺服系统中，输入信号给定、反馈测量和比较均用机械构件实现。其优点是结构简单、工作可靠、维护简便；缺点是系统的校正及系统增益的调整都不如电的方便。此外，反馈机构中的摩擦和间隙等都会给系统的性能带来不利的影响。机液伺服系统一般用在响应和精度要求不是很高的场合。绝大多数是位置控制系统。

在电液伺服系统中，偏差信号的检测、校正和初始放大等均采用电气、电子元件实现。它们具有很大的灵活性，对信号的测量、校正、放大都比较方便。而液压动力元件响应速度快、抗负载刚性大。两者相结合，使电液伺服系统具有很大的灵活性和广泛的适应性。电液伺服系统与计算机相结合，可以充分地运用计算机的信息处理能力，使系统具有更复杂的功能和更广泛的适应性。

在气液伺服系统中，偏差信号的检测和初始放大均采用气动元件完成。气动测量灵敏度高、工作可靠、可在恶劣的环境（高温、振动、易爆等）中工作，并且结构简单。但需要有气源等附属设备。

第三节　液压伺服控制的优缺点

液压伺服控制具有很多的优点，从而使它获得广泛的应用。但也存在一些缺点，这些缺点限制了它的应用。

一、液压伺服控制的优点

液压伺服系统与其它类型的伺服系统相比，具有以下的优点：

(1) 液压元件的功率-重量比和力矩-惯量比(或力-质量比)大　可以组成结构紧凑、体积小、重量轻、加速性好的伺服系统。对于中、大功率的伺服系统,这一优点尤为突出。

为了说明这一点,现将液压元件与电气元件作一比较。电气元件的最小尺寸取决于最大的有效磁通密度和功率损耗所产生的发热量(与电流密度有关)。最大有效磁通密度受磁性材料的磁饱和限制,而发热量散发又比较困难。因此电气元件的结构尺寸比较大,功率-重量比和力矩-惯量比小。液压元件功率损耗所产生的热量可由油液带到散热器去散发,它的尺寸主要取决于最大工作压力。由于最大工作压力可以很高(目前可达 32MPa),所以液压元件的体积小、重量轻,而输出力或力矩却很大,使功率-重量比和力矩-惯量比(或力-质量比)大。一般液压泵的重量只是同功率电动机重量的 10%～20%,尺寸约为后者的 12%～13%。液压马达的功率-重量比一般为相当容量电动机的 10 倍,而力矩-惯量比为电动机的 10～20 倍。

(2) 液压动力元件快速性好,系统响应快　由于液压动力元件的力矩-惯量比(或力-质量比)大,所以加速能力强,能高速起动、制动与反向。例如,加速中等功率的电动机需一至几秒,而加速同功率的液压马达的时间只需电动机的 1/10 左右。

由于液压系统中油液的体积弹性模量很大,由油液压缩性形成的液压弹簧刚度很大,而液压动力元件的惯量又比较小,所以由液压弹簧刚度和负载惯量耦合成的液压固有频率很高,故系统的响应速度快。与液压系统具有相同压力和负载的气动系统,其响应速度只有液压系统的 1/50。

(3) 液压伺服系统抗负载的刚度大　即输出位移受负载变化的影响小,定位准确,控制精度高。由于液压固有频率高,允许液压伺服系统特别是电液伺服系统有较大的开环放大系数,因此可以获得较高的精度和响应速度。另外,由于液压系统中油液的压缩性很小,同时泄漏也很小,故液压动力元件的速度刚度大,组成闭环系统时其位置刚度也大。电动机的开环速度刚度约为液压马达的 1/5,电动机的位置刚度接近于零。因此,电动机只能用来组成闭环位置控制系统,而液压马达(或液压缸)却可以用来进行开环位置控制,当然闭环液压位置控制系统的刚度比开环时要高得多。气动系统由于气体可压缩性的影响,其刚度只有液压系统的 1/400。

综上所述,液压伺服系统体积小、重量轻、控制精度高、响应速度快。这些优点对伺服系统来说是极其重要的。除此而外,还有一些优点:如液压元件的润滑性好、寿命长;调速范围宽、低速稳定性好;借助油管动力传输比较方便;借助蓄能器,能量储存比较方便;液压执行元件有直线位移式和旋转式两种,增加它的适应性;过载保护容易;解决系统温升问题比较方便等。

二、液压伺服控制的缺点

1) 液压元件,特别是精密的液压控制元件(如电液伺服阀)抗污染能力差,对工作油液的清洁度要求高　污染的油液会使阀磨损而降低其性能,甚至被堵塞而不能正常工作。这是液压伺服系统发生故障的主要原因。因此液压伺服系统必须采用精细过滤器。

2) 油液的体积弹性模量随油温和混入油中的空气含量而变化。油液的粘度也随油温变化而变化　因此油温变化时对系统的性能有很大的影响。

3) 当液压元件的密封设计、制造和使用维护不当时,容易引起外漏,造成环境污染　目前液压系统仍广泛采用可燃性石油基液压油,油液外漏可能引起火灾,所以有些场合不适用。

4) 液压元件制造精度要求高,成本高。

5) 液压能源的获得和远距离传输都不如电气系统方便。

第四节 液压伺服控制的发展和应用

液压伺服控制是一门新兴的科学技术。它不但是液压技术的一个重要分支，而且也是控制领域中的一个重要组成部分。

早在第一次世界大战前，液压伺服控制已开始应用于海军舰艇中，作为操舵装置。到第二次世界大战期间及以后，由于军事的刺激，自动控制特别是武器和飞行器控制系统的研究得到进一步的发展。液压伺服控制因响应快，精度高和功率-重量比大等特点而受到特别的重视。特别是近几十年，由于整个工业技术的发展，尤其是军事和航空航天技术的发展，促使液压伺服控制得到迅速发展。使这门技术无论在元件和系统方面，还是在理论与应用方面都日趋完善和成熟，形成一门新兴的科学技术。

机械液压伺服控制出现较早，用在飞机上作为液压助力器，操纵飞机舵面。40年代，首先在飞机上出现了电液伺服系统。但该系统中的滑阀由伺服电动机驱动，作为电液转换器。由于伺服电动机时间常数较大，限制了电液伺服系统的响应速度。随着超音速飞机的发展，要求伺服系统反应速度越来越高，特别是像导弹控制，这就促进了快速电液伺服控制系统的产生与发展。50年代初，出现了快速响应的永磁力矩马达，力矩马达与滑阀结合，形成了电液伺服阀。50年代末，又出现了以喷嘴挡板阀作为第一级的电液伺服阀，进一步提高了电液伺服阀的快速性。60年代，各种结构的电液伺服阀相继出现，其性能日趋完善。由于电液伺服阀和电子技术的发展，使电液伺服系统得到迅速的发展。

目前，液压伺服系统特别是电液伺服系统已成为武器自动化和工业自动化的一个重要方面。凡是需要大功率、快速、精确反应的控制系统，都已经有了应用。在国防工业中，如飞机的操纵系统、导弹的自动控制系统、火炮操纵系统、坦克火炮稳定装置、雷达跟踪系统和舰艇的操舵装置等系统中。在一般工业中，用于机床、冶炼、轧钢、铸锻、动力、工程机械、矿山机械、建筑机械、拖拉机、船舶等系统中。

第二章 液压放大元件

液压放大元件也称液压放大器,是一种以机械运动来控制流体动力的元件。在液压伺服系统中,它将输入的机械信号(位移或转角)转换为液压信号(流量、压力)输出,并进行功率放大。因此,它既是一种能量转换元件,又是一种功率放大元件。

液压放大元件是液压伺服系统中的一种主要控制元件,它的静、动态特性对液压伺服系统的性能有很大的影响。液压放大元件具有结构简单、单位体积输出功率大、工作可靠和动态性能好等优点,所以在液压伺服系统中得到广泛应用。

液压放大元件包括滑阀、喷嘴挡板阀和射流管阀等。本章主要介绍它们的结构型式、工作原理、静态特性及设计准则。

第一节 圆柱滑阀的结构型式及分类

滑阀是靠节流原理工作的,借助于阀芯与阀套间的相对运动改变节流口面积的大小,对流体流量或压力进行控制。滑阀结构型式多,控制性能好,在液压伺服系统中应用最为广泛。滑阀的结构型式可分为:

一、按进、出阀的通道数划分

有四通阀(图 2-1a、b、c、d),三通阀(图 2-1e)和二通阀(图 2-1f)。

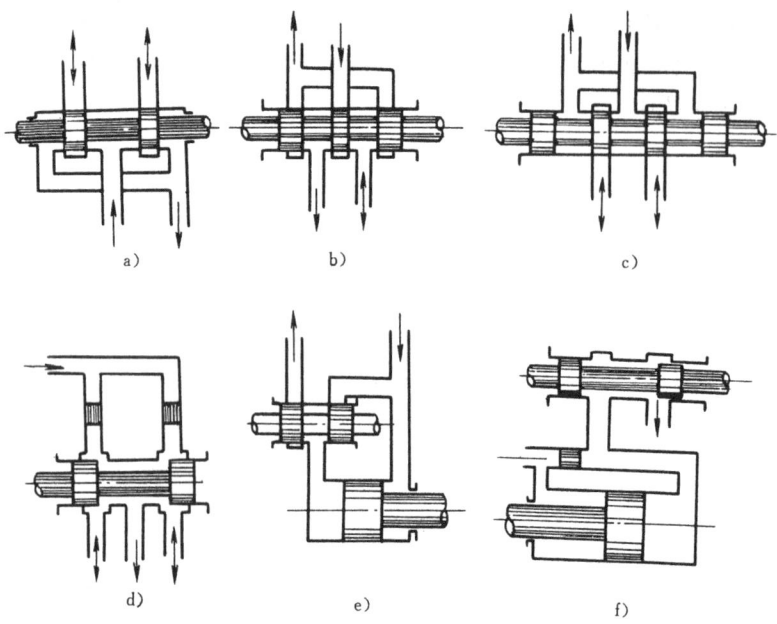

图 2-1 滑阀的结构型式
a) 两凸肩四边滑阀(四通阀) b) 三凸肩四边滑阀(四通阀) c) 四凸肩四边滑阀(四通阀)
d) 带两个固定节流孔的正开口双边滑阀(四通阀) e) 双边滑阀(三通阀) f) 带固定节流孔的单边滑阀(二通阀)

四通阀有两个控制口,可用来控制双作用液压缸或液压马达。三通阀只有一个控制口,故只能用来控制差动液压缸。为实现液压缸反向运动,须在液压缸有活塞杆侧设置固定偏压,可由供油压力、弹簧、重物等产生。二通阀(单边阀)只有一个可变节流口,必须和一个固定节流孔配合使用,才能控制一腔的压力,用来控制差动液压缸。

二、按滑阀的工作边数划分

有四边滑阀(图 2-1a、b、c)、双边滑阀(图 2-1d、e)和单边滑阀(图 2-1f)。

四边滑阀有四个可控的节流口,控制性能最好;双边滑阀有两个可控的节流口,控制性能居中;单边滑阀只有一个可控的节流口,控制性能最差。为了保证工作边开口的准确性,四边滑阀需保证三个轴向配合尺寸,双边滑阀需保证一个轴向配合尺寸,单边滑阀没有轴向配合尺寸。因此,四边滑阀结构工艺复杂、成本高,单边滑阀比较容易加工、成本低。

三、按滑阀的预开口型式划分

可分正开口(负重叠)、零开口(零重叠)和负开口(正重叠)三种。

对于径向间隙为零、节流工作边锐利的理想滑阀,可根据阀芯凸肩与阀套槽宽的几何尺寸关系确定预开口型式,如图 2-2 所示。但实际阀总存

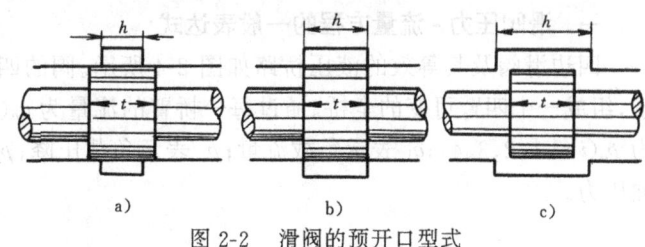

图 2-2 滑阀的预开口型式
a) 负开口($t>h$) b) 零开口($t=h$) c) 正开口($t<h$)

在径向间隙和工作边圆角的影响,因此根据阀的流量增益曲线来确定阀的预开口型式更为合理,见图 2-3。

阀的预开口型式对其性能,特别是零位附近(零区)特性有很大的影响。零开口阀具有线性流量增益,性能比较好,应用最广泛,但加工困难。负开口阀由于流量增益具有死区,将引起稳态误差,因此很少采用。正开口阀在开口区内的流量增益变化大,压力灵敏度低,零位泄漏量大。一般适用于要求有一个连续的液流以使油液维持合适温度的场合。某些正开口阀也可用于恒流系统。

四、按阀套窗口的形状划分

有矩形、圆形、三角形等多种。

矩形窗口又可分为全周开口和非全周开口两

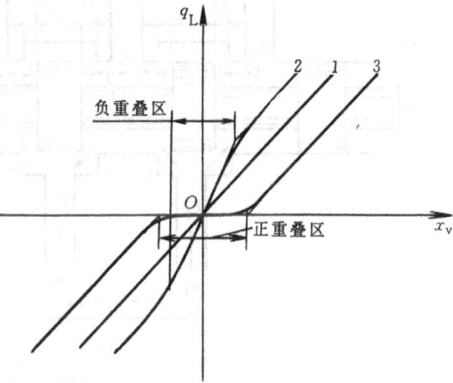

图 2-3 不同开口型式的流量曲线
1—零开口 2—正开口 3—负开口

种。矩形开口的阀,其开口面积与阀芯位移成比例,可以获得线性的流量增益(零开口阀),用得最多。圆形窗口工艺性好,但流量增益是非线性的,只用在要求不高的场合。

五、按阀芯的凸肩数目划分

有二凸肩的、三凸肩的和四凸肩的滑阀,见图 2-1。

二通阀一般采用两个凸肩,三通阀和四通阀可由两个或两个以上的阀芯凸肩组成。二凸肩四通阀(图 2-1a)结构简单、阀芯长度短,但阀芯轴向移动时导向性差;阀芯上的凸肩容易被阀套槽卡住,更不能做成全周开口的阀;由于阀芯两端回油流道中流动阻力不同,阀芯两端面所受液压力不等,使阀芯处于静不平衡状态;阀采用液压或气动操纵有困难。三凸肩和四凸肩的四通阀(图 2-1b、c)导向性和密封性好,是常用的结构型式。

第二节　滑阀静态特性的一般分析

滑阀的静态特性即压力-流量特性,是指稳态情况下,阀的负载流量 q_L、负载压力 p_L 和滑阀位移 x_v 三者之间的关系,即 $q_L = f(p_L, x_v)$。它表示滑阀的工作能力和性能,对液压伺服系统的静、动态特性计算具有重要意义。阀的静态特性可用方程、曲线或特性参数(阀的系数)表示。静态特性曲线和阀的系数可从实际的阀测出,对许多结构的阀也可以用解析法推导出压力-流量方程。

这一节虽然是以滑阀为例进行分析,但分析的方法和所得的一般关系式对以后几节所介绍的各种结构的控制阀也是适用的。

一、滑阀压力-流量方程的一般表达式

四边滑阀及其等效的液压桥路如图 2-4 所示。阀的四个可变节流口以四个可变的液阻表示,组成一个四臂可变的全桥。通过每一桥臂的流量为 q_i($i = 1、2、3、4$);通过每一桥臂的压降为 p_i($i = 1、2、3、4$);q_L 表示负载流量;p_L 表示负载压降;p_s 为供油压力;q_s 为供油流量;p_0 为回油压力。

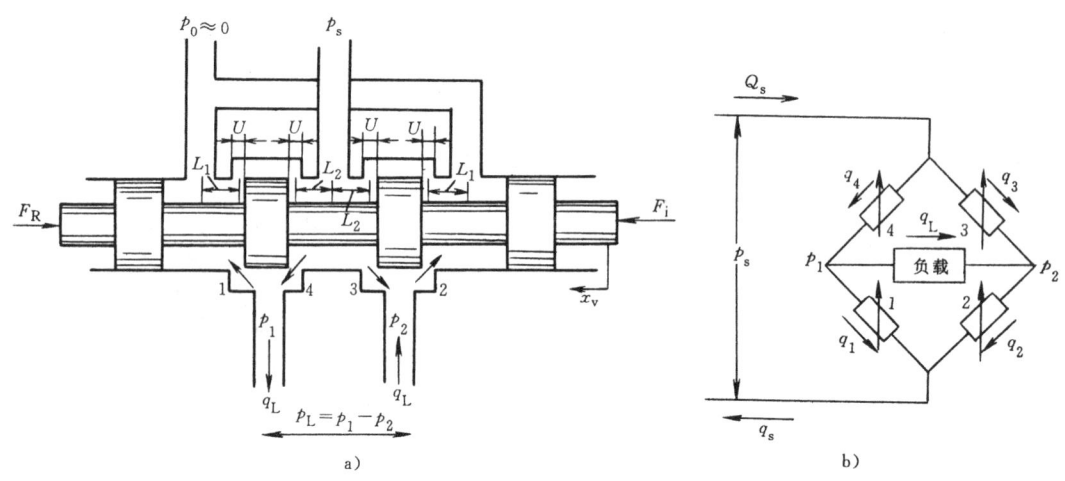

图 2-4　四边滑阀及等效桥路

在推导压力-流量方程时,作以下假设:

1) 液压能源是理想的恒压源,供油压力 p_s 为常数。另外,假设回油压力 p_0 为零,如果不为零,可把 p_s 看成是供油压力与回油压力之差。

2) 忽略管道和阀腔内的压力损失。因为管道和阀腔内的压力损失与阀口处的节流损失相比很小,所以可以忽略不计。

3) 假定液体是不可压缩的。因为考虑的是稳态情况,液体密度变化量很小,可以忽略不计。

4) 假定阀各节流口流量系数相等,即 $C_{d1} = C_{d2} = C_{d3} = C_{d4} = C_d$。

根据桥路的压力平衡可得

$$p_1 + p_4 = p_s \tag{2-1}$$

$$p_2 + p_3 = p_s \tag{2-2}$$
$$p_1 - p_2 = p_L \tag{2-3}$$
$$p_3 - p_4 = p_L \tag{2-4}$$

根据桥路的流量平衡可得
$$q_1 + q_2 = q_s \tag{2-5}$$
$$q_3 + q_4 = q_s \tag{2-6}$$
$$q_4 - q_1 = q_L \tag{2-7}$$
$$q_2 - q_3 = q_L \tag{2-8}$$

各桥臂的流量方程为
$$q_1 = g_1 \sqrt{p_1} \tag{2-9}$$
$$q_2 = g_2 \sqrt{p_2} \tag{2-10}$$
$$q_3 = g_3 \sqrt{p_3} \tag{2-11}$$
$$q_4 = g_4 \sqrt{p_4} \tag{2-12}$$

式中
$$g_i = C_d A_i \sqrt{\frac{2}{\rho}} \tag{2-13}$$

g_i 称为节流口的液导。在流量系数 C_d 和液体密度 ρ 一定时，它随节流口开口面积 A_i 变化，即是阀芯位移的函数，其变化规律取决于节流口的几何形状。

对于一个具体的四边滑阀和已确定的使用条件，参数 g_i 和 p_s（或 q_s）是已知的。对恒压源的情况，在推导压力 - 流量方程时，可略去式(2-5)和式(2-6)，消掉中间变量 p_i 和 q_i，可得负载流量 q_L、负载压力 p_L 和阀芯位移 x_v 之间的关系

$$q_L = f(x_v, p_L) \tag{2-14}$$

由于各桥臂的流量方程是非线性的，因此这些方程联解起来很麻烦，而且使一般公式无法简化。我们可以利用一些特殊的条件使问题得到简化。在大多数情况下，阀的窗口都是匹配的和对称的，即

$$g_1(x_v) = g_3(x_v) \tag{2-15}$$
$$g_2(x_v) = g_4(x_v) \tag{2-16}$$
$$g_2(x_v) = g_1(-x_v) \tag{2-17}$$
$$g_4(x_v) = g_3(-x_v) \tag{2-18}$$

式(2-15)和式(2-16)表示阀是匹配的，式(2-17)和式(2-18)表示阀是对称的。

对于匹配且对称的阀，通过桥路斜对角线上的两个桥臂的流量是相等的，即

$$q_1 = q_3 \tag{2-19}$$
$$q_2 = q_4 \tag{2-20}$$

这个结论可证明如下：如果 $q_4 \neq q_2$，假设 $q_4 > q_2$，则 $q_3 < q_1$，由式(2-15)、(2-16)、(2-9)～(2-12)和式(2-3)、(2-4)可得 $p_4 > p_2$ 及 $p_4 < p_2$，显然这两个结论是矛盾的，所以 q_4 不能大于 q_2。同样 q_4 也不能小于 q_2，只能是 $q_4 = q_2$，同理可以证明 $q_1 = q_3$。

将式(2-9)和式(2-11)代入式(2-19),考虑到式(2-15)的关系,可得 $p_1 = p_3$。同样 $p_2 = p_4$。因此匹配且对称的阀,通过桥路斜对角线上的两个桥臂的压降也是相等的。将 $p_1 = p_3$ 代入式(2-2)得

$$p_s = p_1 + p_2 \tag{2-21}$$

将上式与式(2-3)联立解得

$$p_1 = \frac{p_s + p_L}{2} \tag{2-22}$$

$$p_2 = \frac{p_s - p_L}{2} \tag{2-23}$$

这说明,对于匹配且对称的阀,在空载($p_L = 0$)时,与负载相连的两个管道中的压力均为 $\frac{1}{2}p_s$。当加上负载后,一个管道中的压力升高恰等于另一个管道中的压力降低值。

在恒压源的情况下,由式(2-7)、(2-20)、(2-9)、(2-10)、(2-22)、(2-23)可得负载流量为

$$q_L = g_2 \sqrt{\frac{p_s - p_L}{2}} - g_1 \sqrt{\frac{p_s + p_L}{2}} \tag{2-24}$$

或

$$q_L = C_d A_2 \sqrt{\frac{1}{\rho}(p_s - p_L)} - C_d A_1 \sqrt{\frac{1}{\rho}(p_s + p_L)} \tag{2-25}$$

对式(2-5)或(2-6)作类似的处理,可得供油流量

$$q_s = g_2 \sqrt{\frac{p_s - p_L}{2}} + g_1 \sqrt{\frac{p_s + p_L}{2}} \tag{2-26}$$

或

$$q_s = C_d A_2 \sqrt{\frac{1}{\rho}(p_s - p_L)} + C_d A_1 \sqrt{\frac{1}{\rho}(p_s + p_L)} \tag{2-27}$$

这两个公式在后面将要用到。

二、滑阀的静态特性曲线

阀的静态特性也可以用静态特性曲线表示。通常由实验求得,对某些理想滑阀也可以由解析的方法求得。

1. 流量特性曲线

阀的流量特性是指负载压降等于常数时,负载流量与阀芯位移之间的关系,即 $q_L|_{p_L=常数} = f(x_v)$。其图形表示即为流量特性曲线。负载压降 $p_L = 0$ 时的流量特性称为空载流量特性,相应的曲线为空载流量特性曲线,如图 2-5 所示。

2. 压力特性曲线

阀的压力特性是指负载流量等于常数时,负载压降与阀芯位移之间的关系,即 $p_L|_{q_L=常数} = f(x_v)$。其图形表示即为压力特性曲线。通常所指的压力特性是指负载流量 $q_L = 0$ 时的压力特性。其曲线如图 2-6 所示。

3. 压力-流量特性曲线

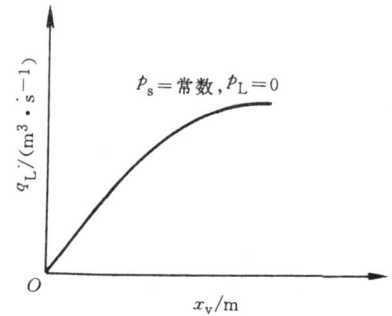

图 2-5 空载流量特性曲线

阀的压力-流量特性曲线是指阀芯位移 x_v 一定时,负载流量 q_L 与负载压降 p_L 之间关系的图形描述。压力-流量特性曲线族(见图 2-8 和图 2-12)则全面描述了阀的稳态特性。阀在最大位移下的压力-流量特性曲线可以表示阀的工作能力和规格,当负载所需要的压力和流量能够被阀在最大位移时的压力-流量曲线所包围时,阀就能满足负载的要求。由压力-流量特性曲线族可以获得阀的全部性能参数。

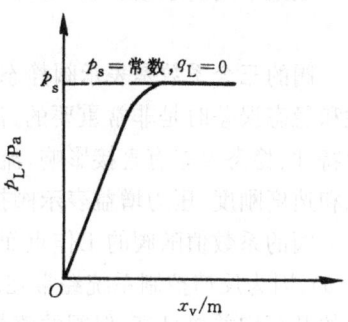

图 2-6　压力特性曲线

三、阀的线性化分析和阀的系数

阀的压力-流量特性是非线性的。利用线性化理论对系统进行动态分析时,必须将这个方程线性化。式(2-14)是负载流量的一般表达式,可以把它在某一特定工作点 $q_{LA} = f(x_{vA}, p_{LA})$ 附近展成台劳级数。

$$q_L = q_{LA} + \frac{\partial q_L}{\partial x_v}\bigg|_A \Delta x_v + \frac{\partial q_L}{\partial p_L}\bigg|_A \Delta p_L + \cdots$$

如果把工作范围限制在工作点 A 附近,则高阶无穷小可以忽略,上式可写成

$$q_L - q_{LA} = \Delta q_L = \frac{\partial q_L}{\partial x_v}\bigg|_A \Delta x_v + \frac{\partial q_L}{\partial p_L}\bigg|_A \Delta p_L \tag{2-28}$$

这是压力-流量方程以增量形式表示的线性化表达式。

下面我们定义阀的三个系数:

流量增益定义为

$$K_q = \frac{\partial q_L}{\partial x_v} \tag{2-29}$$

它是流量特性曲线在某一点的切线斜率。流量增益表示负载压降一定时,阀单位输入位移所引起的负载流量变化的大小。其值越大,阀对负载流量的控制就越灵敏。

流量-压力系数定义为

$$K_c = -\frac{\partial q_L}{\partial p_L} \tag{2-30}$$

它是压力-流量曲线的切线斜率冠以负号。对任何结构型式的阀来说,$\partial q_L/\partial p_L$ 都是负的,冠以负号使流量-压力系数总为正值。流量-压力系数表示阀开度一定时,负载压降变化所引起的负载流量变化大小。K_c 值小,阀抵抗负载变化的能力大,即阀的刚度大。从动态的观点看,K_c 是系统中的一种阻尼,因为系统振动加剧时,负载压力的增大使阀输给系统的流量减小,这有助于系统振动的衰减。

压力增益(压力灵敏度)定义为

$$K_p = \frac{\partial p_L}{\partial x_v} \tag{2-31}$$

它是压力特性曲线的切线斜率。通常,压力增益是指 $q_L = 0$ 时阀单位输入位移所引起的负载压力变化的大小。此值大,阀对负载压力的控制灵敏度高。

因为 $\dfrac{\partial p_L}{\partial x_v} = -\dfrac{\partial q_L/\partial x_v}{\partial q_L/\partial p_L}$,所以阀的三个系数间有以下关系

$$K_p = \frac{K_q}{K_c} \tag{2-32}$$

定义了阀的系数以后,压力-流量特性方程的线性化表达式可写为

$$\Delta q_L = K_q \Delta x_v - K_c \Delta p_L \qquad (2\text{-}33)$$

阀的三个系数是表示阀静态特性的三个性能参数。这些系数在确定系统的稳定性、响应特性和稳态误差时是非常重要的。流量增益直接影响系统的开环增益,因而对系统的稳定性、响应特性、稳态误差有直接影响。流量-压力系数直接影响阀控执行元件(液压动力元件)的阻尼比和速度刚度。压力增益表示阀控执行元件组合起动大惯量或大摩擦力负载的能力。

阀的系数值随阀的工作点而变。最重要的工作点是压力-流量曲线的原点(即 $q_L = p_L = x_v = 0$),因为反馈控制系统经常在原点附近工作。而此处阀的流量增益最大(矩形阀口),因而系统的开环增益也最高;但阀的流量-压力系数最小,所以系统的阻尼比也最低。因此压力-流量特性的原点对系统稳定性来说是最关键的一点。一个系统在这一点能稳定工作,则在其它的工作点也能稳定工作。故通常在进行系统分析时是以原点处的静态放大系数作为阀的性能参数。在原点处的阀系数称为零位阀系数,分别以 K_{q0}、K_{c0}、K_{p0} 表示。

第三节　零开口四边滑阀的静态特性

首先讨论理想零开口四边滑阀的静态特性,然后讨论实际零开口四边滑阀的静态特性。

一、理想零开口四边滑阀的静态特性

理想滑阀是指径向间隙为零、工作边锐利的滑阀。讨论理想滑阀的静态特性可以不考虑径向间隙和工作边圆角的影响,因此阀的开口面积和阀芯位移的关系比较容易确定。理想滑阀的压力-流量方程可以用解析的方法求得。

1. 理想零开口四边滑阀的压力-流量方程

理想零开口四边滑阀及其等效的液压桥路如图2-7所示。该图中的液压桥路与图2-4中的液压桥路是一样的,假设理想零开口四边滑阀是匹配且对称的,因此可以直接利用上一节的分析结果得出理想零开口四边滑阀的压力-流量方程。

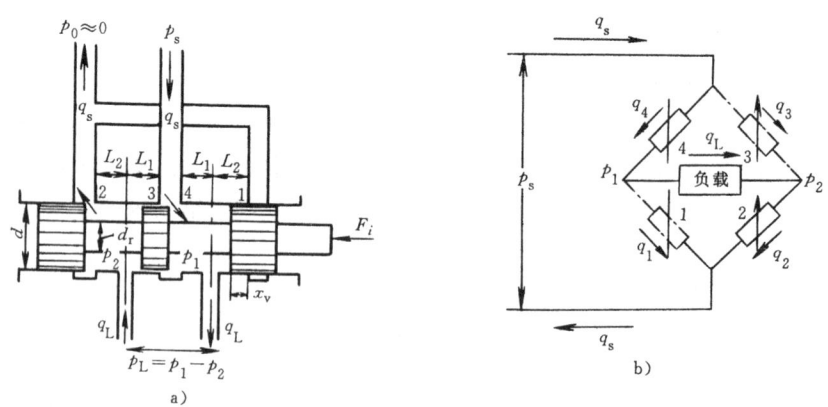

图2-7　理想零开口四边滑阀

由于是理想零开口阀,所以当阀芯处于阀套的中间位置时,四个控制节流口全部关闭。当阀芯左移 x_v 时,$x_v > 0$,此时 $A_1 = A_3 = 0$,$g_1 = g_3 = 0$,由式(2-24)和式(2-25)得

$$q_L = g_2\sqrt{\frac{p_s-p_L}{2}} = C_d A_2 \sqrt{\frac{1}{\rho}(p_s-p_L)} \quad (2\text{-}34)$$

当阀芯右移时,$x_v < 0, A_2 = A_4 = 0, g_2 = g_4 = 0$,由式(2-24)、(2-25)得

$$q_L = -g_1\sqrt{\frac{p_s+p_L}{2}} = -C_d A_1 \sqrt{\frac{1}{\rho}(p_s+p_L)} \quad (2\text{-}35)$$

式中负号表示负载流量反向。因为阀是匹配对称的,则 $A_2(x_v) = A_1(-x_v)$,可将式(2-34)和式(2-35)合并为

$$q_L = C_d |A_2| \frac{x_v}{|x_v|} \sqrt{\frac{1}{\rho}\left(p_s - \frac{x_v}{|x_v|}p_L\right)} \quad (2\text{-}36)$$

这就是具有匹配且对称的节流阀口的理想零开口四边滑阀的压力-流量特性方程。

若节流阀口为矩形,其面积梯度为 W,则

$$A_2 = W x_v \quad (2\text{-}37)$$

代入式(2-36)得

$$q_L = C_d W x_v \sqrt{\frac{1}{\rho}\left(p_s - \frac{x_v}{|x_v|}p_L\right)} \quad (2\text{-}38)$$

为了使方程具有通用性,将它化成无因次形式

$$\bar{q}_L = \bar{x}_v \sqrt{1 - \frac{x_v}{|x_v|}\bar{p}_L} \quad (2\text{-}39)$$

式中 $\bar{x}_v$ —— 无因次阀芯位移,$\bar{x}_v = \dfrac{x_v}{x_{vm}}$,$x_{vm}$ 为阀芯最大位移;

$\bar{p}_L$ —— 无因次负载压力,$\bar{p}_L = \dfrac{p_L}{p_s}$;

$\bar{q}_L$ —— 无因次负载流量,$\bar{q}_L = \dfrac{q_L}{q_{0m}}$,

$q_{0m} = C_d W x_{vm}\sqrt{\dfrac{1}{\rho}p_s}$ 为阀芯最大位移时的空载流量。

无因次压力-流量曲线如图 2-8 所示。因为阀窗口是匹配且对称的,所以压力-流量曲线对称于原点。图中的 Ⅰ、Ⅲ 象限是马达工况区,Ⅱ、Ⅳ 象限是泵工况区,只有在瞬态过程中才可能出现。例如 x_v 突然减小,液压缸对负载进行制动时,负载压力突然改变符号,但是由于液流和负载惯性的影响,在一定的时间内,负载和液流仍保持原来的运动方向。

2. 理想零开口四边滑阀的阀系数

理想零开口四边滑阀的阀系数可由式(2-38)求得。

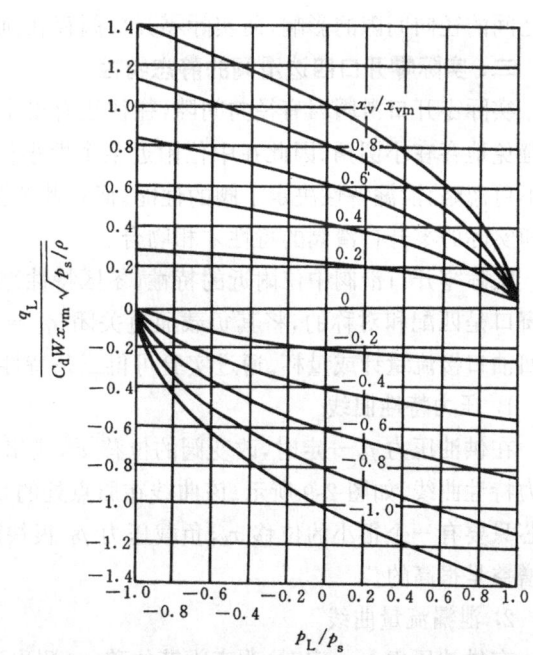

图 2-8 理想零开口四边滑阀压力-流量曲线

流量增益
$$K_q = \frac{\partial q_L}{\partial x_v} = C_d W \sqrt{\frac{1}{\rho}(p_s - p_L)} \qquad (2\text{-}40)$$

流量-压力系数
$$K_c = -\frac{\partial q_L}{\partial p_L} = \frac{C_d W x_v \sqrt{\frac{1}{\rho}(p_s - p_L)}}{2(p_s - p_L)} \qquad (2\text{-}41)$$

压力增益
$$K_p = \frac{\partial p_L}{\partial x_v} = \frac{2(p_s - p_L)}{x_v} \qquad (2\text{-}42)$$

理想零开口四边滑阀的零位阀系数为
$$K_{q0} = C_d W \sqrt{p_s/\rho} \qquad (2\text{-}43)$$
$$K_{c0} = 0 \qquad (2\text{-}44)$$
$$K_{p0} = \infty \qquad (2\text{-}45)$$

由式(2-43)可以看出,理想零开口四边滑阀的零位流量增益决定于供油压力 p_s 和面积梯度 W,当 p_s 一定时,唯一的由面积梯度 W 所决定,因此 W 是这种阀的最重要的参数。由于 p_s 和 W 是很容易控制的量,因而零位流量增益也比较容易计算和控制。零位流量增益直接影响系统的稳定性,由于 K_{q0} 值容易计算和控制,因此可使液压伺服系统具有可靠的稳定性。按式(2-43)计算出的 K_{q0} 值与实际零开口四边滑阀的零位流量增益值比较一致。但由式(2-44)和式(2-45)计算出的 K_{c0} 和 K_{p0} 值与实际零开口阀的试验值相差很大。原因是没有考虑阀芯与阀套之间的径向间隙的影响,而实际零开口阀存在泄漏流量。

二、实际零开口四边滑阀的静态特性

实际零开口滑阀因有径向间隙,往往还有很小的正的或负的重叠量,同时阀口工作边也不可避免地存在小圆角。因此在中位附近某个微小位移范围内(例如 $|x_v| < 0.025$mm),阀的泄漏不可忽略,泄漏特性决定了阀的性能。而在此范围以外,由于径向间隙等影响可以忽略,理想的和实际的零开口滑阀的特性才相吻合。

实际零开口滑阀中位附近的特性(零区特性)可以通过实验确定。参看图2-7,假设阀的节流窗口是匹配和对称的,将其负载通道关闭($q_L = 0$),在负载通道和供油口分别接上压力表,在回油口接流量计或量杯。通过实验可得三条特性曲线。

1. 压力特性曲线

在供油压力 p_s 一定时,改变阀的位移 x_v,测出相应的负载压力 p_L,根据测得的结果可作出压力特性曲线,如图2-9所示。该曲线在原点处的切线斜率就是阀的零位压力增益。由图看出,阀芯只要有一个很小的位移 x_v,负载压力 p_L 很快就增加到供油压力 p_s,说明这种阀的零位压力增益是很高的。

2. 泄漏流量曲线

在供油压力 p_s 一定时,改变阀芯位移 x_v,测出泄漏流量 q_l,可得泄漏流量曲线,如图2-10所示。由该曲线可以看出,阀芯在中位时的泄漏流量 q_c 最大,因为此时阀的密封长度最短,随着阀芯位移回油密封长度增大,泄漏流量急剧减小。泄漏流量曲线可用来度量阀芯在中位时的液压功率损失大小。

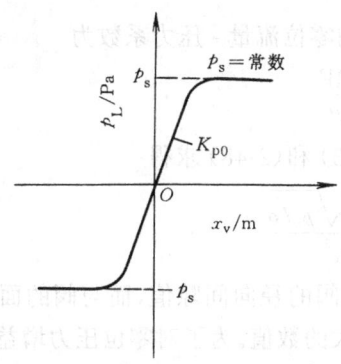

图 2-9 切断负载时的压力特性

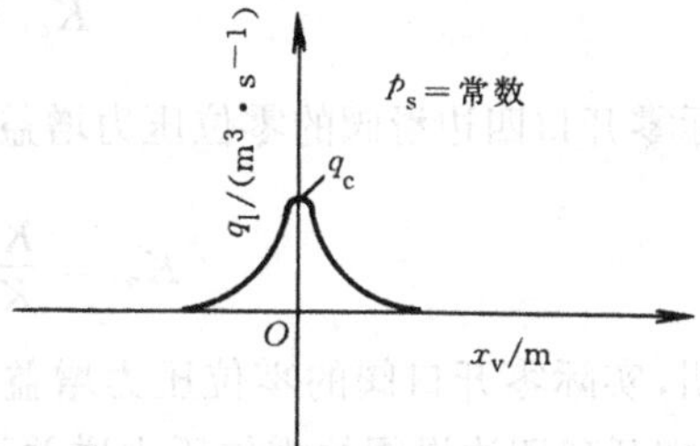

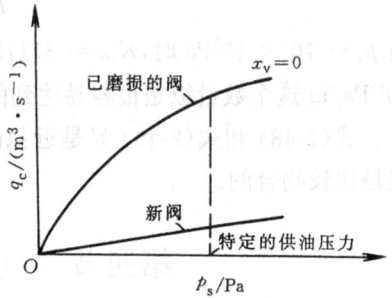

图 2-10 泄漏流量曲线

3. 中位泄漏流量曲线

如果使阀芯处于阀套的中间位置不动,改变供油压力 p_s,测量出相应的泄漏流量 q_c,可得中位泄漏流量曲线,如图 2-11 所示。

中位泄漏流量曲线除可用来判断阀的加工配合质量外,还可用来确定阀的零位流量-压力系数。由式(2-25)和式(2-27)可得

$$\frac{\partial q_s}{\partial p_s} = -\frac{\partial q_L}{\partial p_L} = K_c \quad (2\text{-}46)$$

这个结果对任何一个匹配和对称的阀都是适用的。在切断负载时,泄漏流量 q_L 就是供油流量 q_s,因为中位泄漏

图 2-11 中位泄漏流量曲线

流量曲线是在 $q_L = p_L = x_v = 0$ 的情况下测出的,由式(2-46)可知,在特定供油压力下的中位泄漏流量曲线的切线斜率就是阀在该供油压力下的零位流量-压力系数。

上面介绍了用实验方法来测定阀的零位压力增益和零位流量-压力系数。下面利用式(2-46)的关系给出实际零开口四边滑阀 K_{c0} 和 K_{p0} 的近似计算公式。

由图 2-11 看出,新阀的中位(零位)泄漏流量小,且流动为层流型的,已磨损的旧阀(阀口节流边被液流冲蚀)的中位泄漏流量增大,且流动为紊流型的。阀磨损后在特定供油压力下的中位泄漏流量虽然急剧增加,但曲线斜率增加却不大,即流量-压力系数变化不大(约 2～3 倍)。因此可按新阀状态来计算阀的流量-压力系数。

层流状态下液体通锐边小缝隙的流量公式可写为

$$q = \frac{\pi r_c^2 W}{32\mu} \Delta p$$

式中 r_c——阀芯与阀套间的径向间隙;
 W——阀的面积梯度;
 μ——油液的动力粘度;
 Δp——节流口两边的压力差。

阀的零位泄漏流量为两个窗口(图 2-7 中的 3、4 两个窗口)泄漏流量之和。零位时每个窗口的压降为 $p_s/2$,泄漏流量为 $q_c/2$。在层流状态下,零位泄漏流量为

$$q_c = q_s = \frac{\pi r_c^2 W}{32\mu} p_s \tag{2-47}$$

由式(2-46)和式(2-47)可求得实际零开口四边滑阀的零位流量-压力系数为

$$K_{c0} = \frac{q_c}{p_s} = \frac{\pi r_c^2 W}{32\mu} \tag{2-48}$$

实际零开口四边滑阀的零位压力增益可由式(2-43)和(2-48)求得

$$K_{p0} = \frac{K_{q0}}{K_{c0}} = \frac{32\mu C_d \sqrt{p_s/\rho}}{\pi r_c^2} \tag{2-49}$$

上式表明,实际零开口阀的零位压力增益主要取决于阀的径向间隙值,而与阀的面积梯度无关。实际零开口四边滑阀的零位压力增益可以达到很大的数值。为了对零位压力增益有一个数量概念,下面作一个典型计算,取 $\mu = 1.4 \times 10^{-2} \text{Pa} \cdot \text{s}, \rho = 870 \text{kg/m}^3, C_d = 0.62, r_c = 5 \times 10^{-6}\text{m}$,由式(2-49)可得

$$K_{p0} = 1.2 \times 10^8 \sqrt{p_s}$$

当 $p_s = 70 \times 10^5 \text{Pa}$ 时,$K_{p0} = 3.175 \times 10^{11} \text{Pa/m}$。实践证明,当供油压力为 $70 \times 10^5 \text{Pa}$ 时,10^{11}Pa/m 这个数量级是很容易达到的。

式(2-48)和式(2-49)只是近似的计算公式,但试验研究证明,由此得到的计算值与试验值是比较吻合的。

第四节 正开口四边滑阀的静态特性

参看图2-4,当阀芯在阀套的中间位置时,四个节流窗口有相同的正开口量 U,并规定阀是在正开口的范围内工作,即 $|x_v| \leqslant U$。假设阀是匹配和对称的,当阀芯按图示方向位移 x_v 时,则有

$$A_1 = A_3 = W(U - x_v)$$
$$A_2 = A_4 = W(U + x_v)$$

将上两式代入式(2-25),可得正开口四边滑阀的压力-流量特性方程

$$q_L = C_d W(U + x_v)\sqrt{\frac{1}{\rho}(p_s - p_L)} - C_d W(U - x_v)\sqrt{\frac{1}{\rho}(p_s + p_L)} \tag{2-50}$$

将上式除以 $C_d W U \sqrt{\frac{p_s}{\rho}}$,得

$$\frac{q_L}{C_d W U \sqrt{p_s/\rho}} = \left(1 + \frac{x_v}{U}\right)\sqrt{1 - \frac{p_L}{p_s}} - \left(1 - \frac{x_v}{U}\right)\sqrt{1 + \frac{p_L}{p_s}} \tag{2-51}$$

无因次压力-流量方程为

$$\bar{q}_L = (1 + \bar{x}_v)\sqrt{1 - \bar{p}_L} - (1 - \bar{x}_v)\sqrt{1 + \bar{p}_L} \tag{2-52}$$

式中 $\bar{q}_L$——无因次负载流量,$\bar{q}_L = \dfrac{q_L}{C_d W U \sqrt{p_s/\rho}}$;

$\bar{p}_L$——无因次负载压力,$\bar{p}_L = p_L/p_s$;

$\bar{x}_v$ —— 无因次阀芯位移，$\bar{x}_v = x_v/U$。

无因次压力-流量特性曲线如图 2-12 所示，这些曲线的线性度比零开口四边滑阀要好得多。正开口四边滑阀是比较理想的线性元件，这是四个桥臂高度对称的结果。在正开口区域以外，由于同一时刻只有两个节流窗口起控制作用，其压力-流量特性和零开口阀是一样的。

正开口四边滑阀的零位系数可通过对式 (2-50) 微分，并在 $q_L = p_L = x_v = 0$ 处取导数值得到，即

$$K_{q0} = 2C_dW\sqrt{\frac{p_s}{\rho}} \quad (2\text{-}53)$$

$$K_{c0} = \frac{C_dWU\sqrt{p_s/\rho}}{p_s} \quad (2\text{-}54)$$

$$K_{p0} = \frac{2p_s}{U} \quad (2\text{-}55)$$

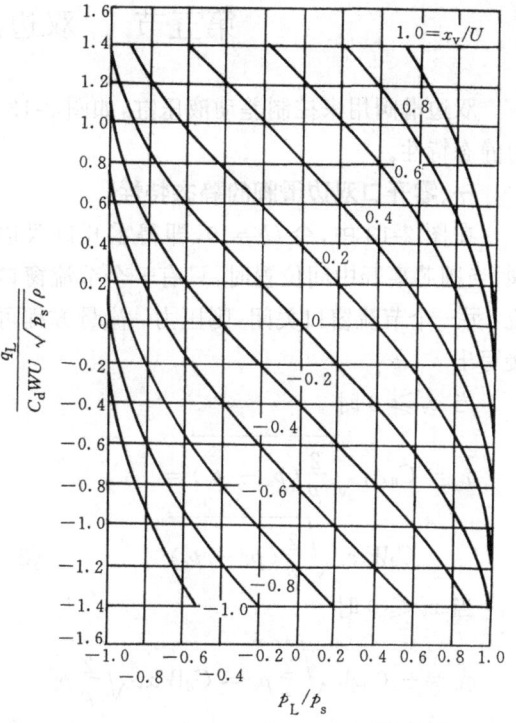

图 2-12 正开口四边滑阀的压力-流量曲线

从这些公式可以看出，正开口四边滑阀的 K_{q0} 值是理想零开口四边滑阀的两倍，这是因为负载流量同时受两个节流窗口的控制，而且它们是差动变化的，例如阀芯正向移动一个距离 x_v，节流窗口 4 的面积增大了 Wx_v，同时窗口 1 的面积减小了同一数值，故节流面积的总变化量为 $2Wx_v$，窗口 2、3 的变化与此相同。所以正开口四边滑阀可以提高零位流量增益并改善压力-流量曲线的线性度。K_{c0} 取决于面积梯度，而 K_{p0} 与面积梯度无关，这也说明式 (2-48) 和式 (2-49) 的结论是正确的，因为在零位附近，实际零开口阀很类似于正开口阀。

正开口四边滑阀的零位(中位)泄漏流量应是窗口 3、4(见图 2-4)泄漏流量之和，即

$$q_c = 2C_dWU\sqrt{\frac{p_s}{\rho}} \quad (2\text{-}56)$$

这种阀由于零位泄漏流量比较大，所以不适合于大功率控制的场合。

正开口四边滑阀的 K_{q0} 和 K_{c0} 也可以用零位泄漏流量来表示，即

$$K_{q0} = \frac{q_c}{U} \quad (2\text{-}57)$$

$$K_{c0} = \frac{q_c}{2p_s} \quad (2\text{-}58)$$

在实际应用中，有时采用部分正开口的阀，即把正开口量规定为阀的最大行程的一部分，以便增加阻尼作用。但这要使压力增益降低和零位泄漏流量增大，而且这种阀的流量增益是非线性的。

第五节 双边滑阀的静态特性

双边滑阀用来控制差动液压缸,如图 2-13 所示。下面分别研究零开口和正开口双边滑阀的静态特性。

一、零开口双边滑阀的静态特性

在图 2-13 中,令 $U=0$,即得零开口双边滑阀。当阀芯离开中间位置时,只有一个节流窗口通流,另一个节流窗口关闭,则压力-流量方程可直接写出

当 $x_v \geqslant 0$ 时

$$q_L = C_d A_1 \sqrt{\frac{2}{\rho}(p_s - p_c)} = C_d W x_v \sqrt{\frac{2}{\rho}(p_s - p_c)} \quad (2\text{-}59)$$

当 $x_v \leqslant 0$ 时

$$q_L = -C_d A_2 \sqrt{\frac{2}{\rho} p_c} = C_d W x_v \sqrt{\frac{2}{\rho} p_c} \quad (2\text{-}60)$$

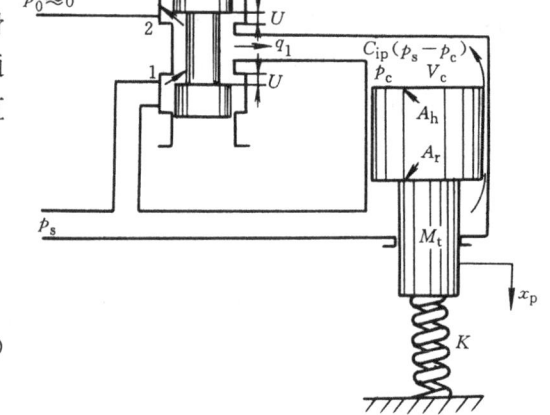

图 2-13 带差动液压缸的双边滑阀

写成无因次形式

$$\bar{q}_L = \bar{x}_v \sqrt{1 - \bar{p}_c} \qquad x_v \geqslant 0 \quad (2\text{-}61)$$

$$\bar{q}_L = \bar{x}_v \sqrt{\bar{p}_c} \qquad x_v \leqslant 0 \quad (2\text{-}62)$$

式中 $\bar{q}_L$——无因次负载流量,$\bar{q}_L = \dfrac{q_L}{C_d W x_{vm} \sqrt{\dfrac{2}{\rho} p_s}}$;

$\bar{p}_c$——无因次控制压力,$\bar{p}_c = \dfrac{p_c}{p_s}$;

$\bar{x}_v$——无因次阀芯位移,$\bar{x}_v = \dfrac{x_v}{x_{vm}}$。

无因次压力-流量曲线与零开口四边滑阀的一样,如图 2-8 所示,只是坐标要加以改变,将横坐标轴的 $\dfrac{p_L}{p_s} = -1$ 改为 $\dfrac{p_c}{p_s} = 0$,$\dfrac{p_L}{p_s} = 0$ 改为 $\dfrac{p_c}{p_s} = 0.5$,$\dfrac{p_L}{p_s} = 1$,改为 $\dfrac{p_c}{p_s} = 1$,同时纵坐标要乘以 $\dfrac{1}{\sqrt{2}}$。

双边滑阀的零位工作点可由 $x_v = q_L = 0$ 和 $p_{c0} = \dfrac{p_s}{2}$ 来确定。压力-流量曲线对称于这一点,在该点工作时,阀控液压缸在两个方向的控制性能一样,可得到相同的加速和减速能力及相同的运动速度。为了使阀在这一点工作,必须使液压缸两腔活塞有效面积满足

$$p_{c0} = \frac{1}{2} p_s \quad (2\text{-}63)$$

的关系。在没有外负载力作用时,只要使活塞头一侧的面积 A_h 等于有活塞杆一侧面积 A_r 的两倍,即

$$A_h = 2A_r \tag{2-64}$$

就可以使式(2-63)得到满足。通常都是按这个原则来确定液压缸活塞的面积,甚至在有外负载力的情况下,也是可行的。不过,如果有单向恒定外负载力时,则活塞面积就应当设计成满足式(2-63),即

$$\frac{A_r}{A_h} = \frac{1}{2} \mp \frac{F_L}{p_s A_h} \tag{2-65}$$

式中,F_L 为单向恒定外负载力,F_L 的方向与 $p_s A_r$ 方向相同时取负号,反之取正号。

在零位工作点($x_v = q_L = 0$ 和 $p_{c0} = \frac{1}{2} p_s$)对式(2-59)或(2-60)求偏导数值,可得零开口双边滑阀的零位系数为

$$K_{q0} = \left.\frac{\partial q_L}{\partial x_v}\right|_0 = C_d W \sqrt{\frac{p_s}{\rho}} \tag{2-66}$$

$$K_{c0} = -\left.\frac{\partial q_L}{\partial p_c}\right|_0 = \left.\frac{C_d W x_v \sqrt{p_s/\rho}}{p_s}\right|_{x_v=0} = 0 \tag{2-67}$$

$$K_{p0} = \left.\frac{\partial p_c}{\partial x_v}\right|_0 = \left.\frac{p_s}{x_v}\right|_{x_v=0} = \infty \tag{2-68}$$

与零开口四边滑阀的零位系数相比较,流量增益是一样的,而压力增益为零开口四边阀的一半。因此,对双边滑阀来说,常值负载力和摩擦负载力在系统中引起的稳态误差是四边滑阀的两倍。因此,双边滑阀一般适用于机液伺服系统,因为这种系统的负载力小,或允许误差较大。

二、正开口双边滑阀的静态特性

参看图 2-13,流过节流窗口 1、2 的流量分别为

$$q_1 = C_d W (U + x_v) \sqrt{\frac{2}{\rho}(p_s - p_c)} \tag{2-69}$$

$$q_2 = C_d W (U - x_v) \sqrt{\frac{2}{\rho} p_c} \tag{2-70}$$

压力-流量方程为

$$q_L = q_1 - q_2 = C_d W (U + x_v) \sqrt{\frac{2}{\rho}(p_s - p_c)} - C_d W (U - x_v) \sqrt{\frac{2}{\rho} p_c} \tag{2-71}$$

写成无因次形式为

$$\bar{q}_L = (1 + \bar{x}_v)\sqrt{1 - \bar{p}_c} - (1 - \bar{x}_v)\sqrt{\bar{p}_c} \tag{2-72}$$

式中 $\bar{q}_L$ —— 无因次负载流量,$\bar{q}_L = \dfrac{q_L}{C_d W U \sqrt{2 p_s/\rho}}$;

$\bar{p}_c$ —— 无因次控制压力,$\bar{p}_c = \dfrac{p_c}{p_s}$;

$\bar{x}_v$ —— 无因次阀芯位移,$\bar{x}_v = \dfrac{x_v}{x_{vm}}$。

压力-流量曲线与图 2-12 相同,只是坐标要加以改变,横坐标的 $\dfrac{p_L}{p_s} = -1$ 改为 $\dfrac{p_c}{p_s} = 0$,$\dfrac{p_L}{p_s} = 0$ 改为 $\dfrac{p_c}{p_s} = 0.5$,$\dfrac{p_L}{p_s} = 1$ 改为 $\dfrac{p_c}{p_s} = 1$,纵坐标要乘以 $\dfrac{1}{\sqrt{2}}$。

阀的零位系数为

$$K_{q0} = \frac{\partial q_L}{\partial x_v}\bigg|_0 = 2C_d W \sqrt{\frac{p_s}{\rho}} \quad (2\text{-}73)$$

$$K_{c0} = -\frac{\partial q_L}{\partial p_c}\bigg|_0 = \frac{2C_d W U \sqrt{p_s/\rho}}{p_s} \quad (2\text{-}74)$$

$$K_{p0} = \frac{\partial p_c}{\partial x_v}\bigg|_0 = \frac{p_s}{U} \quad (2\text{-}75)$$

与正开口四边滑阀的零位系数作一比较,可以看出零位流量增益是一样的,零位压力增益是四边滑阀的一半,因为四边滑阀有两个控制通道,且为差动工作,而双边滑阀仅有一个控制通道。

零位泄漏流量为

$$q_c = C_d W U \sqrt{\frac{p_s}{\rho}} \quad (2\text{-}76)$$

第六节 滑阀受力分析

操纵滑阀阀芯运动需要克服各种阻力,其中包括:阀芯质量的惯性力,阀芯与阀套间的摩擦力,阀芯所受液动力,弹性力和任意外负载力等。阀芯运动阻力的大小是设计滑阀操纵元件的主要依据,因此需要对滑阀的受力进行分析、计算。这里主要分析、计算滑阀阀芯所受的液动力。

一、作用在滑阀阀芯上的液动力

液流流经滑阀时,液流速度的大小和方向发生变化,其动量变化对阀芯产生一个反作用力,这就是作用在阀芯上的液动力。液动力又分稳态液动力和瞬态液动力两种。稳态液动力与滑阀开口量成正比,瞬态液动力与滑阀开口量变化率成正比。

稳态液动力不仅使阀芯运动的操纵力增加,并能引起非线性问题,瞬态液动力在一定条件下能引起滑阀不稳定。所以在滑阀设计中应考虑液动力问题。

（一）稳态液动力

1. 稳态液动力计算公式

稳态液动力是在阀口开度一定的稳定流动情况下,液流对阀芯的反作用力。根据动量定理可求得稳态轴向液动力的大小为(见图2-14)

$$F_s = F_1 = \rho q v \cos\theta \quad (2\text{-}77)$$

由柏努利方程可求得阀口射流最小断面处的流速为

$$v = C_v \sqrt{\frac{2}{\rho}\Delta p}$$

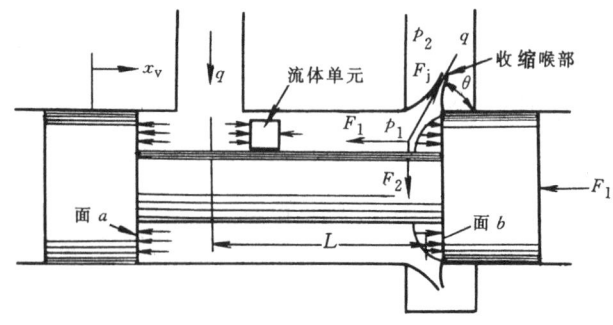

图 2-14 滑阀的液动力

式中 C_v——速度系数,一般取 $C_v = 0.95 \sim 0.98$;

Δp——阀口压差,$\Delta p = p_1 - p_2$。

通过理想矩形阀口的流量为

$$q = C_d W x_v \sqrt{\frac{2}{\rho} \Delta p}$$

将上两式代入式(2-77)得稳态液动力为

$$F_s = 2C_v C_d W x_v \Delta p \cos\theta = K_f x_v \qquad (2\text{-}78)$$

式中　K_f——稳态液动力刚度，$K_f = 2C_v C_d W \Delta p \cos\theta$。

对理想滑阀，射流角 $\theta = 69°$。取 $C_v = 0.98, C_d = 0.61, \cos 69° = 0.358$，则可得

$$F_s = 0.43 W \Delta p x_v = K_f x_v \qquad (2\text{-}79)$$

这就是常用的稳态液动力计算公式。

对于所讨论的滑阀来说，由于射流角 θ 总是小于 $90°$，所以稳态液动力的方向总是指向使阀口关闭的方向。在阀口压差 Δp 一定时，其大小与阀的开口量成正比。因此它的作用与阀的对中弹簧的作用相似，是由液体流动所引起的一种弹性力。

实际滑阀的稳态液动力受径向间隙和工作边圆角的影响。径向间隙和工作边圆角使阀口过流面积增大，射流角减小，从而使稳态液动力增大，特别是在小开口时更为显著，使稳态液动力与阀的开口量之间呈现非线性。

2. 零开口四边滑阀的稳态液动力

参看图 2-7。零开口四边滑阀在工作时，有两个串联的阀口同时起作用，每个阀口的压降 $\Delta p = \dfrac{p_s - p_L}{2}$，所以总的稳态液动力为

$$F_s = 0.43 W (p_s - p_L) x_v = K_f x_v \qquad (2\text{-}80)$$

式中　K_f——滑阀的液动力刚度，$K_f = 0.43 W (p_s - p_L)$。

应当注意，稳态液动力是随着负载压力 p_L 变化而变化的，在空载（$p_L = 0$）时达到最大值，其值为

$$F_{s0} = 0.43 W p_s x_v = K_{f0} x_v \qquad (2\text{-}81)$$

式中　K_{f0}——空载液动力刚度，$K_{f0} = 0.43 W p_s$。

由式(2-80)可知，只有当负载压力 $p_L =$ 常数时，稳态液动力才与阀的开口量 x_v 成比例关系。当负载压力变化时，稳态液动力将呈现出非线性。

稳态液动力一般都很大，它是阀芯运动阻力中的主要部分，下面通过一个数值例来说明。一个全周开口、直径为 1.2×10^{-2}m 的阀芯，在供油压力为 140×10^5Pa 时，空载液动力刚度 $K_{f0} = 2.27 \times 10^5$N/m，如果阀芯最大位移为 5×10^{-4}m 时，空载稳态液动力为 $F_{s0} = 114$N，其值是相当大的。人们曾研究出一些补偿或消除稳态液动力的方法，但没有一种是很理想的。原因是制造成本高，而且不能在所有流量和压降下完全补偿，又容易使液动力出现非线性，因此用得不多，在电液伺服阀中，由于受力矩马达输出力矩的限制，稳态液动力限制了单级伺服阀的输出功率，实用的解决办法是使用两级伺服阀，利用第一级阀提供一个足够大的力去驱动第二级滑阀。

3. 正开口四边滑阀的稳态液动力

参看图 2-4。正开口四边滑阀有四个节流窗口同时工作，总液动力等于四个节流窗口所产生的液动力之和。在图 2-4 中，我们规定阀芯向左移动为正，并规定与此方向相反的液动力为正，反之为负。则总的稳态液动力为

$$F_s = 0.43[A_4(p_s - p_1) + A_2 p_2 - A_1 p_1 - A_3(p_s - p_2)]$$

假定阀是匹配和对称的,则有

$$A_1 = A_3 = W(U - x_v)$$
$$A_2 = A_4 = W(U + x_v)$$

可得

$$F_s = 0.86W(p_s x_v - p_L U) \tag{2-82}$$

空载($p_L = 0$)时的稳态液动力为

$$F_{s0} = 0.86W p_s x_v \tag{2-83}$$

从上式可以看出,正开口四边滑阀的空载稳态液动力是零开口四边滑阀的两倍。

(二) 瞬态液动力

1. 瞬态液动力公式

参看图2-14。在阀芯运动过程中,阀开口量变化使通过阀口的流量发生变化,引起阀腔内液流速度随时间变化,其动量变化对阀芯产生的反作用力就是瞬态液动力,其大小为

$$F_t = \frac{d(mv)}{dt}$$

式中　m——阀腔中的液体质量;
　　　v——阀腔中的液体流速。

假定液体是不可压缩的,则阀腔中的液体质量 m 是常数,所以

$$F_t = m\frac{dv}{dt} = \rho L A_v \frac{dv}{dt} = \rho L \frac{dq}{dt}$$

式中　A_v——阀腔过流断面面积;
　　　L——液流在阀腔内的实际流程长度。

对阀口流量公式求导并代入上式,忽略压力变化率的微小影响,可得瞬态液动力为

$$F_t = C_d W L \sqrt{2\rho \Delta p} \frac{dx_v}{dt} = B_f \frac{dx_v}{dt} \tag{2-84}$$

式中　B_f——阻尼系数,$B_f = C_d W L \sqrt{2\rho \Delta p}$。

上式表明,瞬态液动力与阀芯的移动速度成正比,起粘性阻尼力的作用。阻尼系数 B_f 与长度 L 有关,称长度 L 为阻尼长度。瞬态液动力的方向始终与阀腔内液体的加速度方向相反,据此可以判断瞬态液动力的方向。如果瞬态液动力的方向与阀芯移动方向相反,则瞬态液动力起正阻尼力的作用,阻尼系数 $B_f > 0$,阻尼长度 L 为正,如图2-15a 所示。如果瞬态液动力方向与阀芯运动方向相同,则起负阻尼力的作用,阻尼系数 $B_f < 0$,阻尼长度 L 为负,如图2-15b 所示。

2. 零开口四边滑阀的瞬态液动力

参看图2-7。L_2 是正阻尼长,L_1 是负阻尼长度,阀口压差 $\Delta p = \frac{p_s - p_L}{2}$,利用式(2-84)可求得零开口四边滑阀的总瞬态液动力为

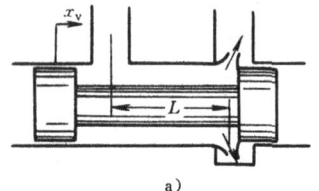
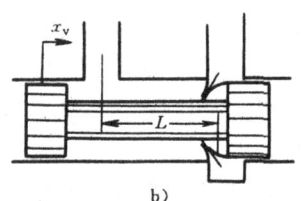

图 2-15　滑阀的阻尼长度

$$F_\text{t} = (L_2 - L_1)C_\text{d}W\sqrt{\rho(p_\text{s} - p_\text{L})}\frac{\mathrm{d}x_\text{v}}{\mathrm{d}t} = B_\text{f}\frac{\mathrm{d}x_\text{v}}{\mathrm{d}t} \tag{2-85}$$

式中 B_f——阻尼系数,$B_\text{f} = (L_2 - L_1)C_\text{d}W\sqrt{\rho(p_\text{s} - p_\text{L})}$。

当 $L_2 > L_1$ 时,$B_\text{f} > 0$,是正阻尼;当 $L_2 < L_1$ 时,$B_\text{f} < 0$,是负阻尼。负阻尼对阀工作的稳定性不利,为保证阀的稳定性,应保证 $L_2 \geqslant L_1$,实际上是一个通路位置的布置问题。瞬态液动力的数值一般很小,因此不可能利用它来作为阻尼源。

3. 正开口四边滑阀的瞬态液动力

参看图 2-4。L_2 是正阻尼长度,L_1 是负阻尼长度,利用式(2-84)分别求出四个节流阀口的瞬态液动力,然后将它们相加得阀的总瞬态液动力为

$$F_\text{t} = L_2 C_\text{d}W\sqrt{2\rho(p_\text{s} - p_1)}\frac{\mathrm{d}x_\text{v}}{\mathrm{d}t} + L_2 C_\text{d}W\sqrt{2\rho(p_\text{s} - p_2)}\frac{\mathrm{d}x_\text{v}}{\mathrm{d}t} - L_1 C_\text{d}W\sqrt{2\rho p_2}\frac{\mathrm{d}x_\text{v}}{\mathrm{d}t} - L_1 C_\text{d}W\sqrt{2\rho p_1}\frac{\mathrm{d}x_\text{v}}{\mathrm{d}t}$$

将 $p_1 = \dfrac{p_\text{s} + p_\text{L}}{2}, p_2 = \dfrac{p_\text{s} - p_\text{L}}{2}$ 代入上式并加以整理得

$$F_\text{t} = (L_2 - L_1)C_\text{d}W\sqrt{\rho}\left[\sqrt{p_\text{s} - p_\text{L}} + \sqrt{p_\text{s} + p_\text{L}}\right]\frac{\mathrm{d}x_\text{v}}{\mathrm{d}t} = B_\text{f}\frac{\mathrm{d}x_\text{v}}{\mathrm{d}t} \tag{2-86}$$

式中,$B_\text{f} = (L_2 - L_1)C_\text{d}W\sqrt{\rho}\left[\sqrt{p_\text{s} - p_\text{L}} + \sqrt{p_\text{s} + p_\text{L}}\right]$,空载($p_\text{L} = 0$)时,$B_{\text{f}0} = 2(L_2 - L_1)C_\text{d}W\sqrt{\rho p_\text{s}}$,它是零开口四边滑阀的两倍。

二、滑阀的驱动力

根据阀芯运动时的力平衡方程式,可得阀芯运动时的总驱动力

$$F_\text{i} = m_\text{v}\frac{\mathrm{d}^2 x_\text{v}}{\mathrm{d}t^2} + (B_\text{v} + B_\text{f})\frac{\mathrm{d}x_\text{v}}{\mathrm{d}t} + K_\text{f}x_\text{v} + F_\text{L} \tag{2-87}$$

式中 F_i——总驱动力;
　　　m_v——阀芯及阀腔油液质量;
　　　B_v——阀芯与阀套间的粘性摩擦系数;
　　　B_f——瞬态液动力阻尼系数;
　　　K_f——稳态液动力刚度;
　　　F_L——任意负载力。

在实际计算中,还必须考虑阀的驱动装置(如力矩马达)运动部分的质量、阻尼和弹簧刚度等的影响,并对质量、阻尼和弹簧刚度作相应的折算。在许多情况下,阀芯驱动装置的上述系数可能比阀本身的系数还要大。另外,驱动装置还必须有足够大的驱动力储备,这样才有能力切除可能滞留在节流窗口处的脏物颗粒。

单边滑阀和双边滑阀一般多用于机液伺服系统中,操纵阀芯运动的机械力比较大,驱动阀芯运动不会有什么问题。所以,有关这些阀的驱动力不再讨论。

第七节　滑阀的输出功率及效率

在液压伺服系统中,滑阀经常作为功率放大元件使用,从经济指标出发应该研究其输出功率和效率。但在伺服系统中,效率问题相对来说是比较次要的,特别是在中、小功率的伺服系统

中。因为在液压伺服系统中,效率是随负载变化而变化的,而负载并非恒定,因此系统效率不可能经常保持在最高值。另外,作为控制系统,系统的稳定性、响应速度和精度等指标往往比效率更重要。为了保证这些指标,经常不得不牺牲一部分效率指标。

下面研究零开口四边滑阀的输出功率和效率问题。设液压泵的供油压力为 p_s,供油流量为 q_s,阀的负载压力为 p_L,负载流量为 q_L,则阀的输出功率(负载功率)为

$$N_L = p_L q_L = p_L C_d W x_v \sqrt{\frac{1}{\rho}(p_s - p_L)} = C_d W x_v \sqrt{\frac{p_s}{\rho}} p_s \frac{p_L}{p_s} \sqrt{1 - \frac{p_L}{p_s}} \tag{2-88}$$

或

$$\frac{N_L}{C_d W x_v p_s \sqrt{p_s/\rho}} = \frac{p_L}{p_s} \sqrt{1 - \frac{p_L}{p_s}} \tag{2-89}$$

其无因次曲线示于图 2-16。

由式(2-89)和图 2-16 可见,当 $p_L = 0$ 时,$N_L = 0$,$p_L = p_s$ 时,$N_L = 0$。通过 $\frac{dN_L}{dp_L} = 0$,可求得输出功率为最大值时的 p_L 值为

$$p_L = \frac{2}{3} p_s \tag{2-90}$$

阀在最大开度 x_{vm} 和负载压力 $p_L = \frac{2}{3} p_s$ 时,输出最大功率为

$$N_{Lm} = \frac{2}{3\sqrt{3}} C_d W x_{vm} \sqrt{\frac{1}{\rho} p_s^3} \tag{2-91}$$

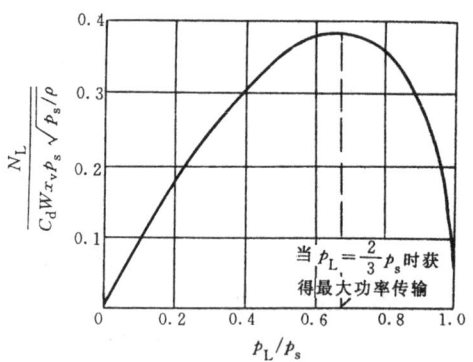

图 2-16 负载功率随负载压力变化曲线

液压伺服系统的效率和液压能源的型式及管路损失有关。下面分析时忽略管路的压力损失,因此液压泵的供油压力 p_s 也就是阀的供油压力。

如果采用变量泵供油时,由于变量泵可自动调节其供油流量 q_s 来满足负载流量 q_L 的要求,因此 $q_s = q_L$。阀在最大输出功率时的最高效率为

$$\eta = \frac{(p_L q_L)_{max}}{p_s q_s} = \frac{\frac{2}{3} p_s q_s}{p_s q_s} = \frac{2}{3} = 0.667$$

采用变量泵供油时,因为不存在供油流量损失,因此这个效率也是滑阀本身所能达到的最高效率。

当采用定量泵加溢流阀作液压能源时,定量泵的供油流量应等于或大于阀的最大负载流量 q_{Lmax}(即阀的最大空载流量 q_{0m})。阀在最大输出功率时的系统最高效率为

$$\eta = \frac{(p_L q_L)_{max}}{p_s q_s} = \frac{\frac{2}{3} p_s C_d W x_{vm} \sqrt{\frac{1}{\rho}(p_s - \frac{2}{3} p_s)}}{p_s C_d W x_{vm} \sqrt{p_s/\rho}} = 0.385$$

在这个效率中,除了滑阀本身的节流损失外,还包括溢流阀的溢流损失,即供油流量损失,因此是整个液压伺服系统的效率。这种系统的效率是很低的,但由于其结构简单、成本低、维护方便,特别是在中、小功率的系统中,仍然获得广泛的应用。

上述分析结果表明,在 $p_L = \frac{2}{3}p_s$ 时,整个液压伺服系统的效率最高,同时阀的输出功率也最大,故通常取 $p_L = \frac{2}{3}p_s$ 作为阀的设计负载压力。限制 p_L 值的另一个原因是在 $p_L \leqslant \frac{2}{3}p_s$ 的范围内,阀的流量增益和流量-压力系数的变化也不大。流量增益降低和流量-压力系数增大会影响系统的性能,所以一般都是将 p_L 限制在 $\frac{2}{3}p_s$ 的范围内。

第八节　滑阀的设计

滑阀设计的主要内容包括结构型式的选择和基本参数的确定。在设计时,首先应考虑满足负载和执行元件对滑阀提出的稳态特性要求,以及它对伺服系统动态特性的影响。同时也要使滑阀结构简单、工艺性好、驱动力小和工作可靠等。

一、结构型式的选择

(一) 滑阀工作边数的选择

滑阀工作边数(或通路数)的选择要考虑液压执行元件的型式。双边滑阀只能控制差动液压缸,而四边滑阀可以控制双作用液压缸和液压马达。从性能上看,四边滑阀优于双边滑,两者的零位流量增益是一样的,但双边阀的压力增益只有四边阀的一半。从结构工艺上看,双边阀优于四边阀。通常,双边滑阀多用于机液伺服系统,而四边滑阀多用于电液伺服系统。

(二) 节流窗口形状的选择

节流窗口的形状一般都是根据系统要求的流量增益特性来选择的。在大多数情况下,希望采用矩形窗口以获得线性的流量增益。圆孔形窗口加工简单,但其流量增益特性是非线性的,所以只在一些要求不高的场合使用。

(三) 预开口型式的选择

零开口阀(矩形窗口)具有线性的流量增益特性,压力增益高,零位泄漏量小,因此得到广泛的应用。正开口阀(指部分正开口)由于流量增益是非线性的,压力增益低,零位泄漏流量大,因此只在一些特殊的情况下使用。负开口阀在零位附近具有死区特性,因而很少采用。

(四) 阀芯凸肩数的选择

二通阀可采用两个凸肩,三通阀可采用两个或三个凸肩,四通阀可采用三个或四个凸肩。凸肩数与阀的通路数、工作边的布置、供油密封及回油密封等有关。

二、主要参数的确定

根据负载的工作要求可以确定阀的额定流量和供油压力。通常,阀的额定流量是指阀的最大空载流量,即

$$q_e = q_{0m} = C_d A_{vmax} \sqrt{\frac{p_s}{\rho}} \tag{2-92}$$

阀的最大开口面积为

$$A_{vmax} = \frac{q_{0m}}{C_d \sqrt{p_s/\rho}} \tag{2-93}$$

在供油压力 p_s 一定时,阀的规格也可以用最大开口面积 A_{vmax} 表示。对矩形阀口,$A_{vmax} = W x_{vmax}$。在 A_{vmax} 一定时,可以有 W 和 x_{vmax} 的不同组合,而 W 和 x_{vmax} 对阀的参数和性能都有影

响,如何正确选择它们的大小是十分重要的。

(一)面积梯度 W

在供油压力 p_s 一定时,面积梯度 W 的大小决定了阀的零位流量增益。故 W 的值影响着液压伺服系统的稳定性等。一般地说,阀的流量增益必须与系统中其它元件的增益相配合,以得到所需要的开环增益。阀的流量增益确定后,W 的数值也就确定了。

在机液伺服系统中,改变 W 是调整系统开环增益的主要方法,有时是唯一的方法(单位反馈系统)。因此 W 的确定十分重要。而在电液伺服系统中,调整电子放大器的增益可以很方便地改变回路增益,所以阀的流量增益或面积梯度的确定就不十分重要,而阀芯的最大位移 x_{vmax} 往往要受电磁操纵元件的输出位移的限制,所以 x_{vmax} 的选择显得更为重要。

(二)阀芯最大位移 x_{vmax}

通常希望适当降低 W 以增加 x_{vmax} 值。这样可以提高阀的抗污染能力,减少出现堵塞现象;同时可以避免在小开口时因堵塞而造成的流量增益下降;可以降低阀芯轴向尺寸加工公差的要求。但是 x_{vmax} 较大时,要受电磁操纵元件的输出位移和输出力的限制。在机液伺服系统中,由于操纵机构的输出力和输出位移较大,可以有较大的 x_{vmax} 值。

(三)阀芯直径 d

参看图 2-7。为了保证阀芯有足够的刚度,应使阀芯颈部直径 d_r 不小于 $\frac{1}{2}d$。另外,为了确保节流窗口为可控的节流口以避免流量饱和现象,阀腔通道内的流速不应过大。为此应使阀腔通道的面积为控制窗口最大面积的 4 倍以上,即

$$\frac{\pi}{4}(d^2 - d_r^2) > 4W x_{vmax}$$

将 $d_r = \frac{1}{2}d$ 代入上式,经整理后得

$$\frac{3}{64}\pi d^2 > W x_{vmax}$$

对于全周开口的阀,$W = \pi d$,代入上式得

$$\frac{W}{x_{vmax}} > 67 \tag{2-94}$$

这是全周开口的滑阀不产生流量饱和的条件。若此条件不满足,则不能采用全周开口的阀,应加大阀芯直径 d,然后采用非全周开口的滑阀结构。通常是在阀套上对称地开两个或四个矩形窗口。

滑阀其它一些尺寸,如阀芯长度 L、凸肩宽度 b、阻尼长度 $L_1 + L_2$(见图 2-7)等与阀芯直径 d 之间有一定的经验比例关系。例如 $L = (4 \sim 7)d$;阻尼长度 $L_1 + L_2 \approx 2d$;两端密封凸肩宽度约为 $0.7d$ 左右;中间凸肩宽度可小于 $0.7d$,因为它不起密封作用。

第九节 喷嘴挡板阀

与滑阀相比,喷嘴挡板阀具有结构简单,加工容易,运动部件质量小,对油液污染不太敏感等优点。但零位泄漏流量大,所以只适用于小功率系统。在两级液压放大器中,多采用喷嘴挡板阀作为第一级。

一、单喷嘴挡板阀的静态特性

单喷嘴挡板阀的原理图如图 2-17 所示。它由固定节流孔、喷嘴和挡板组成。喷嘴与挡板间的环形面积构成了可变节流口，用于控制固定节流孔与可变节流口之间的压力 p_c。单喷嘴挡板阀是三通阀，只能用来控制差动液压缸。控制压力 p_c 与负载腔（液压缸无杆腔）相连，而供油压力 p_s（恒压源）与液压缸的有杆腔相连。当挡板与喷嘴端面之间的间隙减小时，由于可变液阻增大，使通过固定节流孔的流量减小，在固定节流孔处压降也减小，因此控制压力 p_c 增大，推动负载运动，反之亦然。为了减小油温变化的影响，固定节流孔通常是短管形的，喷嘴端部也是近于锐边形的。

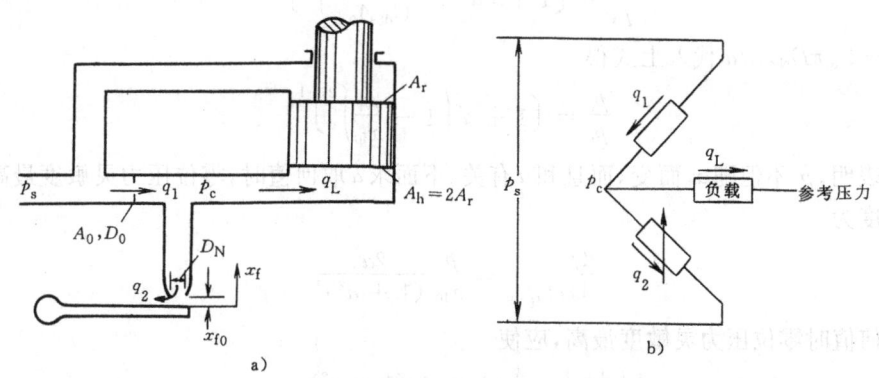

图 2-17 单喷嘴挡板阀原理图

（一）压力特性

根据液流的连续性方程可得负载流量

$$q_L = q_1 - q_2$$

将固定节流孔和可变节流口的流量方程代入上式可得

$$q_L = C_{d0} A_0 \sqrt{\frac{2}{\rho}(p_s - p_c)} - C_{df} A_f \sqrt{\frac{2}{\rho} p_c} \tag{2-95}$$

式中　C_{d0}——固定节流孔流量系数；
　　　A_0——固定节流孔的通流面积；
　　　C_{df}——可变节流口的流量系数；
　　　A_f——可变节流口的通流面积。

将 $A_0 = \frac{\pi}{4} D_0^2$，$A_f = \pi D_N (x_{f0} - x_f)$ 代入上式得

$$q_L = C_{d0} \frac{\pi}{4} D_0^2 \sqrt{\frac{2}{\rho}(p_s - p_c)} - C_{df} \pi D_N (x_{f0} - x_f) \sqrt{\frac{2}{\rho} p_c} \tag{2-96}$$

式中　D_0——固定节流孔直径；
　　　D_N——喷嘴孔直径；
　　　x_{f0}——挡板与喷嘴之间的零位间隙；
　　　x_f——挡板偏离零位的位移。

压力特性是指切断负载（$q_L = 0$）时，控制压力 p_c 随挡位移 x_f 的变化特性。令 $q_L = 0$，由式 (2-95) 可得压力特性方程

$$\frac{p_c}{p_s} = \left[1 + \left(\frac{C_{df}A_f}{C_{d0}A_0}\right)^2\right]^{-1} \qquad (2\text{-}97)$$

其特性曲线如图 2-18 所示。

式(2-97)可改写为

$$\frac{p_c}{p_s} = \left[1 + \left(\frac{C_{df}\pi D_N(x_{f0} - x_f)}{C_{d0}A_0}\right)^2\right]^{-1} \qquad (2\text{-}98)$$

令 $a = \dfrac{C_{df}\pi D_N x_{f0}}{C_{d0}A_0}$,则

$$\frac{p_c}{p_s} = \left[1 + \left(a - \frac{C_{df}\pi D_N x_f}{C_{d0}A_0}\right)^2\right]^{-1}$$

将 $C_{d0}A_0 = C_{df}\pi D_N x_{f0}/a$ 代入上式得

$$\frac{p_c}{p_s} = \left[1 + a^2\left(1 - \frac{x_f}{x_{f0}}\right)^2\right]^{-1} \qquad (2\text{-}99)$$

上式表明,p_c 不但随 x_f 而变,而且和 a 有关。下面求 a 取何值时,零位压力灵敏度最高。零位压力灵敏度为

$$\left.\frac{dp_c}{dx_f}\right|_{x_f=0} = \frac{p_s}{x_{f0}}\frac{2a^2}{(1+a^2)^2}$$

为求 a 为何值时零位压力灵敏度最高,应使

$$\frac{d}{da}\left(\left.\frac{dp_c}{dx_f}\right|_{x_f=0}\right) = \frac{p_s}{x_{f0}}\frac{4a(1-a^2)}{(1+a^2)^3} = 0$$

即

$$a = \frac{C_{df}A_{f0}}{C_{d0}A_0} = \frac{C_{df}\pi D_N x_{f0}}{C_{d0}A_0} = 1 \qquad (2\text{-}100)$$

此时,由式(2-97)可得零位时的控制压力为

$$p_{c0} = \frac{1}{2}p_s \qquad (2\text{-}101)$$

在这一点,不但零位压力灵敏度最高,而且控制压力 p_c 能充分地调节,在 $|x_f| \leqslant x_{f0}$ 时,$0.2p_s \leqslant p_c \leqslant p_s$(见图 2-18)。因此,通常取 $p_{c0} = \dfrac{1}{2}p_s$ 作为设计准则。根据这个准则,要求与单喷嘴挡板阀一起工作的差动液压缸活塞两边的面积比为 2∶1。

(二)压力-流量特性

将式(2-100)代入式(2-96)并简化,可得压力-流量方程为

$$\frac{q_L}{C_{d0}A_0\sqrt{\dfrac{2}{\rho}p_s}} = \sqrt{1 - \frac{p_c}{p_s}} - \left(1 - \frac{x_f}{x_{f0}}\right)\sqrt{\frac{p_c}{p_s}} \qquad (2\text{-}102)$$

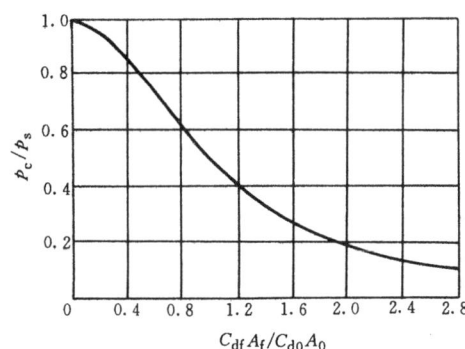

图 2-18 单喷嘴挡板阀切断负载时的特性

其压力-流量曲线示于图 2-19。

阀在零位($x_f = q_L = 0, p_{c0} = \frac{1}{2}p_s$)时的三个系数为

$$K_{q0} = \frac{\partial q_L}{\partial x_f}\bigg|_0 = C_{df}\pi D_N \sqrt{\frac{1}{\rho}p_s} \qquad (2\text{-}103)$$

$$K_{p0} = \frac{\partial p_c}{\partial x_f}\bigg|_0 = \frac{p_s}{\partial x_{f0}} \qquad (2\text{-}104)$$

$$K_{c0} = \frac{\partial q_L}{\partial x_f}\bigg|_0 = \frac{2C_{df}\pi D_N x_{f0}}{\sqrt{\rho p_s}} \qquad (2\text{-}105)$$

阀在零位时泄漏流量为

$$q_c = C_{df}\pi D_N x_{f0} \sqrt{\frac{p_s}{\rho}} \qquad (2\text{-}106)$$

这一流量决定了阀在零位时的功率损失。

二、双喷嘴挡板阀的静态特性

(一) 压力 - 流量特性

双喷嘴挡板阀是由两个结构相同的单喷嘴挡板阀组合在一起按差动原理工作的,如图 2-20 所示。双喷嘴挡板阀是四通阀,因此可用来控制双作用液压缸。

根据流量连续性有

$$q_L = q_1 - q_2 = C_{d0}A_0\sqrt{\frac{2}{\rho}(p_s - p_1)} -$$

$$C_{df}\pi D_N(x_{f0} - x_f)\sqrt{\frac{2}{\rho}p_c} \qquad (2\text{-}107)$$

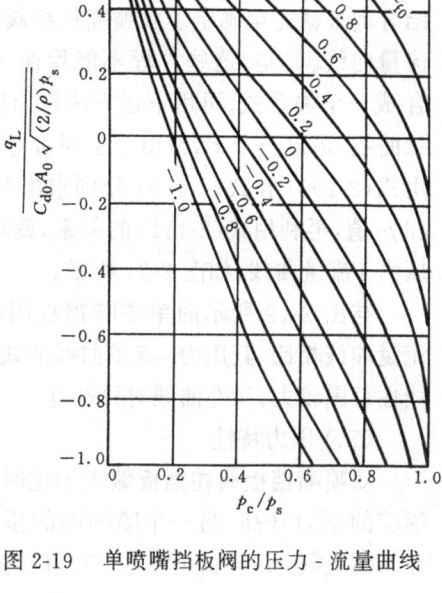

图 2-19 单喷嘴挡板阀的压力 - 流量曲线

$$q_L = q_4 - q_3 = C_{df}\pi D_N(x_{f0} + x_f)\sqrt{\frac{2}{\rho}p_2} - C_{d0}A_0\sqrt{\frac{2}{\rho}(p_s - p_2)} \qquad (2\text{-}108)$$

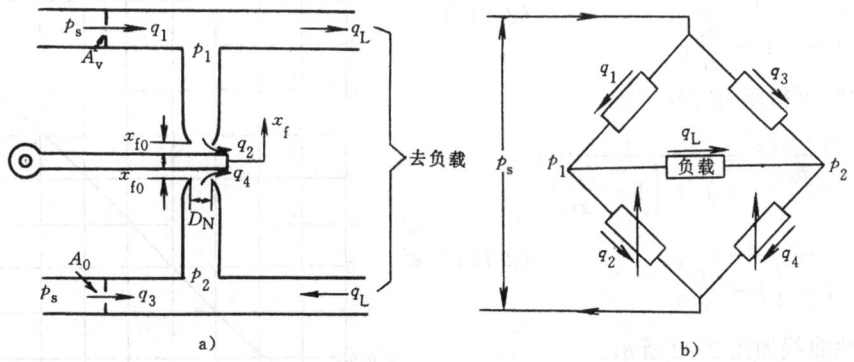

图 2-20 双喷嘴挡板阀原理图及等效桥路图

利用式(2-100),则以上方程可简化为

$$\frac{q_L}{C_{d0}A_0\sqrt{p_s/\rho}} = \sqrt{2\left(1 - \frac{p_1}{p_s}\right)} - \left(1 - \frac{x_f}{x_{f0}}\right)\sqrt{\frac{2p_1}{p_s}} \qquad (2\text{-}109)$$

$$\frac{q_\text{L}}{C_{d0}A_0\sqrt{p_\text{s}/\rho}} = \left(1+\frac{x_\text{f}}{x_{f0}}\right)\sqrt{\frac{2p_2}{p_\text{s}}} - \sqrt{2\left(1-\frac{p_2}{p_\text{s}}\right)} \qquad (2\text{-}110)$$

将这两个方程与关系式

$$p_\text{L} = p_1 - p_2 \qquad (2\text{-}111)$$

结合起来就完全确定了双喷嘴挡板阀的压力-流量曲线。但是,这些方程不能用简单的方法合成一个关系式。可用下述方法作出压力-流量曲线,选定一个 x_f,给出一系列 q_L 值,然后利用式(2-109)和式(2-110)分别求出对应的 p_1 和 p_2 值,再利用式(2-111)的关系,就可以画出压力-流量曲线,如图 2-21 所示。

与图 2-19 所示的单喷嘴挡板阀的压力-流量曲线相比,其压力-流量曲线的线性度好,线性范围较大,特性曲线对称性好。

(二) 压力特性

双喷嘴挡板阀在挡板偏离零位时,一个喷嘴腔的压力升高,另一个喷嘴腔的压力降低。在切断负载($q_\text{L}=0$)时,每个喷嘴腔的控制压力 p_1 或 p_2 可由式(2-99)求得。当满足式(2-100)的设计准则时,可求得 p_1 和 p_2 分别为

$$\frac{p_1}{p_\text{s}} = \frac{1}{1+\left(1-\frac{x_\text{f}}{x_{f0}}\right)^2} \qquad (2\text{-}112)$$

$$\frac{p_2}{p_\text{s}} = \frac{1}{1+\left(1+\frac{x_\text{f}}{x_{f0}}\right)^2} \qquad (2\text{-}113)$$

将两式相减,可得压力特性方程

$$\frac{p_\text{L}}{p_\text{s}} = \frac{p_1-p_2}{p_\text{s}} = \frac{1}{1+\left(1-\frac{x_\text{f}}{x_{f0}}\right)^2} - \frac{1}{1+\left(1+\frac{x_\text{f}}{x_{f0}}\right)^2} \qquad (2\text{-}114)$$

其压力特性曲线如图 2-22 所示。

(三) 阀的零位系数

为了求得阀的零位系数,可将式(2-107)和式(2-108)在零位($x_\text{f}=q_\text{L}=p_\text{L}=0$ 和 $p_1=p_2=\frac{p_\text{s}}{2}$)附近线性化,即

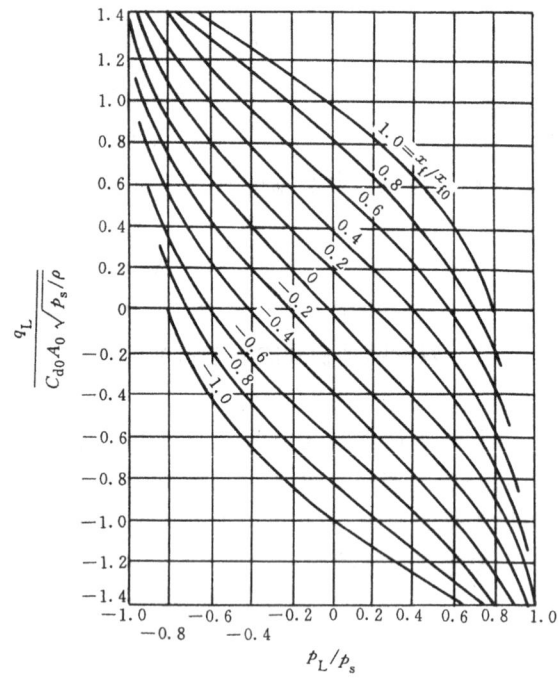

图 2-21 双喷嘴挡板阀的压力-流量曲线

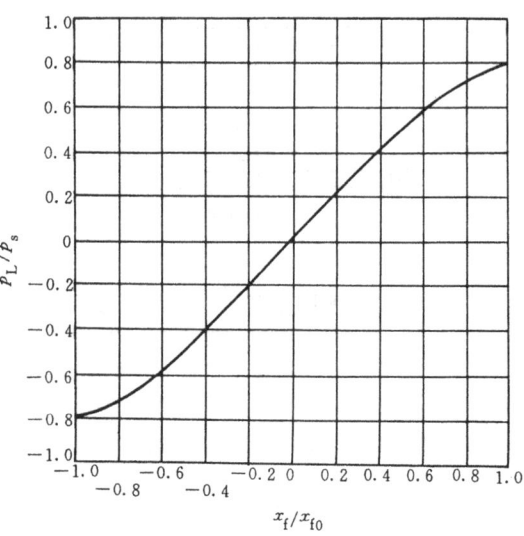

图 2-22 双喷嘴挡板阀的压力特性曲线

$$\Delta q_L = C_{df}\pi D_N \sqrt{\frac{p_s}{\rho}} \Delta x_f - \frac{2C_{df}\pi D_N x_{f0}}{\sqrt{\rho p_s}} \Delta p_1 = \quad (2-115)$$

$$C_{df}\pi D_N \sqrt{\frac{p_s}{\rho}} \Delta x_f + \frac{2C_{df}\pi D_N x_{f0}}{\sqrt{\rho p_s}} \Delta p_2 \quad (2-116)$$

将式(2-115)和式(2-116)相加除2,并与 $\Delta p_L = \Delta p_1 - \Delta p_2$ 合并,可得

$$\Delta q_L = C_{df}\pi D_N \sqrt{\frac{p_s}{\rho}} \Delta x_f - \frac{C_{df}\pi D_N x_{f0}}{\sqrt{\rho p_s}} \Delta p_L \quad (2-117)$$

这就是双喷嘴挡板阀在零位附近工作时的压力-流量方程的线性化表达式。由该方程可直接得到阀的零位系数

$$K_{q0} = \frac{\Delta q_L}{\Delta x_f}\bigg|_{\Delta p_L = 0} = C_{df}\pi D_N \sqrt{\frac{p_s}{\rho}} \quad (2-118)$$

$$K_{p0} = \frac{\Delta p_L}{\Delta x_f}\bigg|_{\Delta q_L = 0} = \frac{p_s}{x_{f0}} \quad (2-119)$$

$$K_{c0} = \frac{\Delta q_L}{\Delta p_L}\bigg|_{\Delta x_f = 0} = \frac{C_{df}\pi D_N x_{f0}}{\sqrt{\rho p_s}} \quad (2-120)$$

零位泄漏流量或中间位置流量为

$$q_c = 2C_{df}\pi D_N x_{f0} \sqrt{\frac{p_s}{\rho}} \quad (2-121)$$

将这些关系式与单喷嘴挡板阀的相应关系式相比较,可以看出,两者的流量增益是一样的,而压力灵敏度增加了一倍,但使零位泄漏流量也增加了一倍。与单喷嘴挡板阀相比,双喷嘴挡板阀由于结构对称还具有以下优点:因温度和供油压力变化而产生的零漂小,即零位工作点变动小;挡板在零位时所受的液压力和液动力是平衡的。

三、作用在挡板上的液流力

首先研究单喷嘴挡板阀的情况,参看图2-23。对于锐边喷嘴,在喷嘴端面由喷嘴孔直径 D_N 到喷嘴端面外径 D 之间的环形面积上,液流的静压力对挡板的作用力可以忽略。这样,作用在挡板上的液流力主要由两部分组成,一部分是喷嘴孔处的静压力对挡板产生的液压力,另一部分是射流动量的变化对挡板产生的反作用力,即

$$F = p_N A_N + \rho q_N v_N \quad (2-122)$$

式中 F——作用在挡板上的液流力;

p_N——喷嘴孔出口处的压力;

A_N——喷嘴孔的面积,$A_N = \frac{\pi D_N^2}{4}$;

q_N——通过喷嘴孔的流量,$q_N = v_N A_N$;

v_N——喷嘴孔出口断面上的流速。

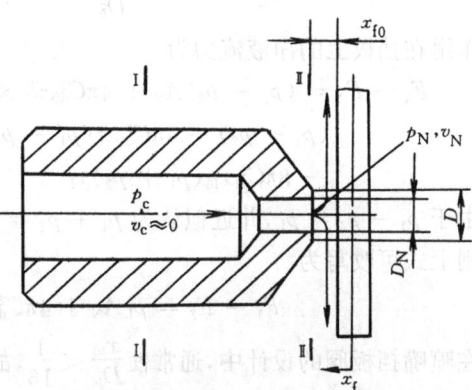

图2-23 单喷嘴挡板阀作用在挡板上的液流力

压力 p_N 可由断面 I 和断面 II 的柏努利方程求出

$$p_N = p_c - \frac{1}{2}\rho v_N^2 \tag{2-123}$$

将上式代入式(2-122)可得

$$F = (p_c + \frac{1}{2}\rho v_N^2)A_N \tag{2-124}$$

喷嘴孔出口断面上的流速可由下式求出

$$v_N = \frac{q_N}{A_N} = \frac{C_{df}\pi D_N(x_{f0} - x_f)\sqrt{\frac{2}{\rho}p_c}}{\pi D_N^2/4} = \frac{4C_{df}(x_{f0} - x_f)\sqrt{\frac{2}{\rho}p_c}}{D_N} \tag{2-125}$$

将上式代入式(2-124),可得挡板所受的液流力为

$$F = p_c A_N \Big[1 + \frac{16 C_{df}^2 (x_{f0} - x_f)^2}{D_N^2} \Big] \tag{2-126}$$

在喷嘴与挡板之间的间隙$(x_{f0} - x_f)$很小时,式(2-126)中括号内的第二项就可以忽略,作用在挡板上的液流力就近似地等于液压力 $p_c A_N$。

将式(2-126)对 x_f 求导,并在零位($x_f = 0, p_c = \frac{1}{2}p_s$)求值,可得单喷嘴挡板阀的零位液动力刚度为

$$\frac{dF}{dx_f}\Big|_0 = -4\pi C_{df}^2 p_s x_{f0} \tag{2-127}$$

这是个负弹簧刚度,对挡板运动的稳定性不利。

下面研究双喷嘴挡板阀挡板所受的液流力,如图 2-24 所示。利用式(2-126)可求得每个喷嘴作用于挡板上的液流力分别为

$$F_1 = p_1 A_N \Big[1 + \frac{16 C_{df}^2 (x_{f0} - x_f)^2}{D_N^2} \Big]$$

$$F_2 = p_2 A_N \Big[1 + \frac{16 C_{df}^2 (x_{f0} + x_f)^2}{D_N^2} \Big]$$

作用在挡板上的净液流力为

$$F_1 - F_2 = (p_1 - p_2)A_N + 4\pi C_{df}^2 x_{f0}^2 \times (p_1 - p_2) + 4\pi C_{df}^2 x_f^2 (p_1 - p_2) - 8\pi C_{df}^2 x_{f0}(p_1 + p_2)x_f$$

由于 $p_1 - p_2 = p_L$,并近似认为 $p_1 + p_2 = p_s$,则上式可改写为

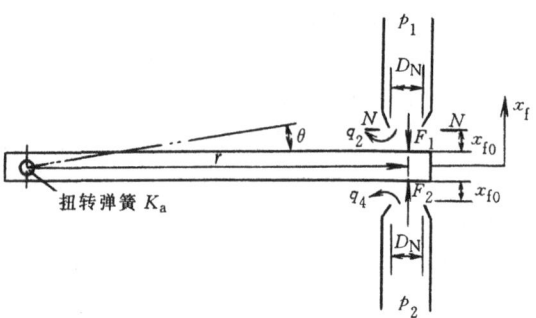

图 2-24 双喷嘴挡板阀作用在挡板上的液流力

$$F_1 - F_2 = p_L A_N + 4\pi C_{df}^2 x_{f0}^2 p_L + 4\pi C_{df}^2 x_f^2 p_L - 8\pi C_{df}^2 x_{f0} p_s x_f \tag{2-128}$$

在喷嘴挡板阀的设计中,通常使 $\frac{x_{f0}}{D_N} < \frac{1}{16}$,故式中第二项与第一项相比可以忽略。由于 $x_f < x_{f0}$,所以式中第三项也可以忽略。这样式(2-128)可简化为

$$F_1 - F_2 = p_L A_N - 8\pi C_{df}^2 x_{f0} p_s x_f \tag{2-129}$$

上式中,等号右边第一项是喷嘴孔处的静压力对挡板产生的液压力,第二项近似为射流动量变

化对挡板产生的液动力。液动力刚度为 $-8\pi C_{df}^2 p_s x_{f0}$,是单喷嘴挡板阀的二倍。

四、喷嘴挡板阀的设计

喷嘴挡板阀的主要结构参数是喷嘴直径 D_N、零位间隙 x_{f0}、固定节流孔直径 D_0,其次是喷嘴孔的长度 l_N、固定节流孔长度 l_0、喷嘴孔端面壁厚 l(或外圆直径 D)及喷嘴前端的锥角 α 等。

(一) 喷嘴孔直径 D_N

喷嘴孔直径可根据系统要求的零位流量增益确定,由式(2-118)可得

$$D_N = \frac{K_{q0}}{C_{df}\pi\sqrt{p_s/\rho}} \tag{2-130}$$

(二) 喷嘴挡板的零位间隙 x_{f0}

x_{f0} 可以这样确定:使喷嘴孔面积比喷嘴与挡板间的环形节流面积充分大,以保证环形节流面积是可控的节流孔,避免产生流量饱和现象。通常取

$$\pi D_N x_{f0} \leqslant \frac{1}{4}\frac{\pi D_N^2}{4}$$

简化后得

$$x_{f0} \leqslant \frac{D_N}{16} \tag{2-131}$$

为了提高压力灵敏度和减小零位泄漏流量,x_{f0} 应取得小些。但 x_{f0} 过小,对油中污物敏感,容易堵塞。x_{f0} 一般可在 0.025～0.125mm 之间选取。

(三) 固定节流孔直径 D_0

当 D_N 和 x_{f0} 确定后,且流量系数 C_{d0}、C_{df} 已知时,可由式(2-97)求得固定节流孔直径 D_0,即

$$D_0 = 2\left(\frac{C_{df}}{C_{d0}}D_N x_{f0}\right)^{\frac{1}{2}}\left[\left(\frac{p_{c0}}{p_s}\right)^{-1}-1\right]^{-\frac{1}{4}} \tag{2-132}$$

当取 $\dfrac{p_{c0}}{p_s}=\dfrac{1}{2}$ 时,则得

$$D_0 = 2\left(\frac{C_{df}}{C_{d0}}D_N x_{f0}\right)^{\frac{1}{2}} \tag{2-133}$$

若取 $\dfrac{C_{df}}{C_{d0}}=0.8, \dfrac{x_{f0}}{D_N}=\dfrac{1}{16}$,可得

$$D_0 = 0.44 D_N \tag{2-134}$$

(四) 其它参数

工程上都采用锐边喷嘴挡板阀,这可以减小油温变化对流量系数的影响,而且可以减小作用在挡板上的液压力,且容易计算。实验证明,当喷嘴孔端面壁厚与零位间隙之比 $l/x_{f0}<2$ 时,可变节流口可以认为是锐边的。此时节流口出流情况比较稳定,流量系数 C_{df} 为 0.6 左右。喷嘴前端的斜角 α 应大于 $30°$,此时它对流量系数无显著影响。喷嘴孔长度 l_N 一般等于其直径 D_N。

固定节流孔的长度与其直径之比 $l_0/D_0 \leqslant 3$,属于短孔而具有少量长孔成分,其流量系数 C_{d0} 一般为 0.8～0.9。在初步设计时,可取 $C_{df}/C_{d0}=0.8$。

第十节　射流管阀

一、工作原理

图 2-25 是射流管阀的工作原理图,主要由射流管 1 和接收器 2 组成。射流管可以绕支承中心 3 转动。接收器上有两个圆形的接收孔,二个接收孔分别与液压缸的两腔相联。来自液压能源的恒压力、恒流量的液流通过支承中心引入射流管,经射流管喷嘴向接收器喷射。压力油的液压能通过射流管的喷嘴转换为液流的动能(速度能),液流被接收孔接收后,又将动能转换为压力能。

无信号输入时,射流管由对中弹簧保持在两个接收孔的中间位置,两个接收孔所接收的射流动能相同,因此两个接收孔的恢复压力也相等,液压缸活塞不动。当有输入信号时,射流管偏离中间位置,两个接收孔所接收的射流动能不再相等,其中一个增加而另一个减小,因此两个接收孔的恢复压力不等,其压差使液压缸活塞运动。

从射流管喷出射流有淹没射流和非淹没射流两种情况。非淹没射流是射流经空气到达接收器表面,射流在穿过空气时将冲击气体并分裂成含气的雾状射流。淹没射流是射流经同密度的液体到达接收器表面,不会出现雾状分裂现象,也不会有空气进入运动的液体中去,所以淹没射流具有最佳的流动条件。因此,在射流管阀中一般都采用淹没射流。

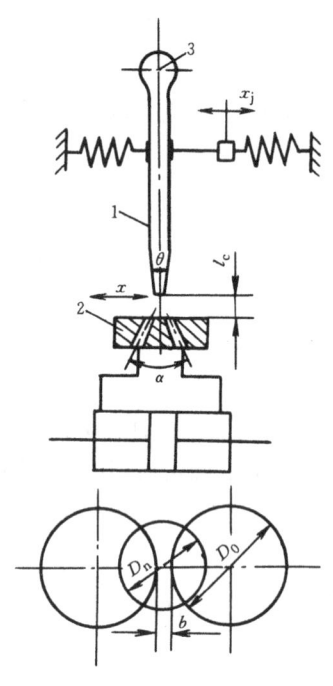

图 2-25　射流管阀的工作原理图
1— 射流管　2— 接收器　3— 支承中心

无论是淹没射流还是非淹没射流,一般都是紊流。射流质点除有轴向运动外还有横向流动。射流与其周围介质的接触表面有能量交换,有些介质分子会吸附进射流而随射流一起运动。这样,使射流质量增加而速度下降,介质分子掺杂进射流的现象是从射流表面开始逐渐向中心渗透的。所以,如图 2-26 所示,射流刚离开喷口时,射流中有一个速度等于喷口速度的等速核心,等速核心区随喷射距离的增加而减小。根据圆形喷嘴紊流淹没射流理论可以计算出,当射流距离 $l_0 \geqslant 4.19 D_n$ 时,等速核心区消失。为了充分利用射流的动能,一般使喷嘴端面与接收器之间的距离 $l_c \leqslant l_0$。

二、射流管阀的静态特性

射流管阀的流动情况比较复杂,

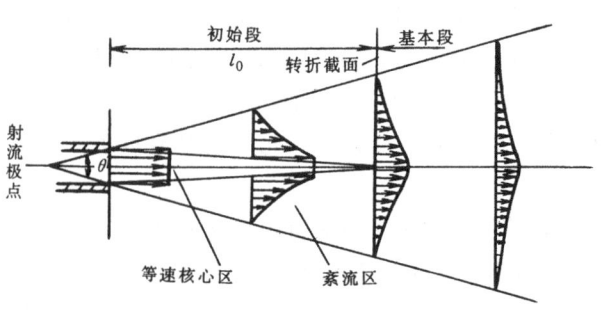

图 2-26　淹没射流的速度变化

目前还难以准确地进行理论分析计算,性能也难以预测,其静态特性主要靠实验得到。

1. 压力特性

切断负载时,即 $q_L = 0$ 时,两个接收孔的恢复压力之差(负载压力)与射流管端面位移之间的关系称为压力特性。实验曲线如图 2-27 所示。压力特性曲线在原点的斜率即为零位压力增益 K_{p0}。

$$p_s = 6 \times 10^5 \text{Pa} \quad D_n = 1.2 \text{mm}$$

2. 流量特性

在负载压力 $p_L = 0$ 时,接收孔的恢复流量(负载流量)与射流管端面位移的关系称为流量特性。实验曲线如图 2-28 所示。流量特性曲线在原点的斜率即为零位流量增益 K_{q0}。

$$p_s = 6 \times 10^5 \text{Pa} \quad D_n = 1.2 \text{mm}$$

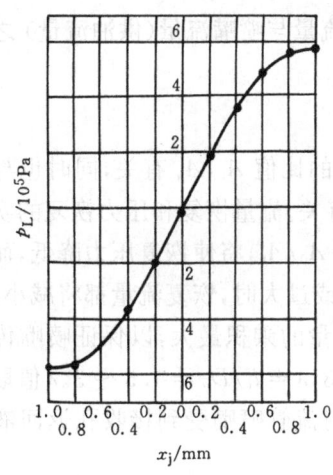

图 2-27 射流管阀的压力特性

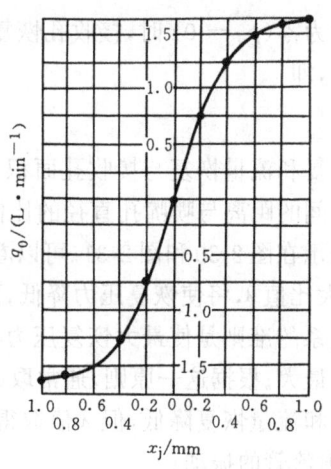

图 2-28 射流管阀的流量特性

3. 压力 - 流量特性

压力 - 流量特性是指在不同的射流管端面位移的情况下,负载流量与负载压力在稳态下的关系。实验的压力 - 流曲线如图 2-29 所示。压力 - 流曲线在原点的负斜率即

$$p_s = 5.8 \times 10^5 \text{Pa} \quad D_n = 1.2 \text{mm} \quad D_0 = 1.5 \text{mm}$$

为零位流量 - 压力系数 K_{c0},$K_{c0} = K_{q0}/K_{p0}$。

三、射流管阀的几何参数

射流管阀的主要几何参数有喷嘴的锥角、喷嘴孔直径、喷嘴端面至接收孔的距离、接收孔直径以及孔间距等。目前还不能进行精确的理论分析计算,主要靠经验和试验来设计。下面介绍一种实验研究的结果。

通过射流管喷嘴的流量可表示为

$$q_n = C_d A_n \sqrt{\frac{2}{\rho}(p_s - p_1 - p_0)} \quad (2\text{-}135)$$

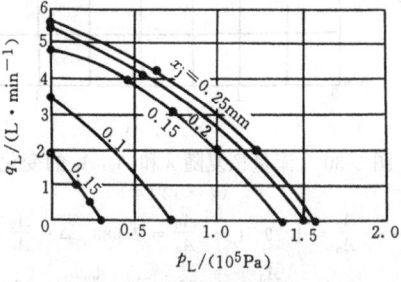

图 2-29 射流管阀的压力 - 流量特性

式中　p_s——供油压力;

p_1——管内压降;

p_0——喷嘴外介质的压力;

A_n——喷嘴孔面积,$A_n = \pi D_n^2/4$,D_n 为喷嘴孔直径;

C_d——喷嘴流量系数。

实验得出,当喷嘴锥角 $\theta = 0°$ 时,$C_d = 0.68 \sim 0.70$;当 $\theta = 6°18'$ 时,$C_d = 0.86 \sim 0.90$;当 $\theta = 13°24'$ 时,$C_d = 0.89 \sim 0.91$。因此射流管喷嘴的最佳锥角为 $\theta = 13°24'$。在小功率伺服系统中,喷嘴直径一般为 $D_n = 1 \sim 2.5\text{mm}$,作伺服阀的前置级时,$D_n$ 一般为零点几毫米。

射流管在中间位置时,喷嘴流量全部损失掉,因此它也是射流管阀的零位泄漏流量。当供油压力一定时,喷嘴流量为一定值。

在切断负载($q_L = 0$)时,接收孔恢复的最大负载压力与供油压力之比称为压力恢复系数,即

$$\eta_p = \frac{p_{Lm}}{p_s}$$

当负载压力为零($p_L = 0$)时,接收孔恢复的最大负载流量与喷嘴流量(供油流量)之比称为流量恢复系数,即

$$\eta_q = \frac{q_{0m}}{q_n}$$

压力恢复和流量恢复与接收孔面积和喷嘴孔面积的比值 A_0/A_n 有关,同时也与喷嘴端面和接收孔之间的距离与喷嘴孔直径的比值 $\lambda = l_c/D_n$ 有关。流量恢复和压力恢复的实验和计算结果分别表示在图 2-30 和图 2-31。可以看出,增大比值 A_0/A_n,将使恢复压力降低,而使恢复流量增加。增大比值 λ,将使恢复压力降低,而在 λ 值过小或过大时,恢复流量都将减小。确定这些尺寸比例关系的准则是使最大恢复压力与最大恢复流量的乘积最大,以保证喷嘴传递到接收孔的能量为最大。根据这一原则,通常取 $A_0/A_n = 2 \sim 3$,$\lambda = l_c/D_n = 1.5 \sim 3$。$\lambda$ 值取得过大将使压力恢复和流量恢复降低,但 λ 值取得过小又要使射流管喷嘴受到接收孔返回液流的冲击作用,引起射流管的振动。

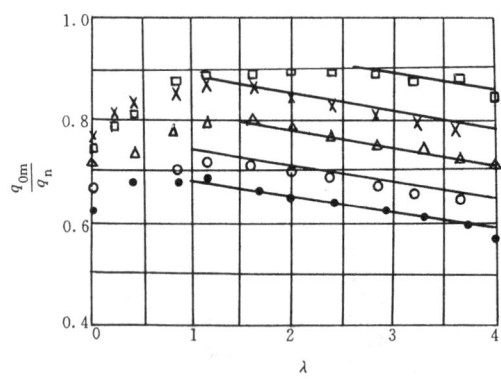

图 2-30 流量恢复随 λ 和 A_0/A_n 的变化曲线
($\theta = 13°24'$)

• — $\dfrac{A_0}{A_n} = 1.79$ ○ — $\dfrac{A_0}{A_n} = 2.088$ △ — $\dfrac{A_0}{A_n} = 2.5$

× — $\dfrac{A_0}{A_n} = 3.025$ □ — $\dfrac{A_0}{A_n} = 3.67$

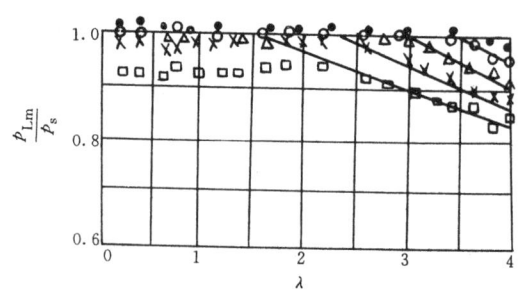

图 2-31 压力恢复随 λ 和 A_0/A_n 的变化曲线
($\theta = 13°24'$)

• — $\dfrac{A_0}{A_n} = 1.79$ ○ — $\dfrac{A_0}{A_n} = 2.088$ △ — $\dfrac{A_0}{A_n} = 2.5$

× — $\dfrac{A_0}{A_n} = 3.025$ □ — $\dfrac{A_0}{A_n} = 3.67$

四、射流管阀的特点

射流管阀的优点:

1)射流管阀的最大优点是抗污染能力强,对油液清洁度要求不高,从而提高了工作的可靠性和使用寿命。

2) 压力恢复系数和流量恢复系数高,一般均在 70% 以上,有时可达 90% 以上。由于效率高,既可作前置放大元件,也可作小功率伺服系统的功率放大元件。

由于射流管阀具有以上优点,特别是第一个优点,目前普遍受到人们的重视。

射流管阀的缺点:

1) 其特性不易预测,主要靠实验确定。射流管受射流力的作用,容易产生振动。
2) 与喷嘴挡板阀的挡板相比,射流管的惯量较大,因此其动态响应特性不如喷嘴挡板阀。
3) 零位泄漏流量大。
4) 当油液粘度变化时,对特性影响较大,低温特性较差。

思 考 题

1. 为什么把液压控制阀称为液压放大元件?
2. 什么是理想滑阀?什么是实际滑阀?
3. 什么是三通阀、四通阀?什么是双边滑阀、四边滑阀?它们之间有什么关系?
4. 什么叫阀的工作点?零位工作点的条件是什么?
5. 在计算系统稳定性、响应特性和稳态误差时,应如何选定阀的系数?为什么?
6. 比较零开口阀与正开口阀、三通阀与四通阀的三个阀系数有什么异同?为什么?
7. 径向间隙对零开口滑阀的静态特性有什么影响?为什么要研究实际零开口滑阀的泄漏特性?
8. 为什么说零开口四边滑阀的性能最好,但最难加工?
9. 什么是稳态液动力?什么是瞬态液动力?
10. 滑阀流量饱和的含意是什么?它对阀的特性有什么影响?在设计时如何避免?
11. 求出零开口双边滑阀的最大功率点和最大功率。
12. 如何表示阀的规格?零开口四边滑阀的负载压降 p_L 为什么要限制到 $\frac{2}{3} p_s$?
13. 图 2-1f 和 d 所表示的两种滑阀的静态特性方程的形式与单喷嘴、双喷嘴挡板阀的压力-流量方程的形式是否一样?为什么?它们的性能有什么不同点?
14. 喷嘴挡板阀的零位压力为什么取 $0.5 p_s$ 左右?D_N 和 x_{f0} 对其性能有什么影响?
15. 射流管阀有哪些特点?射流管阀的工作原理和滑阀、喷嘴挡板阀是否一样?

习 题

1. 有一零开口全周通油的四边滑阀,其直径 $d = 8 \times 10^{-3}$m,径向间隙 $r_c = 5 \times 10^{-6}$m,供油压力 $p_s = 70 \times 10^5$Pa,采用 10 号航空液压油在 40℃ 工作,流量系数 $C_d = 0.62$,求阀的零位系数。

2. 已知一正开口量 $U = 0.05 \times 10^{-3}$m 的四边滑阀,在供油压力 $p_s = 70 \times 10^5$Pa 下测得零位泄漏流量 $q_c = 5$L/min,求阀的三个零位系数。

3. 一零开口全周通油的四边滑阀,其直径 $d = 8 \times 10^{-3}$m,供油压力 $p_s = 210 \times 10^5$Pa,最大开口量 $x_{0m} = 0.5 \times 10^{-3}$m,求最大空载稳态液动力。

4. 有一阀控系统,阀为零开口四边滑阀,供油压力 $p_s = 210 \times 10^5$Pa,系统稳定性要求阀的流量增益 $K_{q0} = 2.072$m^2/s,试设计计算滑阀的直径 d 和最大开口量 x_{0m}。计算时取流量系数 $C_d = 0.62$,油液密度 $\rho = 870$kg/m^3。

5. 已知一双喷嘴挡板阀,供油压力 $p_s = 210 \times 10^5$Pa,零位泄漏流量 $q_c = 7.5 \times 10^{-6}$m^3/s,设计计算 D_N、x_{f0}、D_0,并求出零位系数。计算时取 $C_{d0} = 0.8$,$C_{df} = 0.64$,$\rho = 870$kg/m^3。

第三章 液压动力元件

液压动力元件(或称液压动力机构)是由液压放大元件(液压控制元件)和液压执行元件组成的。液压放大元件可以是液压控制阀,也可以是伺服变量泵。液压执行元件是液压缸或液压马达。由它们可以组成四种基本型式的液压动力元件:阀控液压缸、阀控液压马达、泵控液压缸、泵控液压马达。前两种动力元件可以构成阀控(节流控制)系统,后两种动力元件可以构成泵控(容积控制)系统。

在大多数液压伺服系统中,液压动力元件是一个关键性的部件,它的动态特性在很大程度上决定着整个系统的性能。本章将建立几种基本的液压动力元件的传递函数,分析它们的动态特性和主要性能参数。所讨论的内容是分析和设计整个液压伺服系统的基础。

第一节 四通阀控制液压缸

四通阀控制液压缸的原理图如图 3-1 所示,是由零开口四边滑阀和对称液压缸组成的。它是最常用的一种液压动力元件。

一、基本方程

为了推导液压动力元件的传递函数,首先要列写基本方程,即液压控制阀的流量方程、液压缸流量连续性方程和液压缸与负载的力平衡方程。

(一)滑阀的流量方程

假定:阀是零开口四边滑阀,四个节流窗口是匹配和对称的,供油压力 p_s 恒定,回油压力 p_0 为零。

阀的线性化流量方程为

$$\triangle q_L = K_q \triangle x_v - K_c \triangle p_L$$

为了简单起见,仍用变量本身表示它们从初始条件下的变化量,则上式可写成

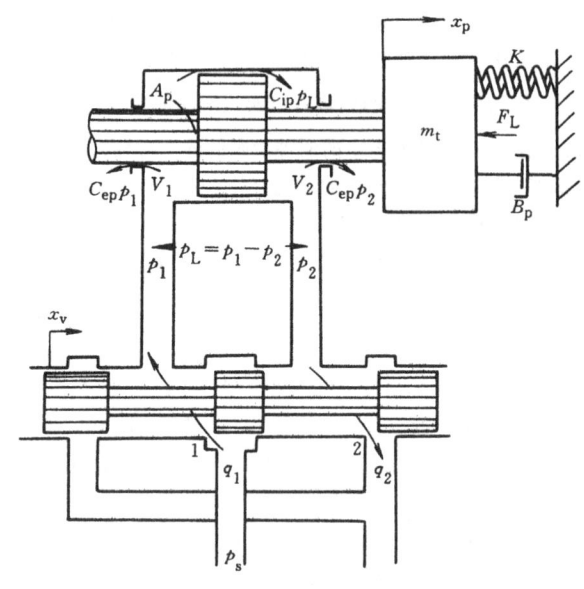

图 3-1 四通阀控制液压缸原理图

$$q_L = K_q x_v - K_c p_L \tag{3-1}$$

位置伺服系统动态分析经常是在零位工作条件下进行的,此时增量和变量相等。

在上一章分析阀的静态特性时,没有考虑泄漏和油液压缩性的影响。因此,对匹配和对称的零开口四边滑阀来说,两个控制通道的流量 q_1、q_2 均等于负载流量 q_L。在动态分析时,需要考虑泄漏和油液压缩性的影响。由于液压缸外泄漏和压缩性的影响,使流入液压缸的流量 q_1 和流出液压缸的流量 q_2 不相等,即 $q_1 \neq q_2$。为了简化分析,定义负载流量为

$$q_\mathrm{L} = \frac{q_1 + q_2}{2} \tag{3-2}$$

(二) 液压缸流量连续性方程

假定：阀与液压缸的连接管道对称且短而粗，管道中的压力损失和管道动态可以忽略；液压缸每个工作腔内各处压力相等，油温和体积弹性模量为常数；液压缸内、外泄漏均为层流流动。

流入液压缸进油腔的流量 q_1 为

$$q_1 = A_\mathrm{p} \frac{\mathrm{d}x_\mathrm{p}}{\mathrm{d}t} + C_\mathrm{ip}(p_1 - p_2) + C_\mathrm{ep}p_1 + \frac{V_1}{\beta_\mathrm{e}} \frac{\mathrm{d}p_1}{\mathrm{d}t} \tag{3-3}$$

从液压缸回油腔流出的流量 q_2 为

$$q_2 = A_\mathrm{p} \frac{\mathrm{d}x_\mathrm{p}}{\mathrm{d}t} + C_\mathrm{ip}(p_1 - p_2) - C_\mathrm{ep}p_2 - \frac{V_2}{\beta_\mathrm{e}} \frac{\mathrm{d}p_2}{\mathrm{d}t} \tag{3-4}$$

式中　A_p —— 液压缸活塞有效面积；

　　　x_p —— 活塞位移；

　　　C_ip —— 液压缸内泄漏系数；

　　　C_ep —— 液压缸外泄漏系数；

　　　β_e —— 有效体积弹性模量（包括油液、连接管道和缸体的机械柔度）；

　　　V_1 —— 液压缸进油腔的容积（包括阀、连接管道和进油腔）；

　　　V_2 —— 液压缸回油腔的容积（包括阀、连接管道和回油腔）。

在式(3-3)和(3-4)中，等号右边第一项是推动活塞运动所需的流量，第二项是经过活塞密封的内泄漏流量，第三项是经过活塞杆密封处的外泄漏流量，第四项是油液压缩和腔体变形所需的流量。

液压缸工作腔的容积可写为

$$V_1 = V_{01} + A_\mathrm{p} x_\mathrm{p} \tag{3-5}$$

$$V_2 = V_{02} - A_\mathrm{p} x_\mathrm{p} \tag{3-6}$$

式中　V_{01} —— 进油腔的初始容积；

　　　V_{02} —— 回油腔的初始容积。

由式(3-2)～(3-6)可得流量连续性方程为

$$q_\mathrm{L} = \frac{q_1 + q_2}{2} = A_\mathrm{p} \frac{\mathrm{d}x_\mathrm{p}}{\mathrm{d}t} + C_\mathrm{ip}(p_1 - p_2) + \frac{C_\mathrm{ep}}{2}(p_1 - p_2)$$
$$+ \frac{1}{2\beta_\mathrm{e}}\left(V_{01}\frac{\mathrm{d}p_1}{\mathrm{d}t} - V_{02}\frac{\mathrm{d}p_2}{\mathrm{d}t}\right) + \frac{A_\mathrm{p} x_\mathrm{p}}{2\beta_\mathrm{e}}\left(\frac{\mathrm{d}p_1}{\mathrm{d}t} + \frac{\mathrm{d}p_2}{\mathrm{d}t}\right) \tag{3-7}$$

在式(3-3)和(3-4)中，外泄漏流量 $C_\mathrm{ep}p_1$ 和 $C_\mathrm{ep}p_2$ 通常很小，可以忽略不计。如果压缩流量 $\dfrac{V_1}{\beta_\mathrm{e}}\dfrac{\mathrm{d}p_1}{\mathrm{d}t}$ 和 $-\dfrac{V_2}{\beta_\mathrm{e}}\dfrac{\mathrm{d}p_2}{\mathrm{d}t}$ 相等，则 $q_1 = q_2$。因为阀是匹配和对称的，所以通过滑阀节流口1、2的流量也相等（通过对角线桥臂的流量相等）。这样，在动态时 $p_\mathrm{s} = p_1 + p_2$ 仍近似适用。由于 $p_\mathrm{L} = p_1 - p_2$，所以 $p_1 = \dfrac{p_\mathrm{s} + p_\mathrm{L}}{2}, p_2 = \dfrac{p_\mathrm{s} - p_\mathrm{L}}{2}$。从而有

$$\frac{\mathrm{d}p_1}{\mathrm{d}t} = \frac{1}{2}\frac{\mathrm{d}p_\mathrm{L}}{\mathrm{d}t} = -\frac{\mathrm{d}p_2}{\mathrm{d}t}$$

要使压缩流量相等，就应使液压缸两腔的初始容积 V_{01} 和 V_{02} 相等，即

$$V_{01} = V_{02} = V_0 = \frac{V_t}{2}$$

式中，V_0 是活塞在中间位置时每一个工作腔的容积，V_t 是总压缩容积。活塞在中间位置时，液体压缩性影响最大，动力元件固有频率最低，阻尼比最小。因此，系统稳定性最差。所以在分析时，应取活塞的中间位置作为初始位置。

由于 $A_p x_p \ll V_0$，$\dfrac{\mathrm{d}p_1}{\mathrm{d}t} + \dfrac{\mathrm{d}p_2}{\mathrm{d}t} \approx 0$，则式(3-7)可简化为

$$q_L = A_p \frac{\mathrm{d}x_p}{\mathrm{d}t} + C_{tp} p_L + \frac{V_t}{4\beta_e} \frac{\mathrm{d}p_L}{\mathrm{d}t} \tag{3-8}$$

式中 C_{tp} —— 液压缸总泄漏系数，$C_{tp} = C_{ip} + \dfrac{C_{ep}}{2}$。

式(3-8)是液压动力元件流量连续性方程的常用形式。式中，等式右边第一项是推动液压缸活塞运动所需的流量，第二项是总泄漏流量，第三项是总压缩流量。

（三）液压缸和负载的力平衡方程

液压动力元件的动态特性受负载特性的影响。负载力一般包括惯性力、粘性阻尼力、弹性力和任意外负载力。

液压缸的输出力与负载力的平衡方程为

$$A_p p_L = m_t \frac{\mathrm{d}^2 x_p}{\mathrm{d}t^2} + B_p \frac{\mathrm{d}x_p}{\mathrm{d}t} + K x_p + F_L \tag{3-9}$$

式中 m_t —— 活塞及负载折算到活塞上的总质量；

B_p —— 活塞及负载的粘性阻尼系数；

K —— 负载弹簧刚度；

F_L —— 作用在活塞上的任意外负载力。

此外，还存在库仑摩擦等非线性负载，但采用线性化的方法分析系统的动态特性时，必须将这些非线性负载忽略。

式(3-1)、(3-8)和式(3-9)中的变量都是在平衡工作点的增量，为了简单起见，将增量符号 △ 去掉。

二、方块图与传递函数

式(3-1)、(3-8)和式(3-9)是阀控液压缸的三个基本方程，它们完全描述了阀控液压缸的动态特性。三式的拉氏变换式为

$$Q_L = K_q X_V - K_c P_L \tag{3-10}$$

$$Q_L = A_p s X_p + C_{tp} P_L + \frac{V_t}{4\beta_e} s P_L \tag{3-11}$$

$$A_p P_L = m_t s^2 X_p + B_p s X_p + K X_p + F_L \tag{3-12}$$

由这三个基本方程可以画出阀控液压缸的方块图，如图 3-2 所示。其中，图 3-2a 是由负载流量获得液压缸位移的方块图，图 3-2b 是由负载压力获得液压缸位移的方块图，这两个方块图是等效的。在图 3-2a 中，可由式(3-10)得相加点 1，由式(3-11)得相加点 2，由式(3-12)得相加点 3。在图 3-2b 中，可将式(3-10)和式(3-11)合并得相加点 1，由式(3-12)可得相加点 2。

以上方块图可用于模拟计算。从负载流量获得的方块图适合于负载惯量较小、动态过程较快的场合。而从负载压力获得的方块图特别适合于负载惯量和泄漏系数都较大，而动态过程比较缓慢的场合。

由式(3-10)、(3-11)和式(3-12)消去中间变量 Q_L 和 p_L,或通过方块图变换,都可以求得阀芯输入位移 x_V 和外负载力 F_L 同时作用时液压缸活塞的总输出位移为

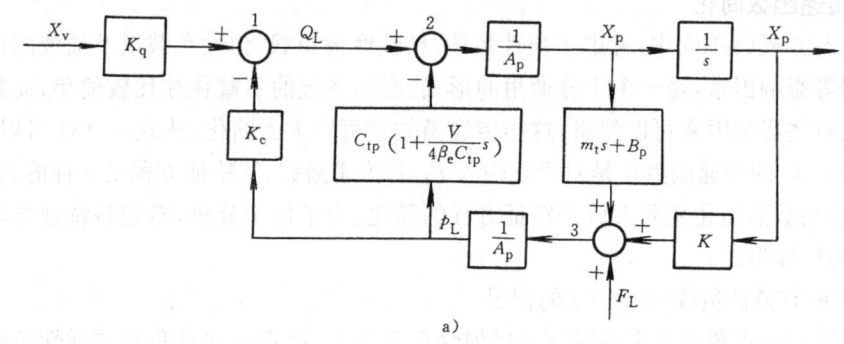

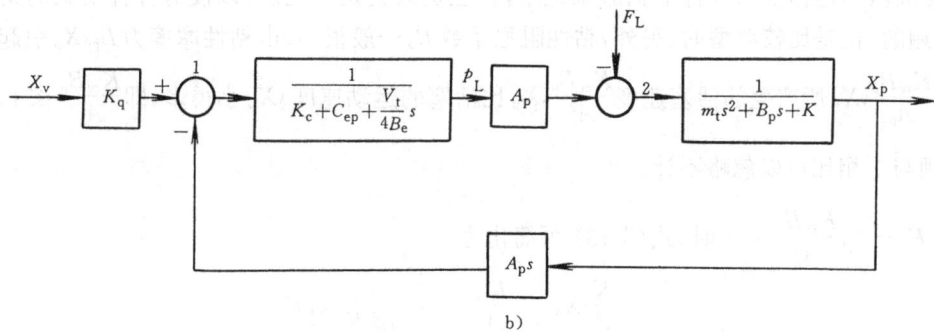

图 3-2 阀控液压缸的方块图
a) 由负载流量获得液压缸活塞位移的方块图 b) 由负载压力获得液压缸活塞位移的方块图

$$X_p = \frac{\frac{K_q}{A_p}X_V - \frac{K_{ce}}{A_p^2}\left(1 + \frac{V_t}{4\beta_e K_{ce}}s\right)F_L}{\frac{m_t V_t}{4\beta_e A_p^2}s^3 + \left(\frac{m_t K_{ce}}{A_p^2} + \frac{B_p V_t}{4\beta_e A_p^2}\right)s^2 + \left(1 + \frac{B_p K_{ce}}{A_p^2} + \frac{KV_t}{4\beta_e A_p^2}\right)s + \frac{KK_{ce}}{A_p^2}} \quad (3-13)$$

式中 K_{ce}—— 总流量 - 压力系数,$K_{ce} = K_c + C_{tp}$。

上式是流量连续性方程的另一种表现形式。式中,分子的第一项是液压缸活塞的空载速度,第二项是外负载力作用引起的速度降低。将分母特征多项式与等号左边的 X_p 相乘后,其第一项 $\frac{V_t m_t}{4\beta_e A_p^2}s^3 X_p$ 是惯性力变化引起的压缩流量所产生的活塞速度;第二项 $\frac{K_{ce}m_t}{A_p^2}s^2 X_p$ 是惯性力引起的泄漏流量所产生的活塞速度;第三项 $\frac{V_t B_p}{4\beta_e A_p^2}s^2 X_p$ 是粘性力变化引起的压缩流量所产生的活塞速度;第四项是活塞运动速度;第五项 $\frac{K_{ce}B_p}{A_p^2}s X_p$ 是粘性力引起的泄漏流量所产生的活塞速度;第六项 $\frac{V_t K}{4\beta_e A_p^2}s X_p$ 是弹性力变化引起的压缩流量所产生的活塞速度;第七项 $\frac{K_{ce}K}{A_p^2}X_p$ 是弹性力引起的泄漏流量所产生的活塞速度。了解特征方程各项所代表的物理意义,对以后简化传递函数是有益的。

式(3-13)中的阀芯位移 X_V 是指令信号,外负载力 F_L 是干扰信号。由该式可以求出液压缸活塞位移对阀芯位移的传递函数 $\dfrac{X_p}{X_V}$ 和对外负载力的传递函数 $\dfrac{X_p}{F_L}$。

三、传递函数简化

在动态方程(3-13)中,考虑了惯性负载、粘性摩擦负载、弹性负载以及油液的压缩性和液压缸泄漏等影响因素,是一个十分通用的形式。实际系统的负载往往比较简单,而且根据具体使用情况有些影响因素可以忽略,这样传递函数就可以大为简化。从式(3-13)可以看出,无论对指令输入 x_v 的传递函数还是对干扰输入 F_L 的传递函数,其特征方程是一样的,是一个三阶方程,传递函数的简化实际上就是特征方程的简化。为了便于分析,希望将特征方程进行因式分解,化为标准形式。

(一) 没有弹性负载($K = 0$)的情况

伺服系统的负载在很多情况下是以惯性负载为主,而没有弹性负载或弹性负载很小可以忽略。在液压马达作执行元件的伺服系统中,弹性负载更是少见。所以没有弹性负载的情况是比较普遍的,也是比较典型的。另外,粘性阻尼系数 B_p 一般很小,由粘性摩擦力 $B_p s X_p$ 引起的泄漏流量 $\dfrac{K_{ce}B_p}{A_p}sX_p$ 所产生的活塞速度 $\dfrac{K_{ce}B_p}{A_p^2}sX_p$ 比活塞的运动速度 sX_p 小得多,即 $\dfrac{K_{ce}B_p}{A_p^2} \ll 1$,因此 $\dfrac{K_{ce}B_p}{A_p^2}$ 项与 1 相比可以忽略不计。

在 $K = 0$,$\dfrac{K_{ce}B_p}{A_p^2} \ll 1$ 时,式(3-13)可简化为

$$X_p = \dfrac{\dfrac{K_q}{A_p}X_V - \dfrac{K_{ce}}{A_p^2}\left(1 + \dfrac{V_t}{4\beta_e K_{ce}}s\right)F_L}{s\left[\dfrac{V_t m_t}{4\beta_e A_p^2}s^2 + \left(\dfrac{K_{ce}m_t}{A_p^2} + \dfrac{V_t B_p}{4\beta_e A_p^2}\right)s + 1\right]} \tag{3-14}$$

或

$$X_p = \dfrac{\dfrac{K_q}{A_p}X_V - \dfrac{K_{ce}}{A_p^2}\left(1 + \dfrac{V_t}{4\beta_e K_{ce}}s\right)F_L}{s\left(\dfrac{s^2}{\omega_h^2} + \dfrac{2\zeta_h}{\omega_h}s + 1\right)} \tag{3-15}$$

式中 ω_h —— 液压固有频率;

$$\omega_h = \sqrt{\dfrac{4\beta_e A_p^2}{V_t m_t}} \tag{3-16}$$

ζ_h —— 液压阻尼比。

$$\zeta_h = \dfrac{K_{ce}}{A_p}\sqrt{\dfrac{\beta_e m_t}{V_t}} + \dfrac{B_p}{4A_p}\sqrt{\dfrac{V_t}{\beta_e m_t}} \tag{3-17}$$

当 B_p 较小可以忽略不计时,ζ_h 可近似写成

$$\zeta_h = \dfrac{K_{ce}}{A_p}\sqrt{\dfrac{\beta_e m_t}{V_t}} \tag{3-18}$$

$$\dfrac{2\zeta_h}{\omega_h} = \dfrac{K_{ce}m_t}{A_p^2} \tag{3-19}$$

式(3-15)给出了以惯性负载为主时的阀控液压缸的动态特性。分子中的第一项是稳态情

况下活塞的空载速度,第二项是因外负载力造成的速度降低。

对指令输入 X_V 的传递函数为

$$\frac{X_p}{X_V} = \frac{\dfrac{K_q}{A_p}}{s\left(\dfrac{s^2}{\omega_h^2} + \dfrac{2\zeta_h}{\omega_h}s + 1\right)} \tag{3-20}$$

对干扰输入 F_L 的传递函数为

$$\frac{X_p}{F_L} = \frac{-\dfrac{K_{ce}}{A_p^2}\left(1 + \dfrac{V_t}{4\beta_e K_{ce}}s\right)}{s\left(\dfrac{s^2}{\omega_h^2} + \dfrac{2\zeta_h}{\omega_h}s + 1\right)} \tag{3-21}$$

式(3-20)是阀控液压缸传递函数最常见的形式,在液压伺服系统的分析和设计中经常要用到它。

(二) 有弹性负载($K \neq 0$)的情况

在阀控液压缸中弹性负载还是比较常见的,例如在两级液压放大器中,当功率级滑阀带对中弹簧时,就属于这种情况。液压材料试验机是施力于材料而使之变形的,所以试验机的负载就是弹性负载,被试材料就是一个硬弹簧。

通常负载粘性阻尼系数 B_p 很小,使 $\dfrac{K_{ce}B_p}{A_p^2} \ll 1$,与1相比可以忽略不计,则式(3-13)可简化为

$$X_p = \frac{\dfrac{K_q}{A_p}X_V - \dfrac{K_{ce}}{A_p^2}\left(1 + \dfrac{V_t}{4\beta_e K_{ce}}s\right)F_L}{\dfrac{V_t m_t}{4\beta_e A_p^2}s^3 + \left(\dfrac{K_{ce}m_t}{A_p^2} + \dfrac{V_t B_p}{4\beta_e A_p^2}\right)s^2 + \left(1 + \dfrac{V_t K}{4\beta_e A_p^2}\right)s + \dfrac{K_{ce}K}{A_p^2}} \tag{3-22}$$

或改写成

$$X_p = \frac{\dfrac{K_q}{A_p}X_V - \dfrac{K_{ce}}{A_p^2}\left(1 + \dfrac{V_t}{4\beta_e K_{ce}}s\right)F_L}{\dfrac{s^3}{\omega_h^2} + \dfrac{2\zeta_h}{\omega_h}s^2 + \left(1 + \dfrac{K}{K_h}\right)s + \dfrac{K_{ce}K}{A_p^2}} \tag{3-23}$$

式中,ω_h 和 ζ_h 见式(3-16)和(3-17),$K_h = \dfrac{4\beta_e A_p^2}{V_t}$ 称为液压弹簧刚度,它是液压缸两腔完全封闭由于液体的压缩性所形成的液压弹簧的刚度。

当满足下面条件

$$\left[\frac{K_{ce}\sqrt{Km_t}}{A_p^2\left(1 + \dfrac{K}{K_h}\right)}\right]^2 \ll 1 \tag{3-24}$$

则式(3-23)的三阶特征方程可近似分解成一阶和二阶两个因子。则式(3-23)变成

$$X_p = \frac{\dfrac{K_q}{A_p}X_V - \dfrac{K_{ce}}{A_p^2}\left(1 + \dfrac{V_t}{4\beta_e K_{ce}}s\right)F_L}{\left[\left(1 + \dfrac{K}{K_h}\right)s + \dfrac{K_{ce}K}{A_p^2}\right]\left(\dfrac{s^2}{\omega_0^2} + \dfrac{2\zeta_0}{\omega_0}s + 1\right)} \tag{3-25}$$

式中 ω_0 —— 综合固有频率;

$$\omega_0 = \omega_h \sqrt{1 + \dfrac{K}{K_h}} \tag{3-26}$$

ζ_0—— 综合阻尼比；

$$\zeta_0 = \frac{1}{2\omega_0}\left[\frac{4\beta_e K_{ce}}{V_t\left(1+\dfrac{K}{K_h}\right)} + \frac{B_p}{m_t}\right] \tag{3-27}$$

将式(3-25)的分母展开，并使其系数与式(3-23)分母的对应项系数相等，可得

$$\frac{1}{\omega_h^2} = \frac{1+\dfrac{K}{K_h}}{\omega_0^2} \tag{3-28}$$

$$\frac{2\zeta_h}{\omega_h} = \frac{K_{ce}K}{A_p^2\omega_0^2} + \left(1+\frac{K}{K_h}\right)\frac{2\zeta_0}{\omega_0} \tag{3-29}$$

$$1+\frac{K}{K_h} = 1+\frac{K}{K_h} + \frac{K_{ce}K}{A_p^2}\frac{2\zeta_0}{\omega_0} \tag{3-30}$$

由式(3-28)和(3-29)可得 ω_0 和 ζ_0。由式(3-30)可得

$$1+\frac{K}{K_h} = \left(1+\frac{K}{K_h}\right)\left(1+\frac{K_{ce}K}{A_p^2}\frac{2\zeta_0}{\omega_0}\frac{1}{1+K/K_h}\right)$$

为使式(3-25)成立，必须使

$$\frac{K_{ce}K}{A_p^2}\frac{2\zeta_0}{\omega_0}\frac{1}{1+K/K_h} \ll 1$$

将式(3-26)和(3-27)代入，经整理得

$$\left[\frac{K_{ce}^2 K m_t}{A_p^4\left(1+\dfrac{K}{K_h}\right)^2} + \frac{K_{ce}B_p}{A_p^2}\frac{K}{K+K_h}\right] \ll 1 \tag{3-31}$$

由于 $\dfrac{K_{ce}B_p}{A_p^2}\ll 1$，而 $\dfrac{K}{K+K_h}$ 总是小于1，所以 $\dfrac{K_{ce}B_p}{A_p^2}\dfrac{K}{K+K_h}\ll 1$ 总是可以满足的。因此式(3-31)的条件可简化为式(3-24)。这个条件一般总是可以满足的。但对每一种具体情况，还是要作检查的，看是否满足 $\dfrac{K_{ce}B_p}{A_p^2}\ll 1$ 和式(3-24)。

式(3-25)还可以写成标准形式

$$X_p = \frac{\dfrac{K_{ps}A_p}{K}X_V - \dfrac{1}{K}\left(1+\dfrac{V_t}{4\beta_e K_{ce}}s\right)F_L}{\left(\dfrac{s}{\omega_r}+1\right)\left(\dfrac{s^2}{\omega_0^2}+\dfrac{2\zeta_0}{\omega_0}s+1\right)} \tag{3-32}$$

式中 K_{ps}—— 总压力增益，$K_{ps}=\dfrac{K_q}{K_{ce}}$；

ω_r—— 惯性环节的转折频率，

$$\omega_r = \frac{K_{ce}K}{A_p^2\left(1+\dfrac{K}{K_h}\right)} = \frac{K_{ce}}{A_p^2\left(\dfrac{1}{K}+\dfrac{1}{K_h}\right)} \tag{3-33}$$

在式(3-32)中，分子的第一项表示稳态时阀输入位移所引起的液压缸活塞的输出位移，第二项表示外负载力作用所引起的活塞输出位移的减小量。

在负载弹簧刚度远小于液压弹簧刚度时，即 $\dfrac{K}{K_h}\ll 1$，则式(3-25)可简化成

$$X_p = \frac{\dfrac{K_q}{A_p}X_V - \dfrac{K_{ce}}{A_p^2}\left(1+\dfrac{V_t}{4\beta_e K_{ce}}s\right)F_L}{\left(s+\dfrac{K_{ce}K}{A_p^2}\right)\left(\dfrac{s^2}{\omega_h^2}+\dfrac{2\zeta_h}{\omega_h}s+1\right)} \tag{3-34}$$

将式(3-34)与式(3-15)相比较,可看出弹性负载的主要影响是用一个转折频率为 ω_r 的惯性环节代替无弹性负载时液压缸的积分环节。随着负载弹簧刚度减小,转折频率将变低,惯性环节就接近积分环节。

(三) 其它的简化情况

根据实际应用的负载条件和忽略的因素不同,传递函数尚有以下简化形式。

(1) 考虑负载质量 m_t, $\beta_e = \infty$, $B_p = 0$, $K = 0$ 的情况。此时,对指令输入 X_V 的传递函数可由式(3-13)求得

$$\frac{X_p}{X_V} = \frac{\dfrac{K_q}{A_p}}{s\left(\dfrac{K_{ce}m_t}{A_p^2}s + 1\right)} = \frac{\dfrac{K_q}{A_p}}{s\left(\dfrac{s}{\omega_1} + 1\right)} \tag{3-35}$$

式中　ω_1 ——惯性环节的转折频率, $\omega_1 = \dfrac{A_p^2}{K_{ce}m_t}$。

(2) 考虑负载刚度 K 及 β_e, $m_t = 0$, $B_p = 0$ 的情况

$$\frac{X_p}{X_V} = \frac{\dfrac{K_q}{A_p}}{\left(1 + \dfrac{K}{K_h}\right)s + \dfrac{K_{ce}K}{A_p^2}} = \frac{\dfrac{A_p K_q}{K K_{ce}}}{\dfrac{s}{\omega_r} + 1} \tag{3-36}$$

式中　ω_r ——惯性环节的转折频率, $\omega_r = \dfrac{K_{ce}K}{A_p^2\left(1 + \dfrac{K}{K_h}\right)}$。

(3) $m_t = 0$, $K = 0$, $B_p = 0$ 的情况

$$\frac{X_p}{X_V} = \frac{\dfrac{K_q}{A_p}}{s} \tag{3-37}$$

液压伺服系统常常是整个控制回路中的一个部件,例如水轮机调节系统等,此时其传递函数常常可以简化为以上三种形式。

四、频率响应分析

阀控液压缸对指令输入和对干扰输入的动态特性可由相应的传递函数及其性能参数所确定。由于负载特性不同,其传递函数的形式也不同。所以,下面按没有弹性负载和有弹性负载两种情况加以讨论。

(一) 没有弹性负载时的频率响应分析

1. 对指令输入 X_V 的频率响应分析

对指令输入 X_V 的动态响应特性由传递函数式(3-20)表示,它由比例、积分和二阶振荡环节组成,主要的性能参数为速度放大系数 K_q/A_p,液压固有频率 ω_h 和液压阻尼比 ζ_h。其伯德图如图 3-3 所示。由图中的几何关系可知,穿越频率 $\omega_c = \dfrac{K_q}{A_p}$。

(1) 速度放大系数　由于传递函数中包含一个积分环节,所以在稳态时,液压缸活塞的输出速度与阀的输入位移成比例,比例系数 $\dfrac{K_q}{A_p}$ 即为速度放大系数(速度增益)。它表示阀对液压缸活塞速度控制的灵敏度。速度放大系数直接影响系统的稳定性、响应速度和精度。提高速度放大系数可以提高系统的响应速度和精度,但使系统的稳定性变坏。速度放大系数随阀的流量增益变化而变化。在零位工作点,阀的流量增益 K_{q0} 最大,而流量-压力系数 K_{c0} 最小,所以系统

的稳定性最差。故在计算系统的稳定性时,应取零位流量增益 K_{q0}。阀的流量增益 K_q 随负载压力增加而降低,当 $p_L = \frac{2}{3}p_s$ 时,K_q 下降到 K_{q0} 的 57.7%。K_q 下降(ω_c 也下降)使系统的响应速度和精度也下降。为了保证执行机构的工作速度和良好的控制性能,通常将负载压力限制在 $p_L \leqslant \frac{2}{3}p_s$ 的范围内。在计算系统的静态精度时,应取最小的流量增益,通常取 $p_L = \frac{2}{3}p_s$ 时的流量增益。

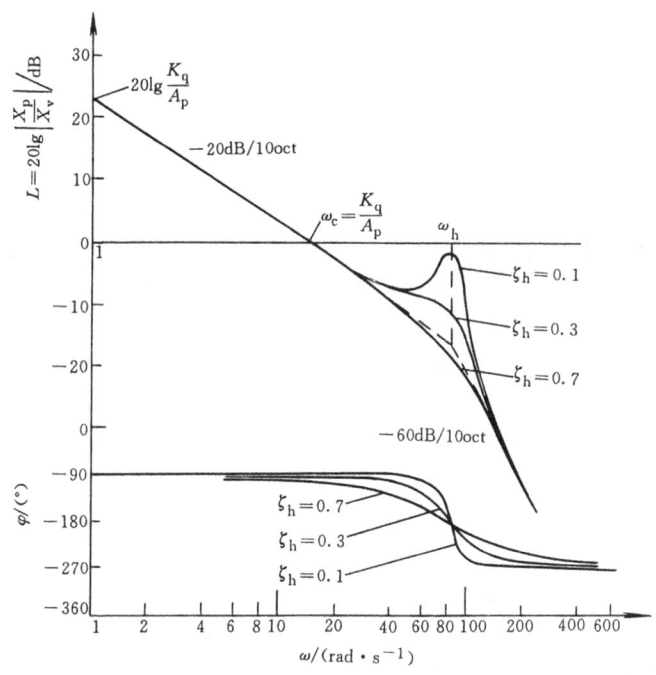

图 3-3 无弹性负载时的伯德图

(2)液压固有频率 液压固有频率是负载质量与液压缸工作腔中的油液压缩性所形成的液压弹簧相互作用的结果。假设液压缸是无摩擦无泄漏的,两个工作腔充满高压液体并被完全封闭,如图 3-4 所示。由于液体的压缩性,当活塞受到外力作用时产生位移 Δx_p,使一腔压力升高 Δp_1,另一腔的压力降低 Δp_2,Δp_1 和 Δp_2 分别为

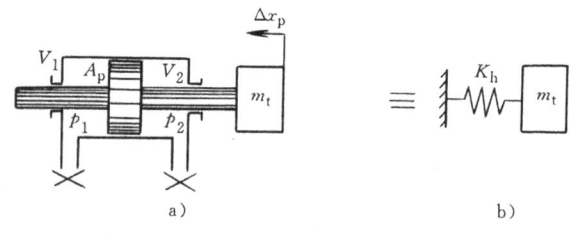

图 3-4 液压弹簧原理图

$$\Delta p_1 = \frac{\beta_e A_p}{V_1}\Delta x_p$$

$$\Delta p_2 = \frac{-\beta_e A_p}{V_2}\Delta x_p$$

被压缩液体产生的复位力为

$$A_\mathrm{p} = (\Delta p_1 - \Delta p_2) = \beta_\mathrm{e} A_\mathrm{p}^2 \left(\frac{1}{V_1} + \frac{1}{V_2} \right) \Delta x_\mathrm{p} \tag{3-38}$$

上式表明，被压缩液体产生的复位力与活塞位移成比例，因此被压缩液体的作用相当于一个线性液压弹簧，其刚度称为液压弹簧刚度。由式(3-38)得总液压弹簧刚度为

$$K_\mathrm{h} = \beta_\mathrm{e} A_\mathrm{p}^2 \left(\frac{1}{V_1} + \frac{1}{V_2} \right) \tag{3-39}$$

它是液压缸两腔被压缩液体形成的两个液压弹簧刚度之和。上式表明 K_h 和活塞在液压缸中的位置有关，当活塞处在中间位置时，即 $V_1 = V_2 = V_0 = \frac{V_\mathrm{t}}{2}$ 时，

$$K_\mathrm{h} = \frac{2\beta_\mathrm{e} A_\mathrm{p}^2}{V_0} = \frac{4\beta_\mathrm{e} A_\mathrm{p}^2}{V_\mathrm{t}} \tag{3-40}$$

此时液压弹簧刚度最小。当活塞处在液压缸两端时，V_1 或 V_2 接近于零，液压弹簧刚度最大。

液压弹簧刚度是在液压缸两腔完全封闭的情况下推导出来的，实际上由于阀的开度和液压缸的泄漏的影响，液压缸不可能完全封闭，因此在稳态下这个弹簧刚度是不存在的。但在动态时，在一定的频率范围内泄漏来不及起作用，相当于一种封闭状态。因此液压弹簧应理解为动态弹簧而不是稳态弹簧。

液压弹簧与负载质量相互作用构成一个液压弹簧-质量系统，该系统的固有频率(活塞在中间位置时)为

$$\omega_\mathrm{h} = \sqrt{\frac{K_\mathrm{h}}{m_\mathrm{t}}} = \sqrt{\frac{2\beta_\mathrm{e} A_\mathrm{p}^2}{V_0 m_\mathrm{t}}} = \sqrt{\frac{4\beta_\mathrm{e} A_\mathrm{p}^2}{V_\mathrm{t} m_\mathrm{t}}} \tag{3-41}$$

在计算液压固有频率时，通常取活塞在中间位置时的值，因为此时 ω_h 最低，系统稳定性最差。

液压固有频率表示液压动力元件的响应速度。在液压伺服系统中，液压固有频率往往是整个系统中最低的频率，它限制了系统的响应速度。为了提高系统的响应速度，应提高液压固有频率。

由式(3-41)可见，提高液压固有频率的方法有：

1) 增大液压缸活塞面积 A_p。但 ω_h 与 A_p 不成比例关系，因为 A_p 增大压缩容积 V_t 也随之增加。增大 A_p 的缺点是，为了满足同样的负载速度，需要的负载流量增大了，使阀、连接管道和液压能源装置的尺寸重量也随之增大。活塞面积 A_p 主要是由负载决定的，有时为满足响应速度的要求，也采用增大 A_p 的办法来提高 ω_h。

2) 减小总压缩容积 V_t，主要是减小液压缸的无效容积和连接管道的容积。应使阀靠近液压缸，最好将阀和液压缸装在一起。另外，也应考虑液压执行元件型式的选择，长行程、输出力小时可选用液压马达，短行程、输出力大时可选用液压缸。

3) 减小折算到活塞上的总质量 m_t。m_t 包括活塞质量、负载折算到活塞上的质量、液压缸两腔的油液质量、阀与液压缸连接管道中的油液折算质量。负载质量由负载决定，改变的余地不大。当连接管道细而长时，管道中的油液质量对 ω_h 的影响不容忽视，否则将造成比较大的计算误差。假设管道过流面积为 a，管道中油液的总质量为 m_0，则折算到液压缸活塞上的等效质量为 $m_0 \frac{A_\mathrm{p}^2}{a^2}$。

4) 提高油液的有效体积弹性模量 β_e。在 ω_h 所包含的物理量中,β_e 是最难确定的。β_e 值受油液的压缩性、管道及缸体机械柔性和油液中所含空气的影响,其中以混入油液中的空气的影响最为严重。为了提高 β_e 值,应当尽量减少混入空气,并避免使用软管。一般取 $\beta_e = (700 \sim 1400)$ MPa,有条件时取实测值最好。

(3) 液压阻尼比 由式 (3-17) 可见,液压阻尼比 ζ_h 主要由总流量-压力系数 K_{ce} 和负载的粘性阻尼系数 B_p 所决定,式中其它参数是考虑其它因素确定的。在一般的液压伺服系统中,B_p 较 K_{ce} 小得多,故 B_p 可以忽略不计。在 K_{ce} 中,液压缸的总泄漏系数 C_{tp} 又较阀的流量-压力系数 K_c 小得多,所以 ζ_h 主要由 K_c 值决定。在零位时 K_c 值最小,从而给出最小的阻尼比。在计算系统的稳定性时应取零位时的 K_c 值,因为此时系统的稳定性最差。由 K_{c0} 计算出的零位阻尼比一般都很小。由于库仑摩擦等因素的影响,实际的零位阻尼比要比计算值大。文献 [1] 给出零位阻尼比的实测值至少为 $0.1 \sim 0.2$,或更高一些。

K_c 值随工作点不同会有很大的变化。在阀芯位移 x_v 和负载压力 p_L 较大时,由于 K_c 值增大使液压阻尼比急剧增大,可使 $\zeta_h > 1$,其变化范围达 $20 \sim 30$ 倍。液压阻尼比是一个难以准确计算的"软量"。零位阻尼比小、阻尼比变化范围大,是液压伺服系统的一个特点。在进行系统分析和设计时,特别是在进行系统校正时,应该注意这一点。

液压阻尼比表示系统的相对稳定性。为获得满意的性能,液压阻尼比应具有适当的值。一般液压伺服系统是低阻尼的,因此提高液压阻尼比对改善系统性能是十分重要的。其方法有:

1) 设置旁路泄漏通道。在液压缸两个工作腔之间设置旁路通道增加泄漏系数 C_{tp}。缺点是增大了功率损失,降低了系统的总压力增益和系统的刚度,增加外负载力引起的误差。另外,系统性能受温度变化的影响较大。

2) 采用正开口阀,正开口阀的 K_{c0} 值大,可以增加阻尼,但也要使系统刚度降低,而且零位泄漏量引起的功率损失比第一种办法还要大。另外正开口阀还要带来非线性流量增益、稳态液动力变化等问题。

3) 增加负载的粘性阻尼。需要另外设置阻尼器,增加了结构的复杂性。

2. 对干扰输入 F_L 的频率响应分析

负载干扰力 F_L 对液压缸的输出位移 X_p 和输出速度 $\dot{X}_p$ 有影响,这种影响可以用刚度来表示。下面分别研究阀控液压缸的动态位置刚度和动态速度刚度。

(1) 动态位置刚度特性 传递函数式 (3-21) 表示阀控液压缸的动态位置柔度特性,其倒数即为动态位置刚度特性,可写为

$$\frac{F_L}{X_p} = -\frac{\dfrac{A_p^2}{K_{ce}}s\left(\dfrac{s^2}{\omega_h^2} + \dfrac{2\zeta_h}{\omega_h}s + 1\right)}{\dfrac{V_t}{4\beta_e K_{ce}}s + 1} \tag{3-42}$$

当 $B_p = 0$ 时,$\dfrac{4\beta_e K_{ce}}{V_t} = 2\zeta_h \omega_h$,则上式可改写成

$$\frac{F_L}{X_p} = -\frac{\dfrac{A_p^2}{K_{ce}}s\left(\dfrac{s^2}{\omega_h^2} + \dfrac{2\zeta_h}{\omega_h}s + 1\right)}{\dfrac{s}{2\zeta_h \omega_h} + 1} \tag{3-43}$$

上式表示的动态位置刚度特性由惯性环节、比例环节、理想微分环节和二阶微分环节组

成。由于 ζ_h 很小，因此转折频率 $2\zeta_h\omega_h < \omega_h$。式中的负号表示负载力增加使输出减小。式(3-43)的幅频特性如图 3-5 所示。

动态位置刚度与负载干扰力 F_L 的变化频率 ω 有关。在 $\omega < 2\zeta_h\omega_h$ 的低频段上，惯性环节和二阶微分环节不起作用，由式(3-43)可得

$$\left|-\frac{F_L}{X_p}\right| = \frac{A_p^2}{K_{ce}}\omega \tag{3-44}$$

当 $\omega = 0$ 时，得静态位置刚度 $\left|-F_L/X_p\right|_{\omega=0} = 0$。因为在恒定的外负载力作用下，由于泄漏的影响，活塞将连续不断移动，没有确定的位置。随着频率增加，泄漏的影响越来越小，动态位置刚度随频率成比例增大。

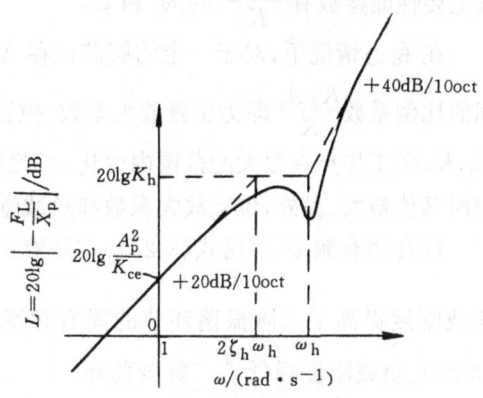

图 3-5 动态位置刚度的幅频特性

在 $2\zeta_h\omega_h < \omega < \omega_h$ 的中频段上，比例环节、惯性环节和理想微分环节同时起作用，动态位置刚度为一常数，其值为

$$\left|-\frac{F_L}{X_p}\right| = \left.\frac{A_p^2}{K_{ce}}s\right|_{s=j2\zeta_h\omega_h} = \frac{4\beta_e A_p^2}{V_t} = K_h \tag{3-45}$$

在中频段上，由于负载干扰力的变化频率较高，液压缸工作腔的油液来不及泄漏，可以看成是完全封闭的，其动态位置刚度就等于液压刚度。

在 $\omega > \omega_h$ 的高频段上，二阶微分环节起主要作用，动态位置刚度由负载惯性所决定。动态位置刚度随频率的二次方增加，但一般很少在此频率范围工作。

(2) 动态速度刚度特性　由式(3-43)或式(3-44)可求得低频段($\omega < 2\zeta_h\omega_h$)上的动态速度刚度为

$$\left|-\frac{F_L}{\dot{X}_p}\right| = \frac{A_p^2}{K_{ce}} \tag{3-46}$$

此时，液压缸相当于一个阻尼系数为 A_p^2/K_{ce} 的粘性阻尼器。从物理意义上说，在低频时因负载压差产生的泄漏流量被很小的泄漏通道所阻碍，产生粘性阻尼作用。

在 $\omega = 0$ 时，由式(3-43)可求得静态速度刚度为

$$\left|-\frac{F_L}{\dot{X}_p}\right|_{\omega=0} = \frac{A_p^2}{K_{ce}} \tag{3-47}$$

其倒数为静态速度柔度

$$\left|-\frac{X_p}{F_L}\right| = \frac{K_{ce}}{A_p^2} \tag{3-48}$$

它是速度下降值与所加恒定外负载力之比。

(二) 有弹性负载时的频率响应分析

有弹性负载时，活塞位移对阀芯位移的传递函数可由式(3-32)求得

$$\frac{X_p}{X_V} = \frac{\dfrac{K_{ps}A_p}{K}}{\left(\dfrac{s}{\omega_r}+1\right)\left(\dfrac{s^2}{\omega_0^2}+\dfrac{2\zeta_0}{\omega_0}s+1\right)} \tag{3-49}$$

其主要性能参数有 $\dfrac{K_{ps}A_p}{K}$、ω_r、ω_0 和 ζ_0。

在稳态情况下,对于一定的阀芯位移 X_V,液压缸活塞有一个确定的输出位移 X_p,两者之间的比例系数 $\dfrac{K_{ps}A_p}{K}$ 即为位置放大系数。位置放大系数中的总压力增益 K_{ps} 包含阀的压力增益 K_p,K_p 随工作点在很大的范围内变化,因此位置放大系数也随工作点在很大范围内变化。在零位时其值最大。另外,位置放大系数和负载刚度有关,这和无弹性负载的情况不同。

综合固有频率 ω_0 见式(3-26),它是液压弹簧与负载弹簧并联时的刚度与负载质量之比。负载刚度提高了二阶振荡环节的固有频率 ω_0,ω_0 是 ω_h 的 $\sqrt{1+\dfrac{K}{K_h}}$ 倍。综合阻尼比 ζ_0 见式(3-27)。负载刚度降低了二阶振荡环节的阻尼比。在 $B_p = 0$ 时,ζ_0 是 ζ_h 的 $\dfrac{1}{(1+K/K_h)^{1.5}}$。

惯性环节的转折频率 ω_r 见式(3-33)。它是液压弹簧与负载弹簧串联时的刚度与阻尼系数之比。ω_r 随负载刚度变化,如果负载刚度很小,则 ω_r 很低,惯性环节可以近似看成积分环节。这种近似对动态分析不会有什么影响,但对稳态误差分析是有影响的。

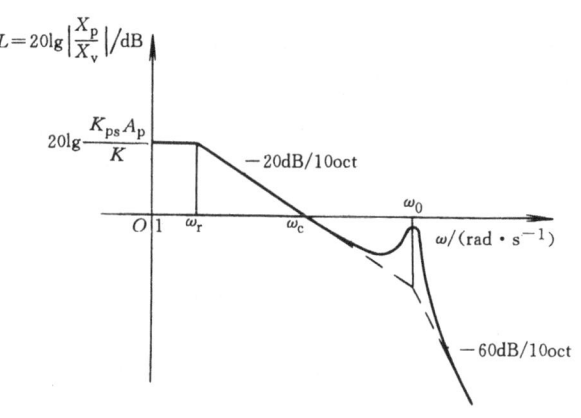

图 3-6　有弹性负载时的伯德图

根据式(3-49)可以作出有弹性负载时的波德图,如图 3-6 所示。由图中的几何关系可得穿越频率 ω_c 为

$$\omega_c = \dfrac{K_q}{A_p\left(1+\dfrac{K}{K_h}\right)} \tag{3-50}$$

上式表明,负载刚度使穿越频率降低了。负载刚度越大,穿越频率越低。当 $\dfrac{K}{K_h} \ll 1$ 时,$\omega_c \approx \dfrac{K_q}{A_p}$。这再次说明,负载刚度比较小时,它对动态特性的影响是可以忽略的。

在有弹性负载时,总流量-压力系数 K_{ce} 变化时使位置放大系数和惯性环节的转折频率同时发生变化,但对穿越频率没有影响。所以 K_{ce} 变化时,惯性环节的转折点是沿斜率为 $-20\text{dB}/10\text{oct}$ 的增益线移动的。另外,K_{ce} 变化也使 ζ_0 改变,从而使高频段谐振峰值和相频特性形状改变。所以,K_{ce} 变化对系统的快速性影响不大,但影响系统的幅值裕量。

第二节　四通阀控制液压马达

阀控液压马达也是一种常用的液压动力元件。其分析方法与阀控液压缸的相同,下面简要加以介绍。

阀控液压马达原理图如图 3-7 所示。利用上一节分析阀控液压缸的方法,可以得到阀控液压马达的三个基本方程的拉氏变换式

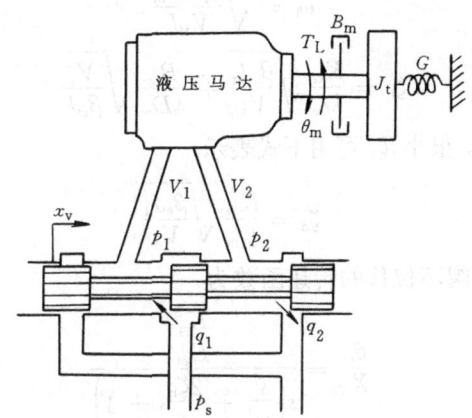

图 3-7 阀控液压马达原理图

$$Q_L = K_q X_V - K_c P_L \tag{3-51}$$

$$Q_L = D_m s \theta_m + C_{tm} p_L + \frac{V_t}{4\beta_e} s P_L \tag{3-52}$$

$$P_L D_m = J_t s^2 \theta_m + B_m s \theta_m + G \theta_m + T_L \tag{3-53}$$

式中　θ_m——液压马达的转角;

D_m——液压马达的排量;

C_{tm}——液压马达的总泄漏系数,$C_{tm} = C_{cm} + \frac{1}{2} C_{em}$,$C_{im}$、$C_{em}$ 分别为内、外泄漏系数;

V_t——液压马达两腔及连接管道总容积;

J_t——液压马达和负载折算到马达轴上的总惯量;

B_m——液压马达和负载的粘性阻尼系数;

G——负载的扭转弹簧刚度;

T_L——作用在马达轴上的任意外负载力矩。

将式(3-51)、(3-52)、(3-53)与式(3-10)、(3-11)、(3-12)相比较,可以看出它们的形式相同。只要将阀控液压缸基本方程中的结构参数和负载参数改成液压马达的相应参数,就可以得到阀控液压马达的基本方程。由于基本方程的形式相同,所以只要将式(3-13)中的液压缸参数改成液压马达参数,即可得阀控液压马达在阀芯位移 X_V 和外负载力矩 T_L 同时输入时的总输出为

$$\theta_m = \frac{\dfrac{K_q}{D_m} X_V - \dfrac{K_{ce}}{D_m^2}\left(1 + \dfrac{V_t}{4\beta_e K_{ce}} s\right) T_L}{\dfrac{V_t J_t}{4\beta_e D_m^2} s^3 + \left(\dfrac{J_t K_{ce}}{D_m^2} + \dfrac{B_m V_t}{4\beta_e D_m^2}\right) s^2 + \left(1 + \dfrac{B_m K_{ce}}{D_m^2} + \dfrac{G V_t}{4\beta_e D_m^2}\right) s + \dfrac{G K_{ce}}{D_m^2}} \tag{3-54}$$

式中　K_{ce}——总流量-压力系数,$K_{ce} = K_c + C_{tm}$。

对阀控液压马达弹簧负载很少见。当 $G = 0$,且 $\dfrac{B_m K_{ce}}{D_m^2} \ll 1$ 时,式(3-54)可简化为

$$\theta_m = \frac{\dfrac{K_q}{D_m} X_V - \dfrac{K_{ce}}{D_m^2}\left(1 + \dfrac{V_t}{4\beta_e K_{ce}} s\right) T_L}{s\left(\dfrac{s^2}{\omega_h^2} + \dfrac{2\zeta_h}{\omega_h} s + 1\right)} \tag{3-55}$$

式中

$$\omega_h = \sqrt{\frac{4\beta_e D_m^2}{V_t J}} \tag{3-56}$$

$$\zeta_h = \frac{K_{ce}}{D_m}\sqrt{\frac{\beta_e J_t}{V_t}} + \frac{B_m}{4D_m}\sqrt{\frac{V_t}{\beta_e J_t}} \tag{3-57}$$

通常负载粘性阻尼系数 B_m 很小,ζ_h 可用下式表示

$$\zeta_h = \frac{K_{ce}}{D_m}\sqrt{\frac{\beta_e J_t}{V_t}} \tag{3-58}$$

液压马达轴的转角对阀芯位移的传递函数为

$$\frac{\theta_m}{X_V} = \frac{\dfrac{K_q}{D_m}}{s\left(\dfrac{s^2}{\omega_h^2} + \dfrac{2\zeta_h}{\omega_h}s + 1\right)} \tag{3-59}$$

液压马达轴的转角对外负载力矩的传递函数为

$$\frac{\theta_m}{T_L} = \frac{-\dfrac{K_{ce}}{D_m^2}\left(1 + \dfrac{V_t}{4\beta_e K_{ce}}s\right)}{s\left(\dfrac{s^2}{\omega_h^2} + \dfrac{2\zeta_h}{\omega_h}s + 1\right)} \tag{3-60}$$

有关阀控液压马达的方块图、传递函数简化和动态特性分析与阀控液压缸的相似,不再重复。

第三节 三通阀控制液压缸

三通阀控制差动液压缸的原理图示于图 3-8。三通阀控制差动液压缸经常用作机液位置伺服系统的动力元件,例如用于仿形机床和助力操纵系统中。

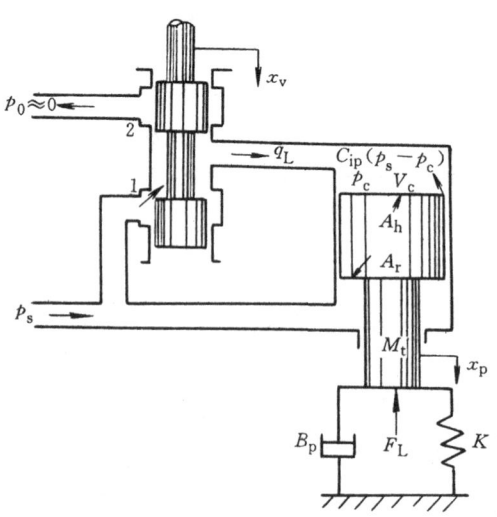

图 3-8 三通阀控制差动液压缸原理图

一、基本方程

阀的线性化流量方程

$$Q_L = K_q X_V - K_c P_c \tag{3-61}$$

式中 p_c—— 液压缸控制腔的控制压力。

液压缸控制腔的流量连续性方程为

$$q_L + C_{ip}(p_s - p_c) = A_h \frac{dx_p}{dt} + \frac{V_c}{\beta_e} \frac{dp_c}{dt} \tag{3-62}$$

式中 C_{ip}—— 液压缸内部泄漏系数;
  A_h—— 液压缸控制腔的活塞面积;
  V_c—— 液压缸控制腔的容积。

$$V_c = V_0 + A_h x_p \tag{3-63}$$

式中 V_0—— 液压缸控制腔的初始容积。

假定活塞位移很小,即 $|A_h x_p| \ll V_0$,则 $V_c \approx V_0$。将式(3-62)与式(3-63)合并,得到

$$q_L + C_{ip} p_s = A_h \frac{dx_p}{dt} + C_{ip} p_c + \frac{V_0}{\beta_e} \frac{dp_c}{dt}$$

其增量的拉氏变换为

$$Q_L = A_h s X_p + C_{ip} P_c + \frac{V_0}{\beta_e} s P_c \tag{3-64}$$

活塞和负载的力平衡方程为

$$p_c A_h - p_s A_r = m_t \frac{d^2 x_p}{dt^2} + B_p \frac{dx_p}{dt} + K x_p + F_L$$

式中 A_r—— 活塞杆侧的活塞有效面积;
  m_t—— 活塞和负载的总质量;
  B_p—— 粘性阻尼系数;
  K—— 负载弹簧刚度;
  F_L—— 任意外负载力。

其增量的拉氏变换式为

$$P_c A_h = m_t s^2 X_p + B_p s X_p + K X_p + F_L \tag{3-65}$$

二、传递函数

由式(3-61)、(3-64)、(3-65)消去中间变量 Q_L 和 P_c 可得 X_V 和 F_L 同时作用时活塞的总输出位移为

$$X_p = \frac{\dfrac{K_q}{A_h} X_V - \dfrac{K_{ce}}{A_h^2}\left(1 + \dfrac{V_0}{\beta_e K_{ce}}s\right) F_L}{\dfrac{V_0 m_t}{\beta_e A_h^2}s^3 + \left(\dfrac{m_t K_{ce}}{A_h^2} + \dfrac{B_p V_0}{\beta_e A_h^2}\right)s^2 + \left(1 + \dfrac{B_p K_{ce}}{A_h^2} + \dfrac{K V_0}{\beta_e A_h^2}\right)s + \dfrac{K_{ce} K}{A_h^2}} \tag{3-66}$$

式中 K_{ce}—— 总流量-压力系数,$K_{ce} = K_c + C_{ip}$。

如前所述,通常 B_p 比阻尼系数 A_h^2/K_{ce} 小得多,即 $\dfrac{B_p K_{ce}}{A_h^2} \ll 1$,则上式可简化为

$$X_p = \frac{\dfrac{K_q}{A_h} X_V - \dfrac{K_{ce}}{A_h^2}\left(1 + \dfrac{V_0}{\beta_e K_{ce}}s\right) F_L}{\dfrac{s^3}{\omega_h^2} + \dfrac{2\zeta_h}{\omega_h}s^2 + \left(1 + \dfrac{K}{K_h}\right)s + \dfrac{K_{ce} K}{A_h^2}} \tag{3-67}$$

式中　K_h—— 液压弹簧刚度，$K_h = \dfrac{\beta_e A_h^2}{V_0}$；

ω_h—— 液压固有频率，

$$\omega_h = \sqrt{\dfrac{K_h}{m_t}} = \sqrt{\dfrac{\beta_e A_h^2}{V_0 m_t}} \tag{3-68}$$

ζ_h—— 液压阻尼比，

$$\zeta_h = \dfrac{K_{ce}}{2A_h}\sqrt{\dfrac{\beta_e m_t}{V_0}} + \dfrac{B_p}{2A_h}\sqrt{\dfrac{V_0}{\beta_e m_t}} \tag{3-69}$$

式(3-67)与式(3-23)的分母多项式在形式上是一样的。因此，在满足下列条件时

$$\dfrac{K}{K_h} \ll 1$$

$$\left(\dfrac{K_{ce}\sqrt{m_t K}}{A_h^2}\right)^2 \ll 1$$

式(3-67)可近似简化为

$$X_p = \dfrac{\dfrac{K_q}{A_h}X_V - \dfrac{K_{ce}}{A_h^2}\left(1 + \dfrac{V_0}{\beta_e K_{ce}}s\right)F_L}{\left(s + \dfrac{K_{ce}K}{A_h^2}\right)\left(\dfrac{s^2}{\omega_h^2} + \dfrac{2\zeta_h}{\omega_h}s + 1\right)} \tag{3-70}$$

上式可改写为

$$X_p = \dfrac{\dfrac{K_q A_h}{K_{ce}K}X_V - \dfrac{1}{K}\left(1 + \dfrac{V_0}{\beta_e K_{ce}}s\right)F_L}{\left(\dfrac{s}{\omega_r} + 1\right)\left(\dfrac{s^2}{\omega_h^2} + \dfrac{2\zeta_h}{\omega_h}s + 1\right)} \tag{3-71}$$

式中　$\dfrac{K_q}{K_{ce}}$—— 总压力增益；

ω_r—— 惯性环节的转折频率，$\omega_r = \dfrac{K_{ce}K}{A_h^2}$。

当负载刚度 $K = 0$ 时，式(3-70)可简化为

$$X_p = \dfrac{\dfrac{K_q}{A_h}X_V - \dfrac{K_{ce}}{A_h^2}\left(1 + \dfrac{V_0}{\beta_e K_{ce}}s\right)F_L}{s\left(\dfrac{s^2}{\omega_h^2} + \dfrac{2\zeta_h}{\omega_h}s + 1\right)} \tag{3-72}$$

活塞位移对阀芯位移的传递函数为

$$\dfrac{X_p}{X_V} = \dfrac{\dfrac{K_q}{A_h}}{s\left(\dfrac{s^2}{\omega_h^2} + \dfrac{2\zeta_h}{\omega_h}s + 1\right)} \tag{3-73}$$

将式(3-73)、(3-68)、(3-69)与式(3-20)、(3-41)、(3-17)相比较可以看出，三通阀控制液压缸和四通阀控制液压缸的传递函数式形式是一样的，但液压固有频率和阻尼比不同。前者的液压固有频率是后者 $1/\sqrt{2}$，在不考虑 B_p 的影响时阻尼比也是后者的 $1/\sqrt{2}$。其原因是，在三通阀控制差动液压缸中只有一个控制腔，因而只形成一个液压弹簧。而在四通阀控制双作用液压缸中有两个控制腔，形成两个液压弹簧，其总刚度是一个控制腔的两倍。所以，在其它参数

相同时,四通阀控制液压缸的动态响应要比三通阀控制液压缸的动态响应好得多。

第四节　泵控液压马达

泵控液压马达是由变量泵和定量马达组成的,如图3-9所示。变量泵1以恒定的转速ω_p旋转,通过改变变量泵的排量来控制液压马达2的转速和旋转方向。补油系统是一个小流量的恒压源,补油泵7的压力由补油溢流阀5调定。补油泵通过单向阀4向低压管道补油,用以补偿液压泵和液压马达的泄漏,并保证低压管道有一个恒定的压力值,以防止出现气穴现象和空气渗入系统,同时也能帮助系统散热,补油泵通常也可作为液压泵变量控制机构的液压源。

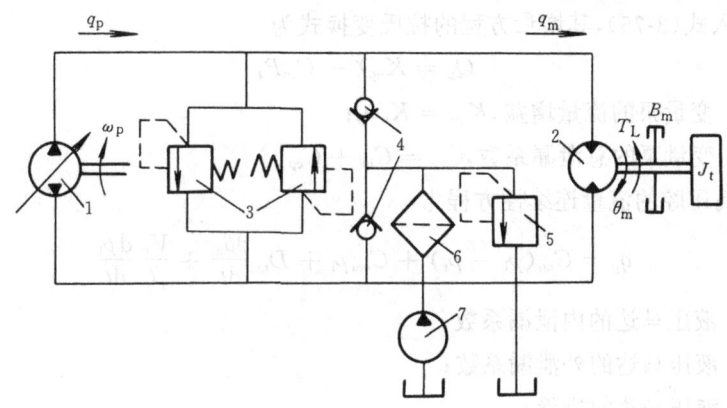

图3-9　泵控液压马达系统

在正常工作时,一根管道的压力等于补油压力,另一根管道的压力由负载决定,反向时两根管道的压力随之转换。为了保证液压元件不受压力冲击的损坏,在两根管道之间跨接了两个安全阀3。安全阀的规格要足够大,响应速度要足够快,以便在过载时能够使液压泵的最大流量从高压管道迅速泄入低压管道。

在泵控液压马达系统中,液压泵的输出流量和工作压力与负载相适应,因此工作效率高,最大效率可达90%。适用于大功率液压伺服系统。

一、基本方程

在推导液压马达转角与液压泵摆角的传递函数时,假设:

1) 连接管道较短,可以忽略管道中的压力损失和管道动态,并设两根管道完全相同,液压泵和液压马达腔的容积为常数。

2) 液压泵和液压马达的泄漏为层流,壳体内压力为大气压,忽略低压腔向壳体内的外泄漏。

3) 每个腔室内的压力是均匀相等的,液体油度和密度为常数。

4) 补油系统工作无滞后,补油压力为常数。在工作中低压管道压力不变等于补油压力,只有高压管道压力变化。

5) 输入信号较小,不发生压力饱和现象。

6) 液压泵的转速恒定。

变量泵的排量为
$$D_p = K_p \gamma \tag{3-74}$$

式中 K_p—— 变量泵的排量梯度;

γ—— 变量泵变量机构的摆角。

变量泵的流量方程为
$$q_p = D_p \omega_p - C_{ip}(p_1 - p_r) - C_{ep} p_1 \tag{3-75}$$

式中 ω_p—— 变量泵的转速;

C_{ip}—— 变量泵的内泄漏系数;

C_{ep}—— 变量泵的外泄漏系数;

p_r—— 低压管道的补油压力。

将式(3-74)代入式(3-75),其增量方程的拉氏变换式为
$$Q_p = K_{qp} \gamma - C_{tp} P_1 \tag{3-76}$$

式中 K_{qp}—— 变量泵的流量增益,$K_{qp} = K_p \omega_p$;

C_{tp}—— 变量泵的总泄漏系数,$C_{tp} = C_{ip} + C_{ep}$。

液压马达高压腔的流量连续性方程为
$$q_p = C_{im}(p_1 - p_r) + C_{em} p_1 + D_m \frac{d\theta_m}{dt} + \frac{V_0}{\beta_e} \frac{dp_1}{dt}$$

式中 C_{im}—— 液压马达的内泄漏系数;

C_{em}—— 液压马达的外泄漏系数;

D_m—— 液压马达的排量;

θ_m—— 液压马达的转角;

V_0—— 一个腔室的总容积(包括液压泵和液压马达的一个工作腔、一根连接管道及与此相连的非工作容积。

其增量方程的拉氏变换式为
$$Q_p = C_{tm} P_1 + D_m s \theta_m + \frac{V_0}{\beta_e} s P_1 \tag{3-77}$$

式中 C_{tm}—— 液压马达的总泄漏系数,$C_{tm} = C_{im} + C_{em}$。

液压马达和负载的力矩平衡方程为
$$D_m(p_1 - p_r) = J_t \frac{d^2 \theta_m}{dt^2} + B_m \frac{d\theta_m}{dt} + G\theta_m + T_L$$

式中 J_t—— 液压马达和负载(折算到液压马达轴上)的总惯量;

B_m—— 粘性阻尼系数;

G—— 负载弹簧刚度;

T_L—— 作用在液压马达轴上的任意外负载力矩。

其增量方程的拉氏变换式为
$$D_m P_1 = J_t s^2 \theta_m + B_m s \theta_m + G\theta_m + T_L \tag{3-78}$$

二、传递函数

由基本方程式(3-76)、(3-77)、(3-78)消去中间变量 Q_p、P_1 可得

$$\theta_\mathrm{m} = \frac{\dfrac{K_\mathrm{qp}}{D_\mathrm{m}}\gamma - \dfrac{C_\mathrm{t}}{D_\mathrm{m}^2}\left(1 + \dfrac{V_0}{\beta_\mathrm{e}C_\mathrm{t}}s\right)T_\mathrm{L}}{\dfrac{V_0 J_\mathrm{t}}{\beta_\mathrm{e} D_\mathrm{m}^2}s^3 + \left(\dfrac{C_\mathrm{t} J_\mathrm{t}}{D_\mathrm{m}^2} + \dfrac{B_\mathrm{m} V_0}{\beta_\mathrm{e} D_\mathrm{m}^2}\right)s^2 + \left(1 + \dfrac{C_\mathrm{t} B_\mathrm{m}}{D_\mathrm{m}^2} + \dfrac{G V_0}{\beta_\mathrm{e} D_\mathrm{m}^2}\right)s + \dfrac{G C_\mathrm{t}}{D_\mathrm{m}^2}} \quad (3-79)$$

式中 C_t —— 总的泄漏系数,$C_\mathrm{t} = C_\mathrm{tp} + C_\mathrm{tm}$。

当 $\dfrac{C_\mathrm{t} B_\mathrm{m}}{D_\mathrm{m}^2} \ll 1$ 和 $G = 0$ 时,上式可简化成

$$\theta_\mathrm{m} = \frac{\dfrac{K_\mathrm{qp}}{D_\mathrm{m}}\gamma - \dfrac{C_\mathrm{t}}{D_\mathrm{m}^2}\left(1 + \dfrac{V_0}{\beta_\mathrm{e}C_\mathrm{t}}s\right)T_\mathrm{L}}{s\left(\dfrac{s^2}{\omega_\mathrm{h}^2} + \dfrac{2\zeta_\mathrm{h}}{\omega_\mathrm{h}}s + 1\right)} \quad (3-80)$$

式中 ω_h —— 液压固有频率,

$$\omega_\mathrm{h} = \sqrt{\dfrac{\beta_\mathrm{e} D_\mathrm{m}^2}{V_0 J_\mathrm{t}}} \quad (3-81)$$

ζ_h —— 液压阻尼比

$$\zeta_\mathrm{h} = \dfrac{C_\mathrm{t}}{2D_\mathrm{m}}\sqrt{\dfrac{\beta_\mathrm{e} J_\mathrm{t}}{V_0}} + \dfrac{B_\mathrm{m}}{2D_\mathrm{m}}\sqrt{\dfrac{V_0}{\beta_\mathrm{e} J_\mathrm{t}}} \quad (3-82)$$

液压马达轴转角对变量泵摆角的传递函数为

$$\dfrac{\theta_\mathrm{m}}{\gamma} = \dfrac{\dfrac{K_\mathrm{qp}}{D_\mathrm{m}}}{s\left(\dfrac{s^2}{\omega_\mathrm{h}^2} + \dfrac{2\zeta_\mathrm{h}}{\omega_\mathrm{h}}s + 1\right)} \quad (3-83)$$

液压马达轴转角对任意外负载力矩的传递函数为

$$\dfrac{\theta_\mathrm{m}}{T_\mathrm{L}} = \dfrac{-\dfrac{C_\mathrm{t}}{D_\mathrm{m}^2}\left(1 + \dfrac{V_0}{\beta_\mathrm{e}C_\mathrm{t}}s\right)}{s\left(\dfrac{s^2}{\omega_\mathrm{h}^2} + \dfrac{2\zeta_\mathrm{h}}{\omega_\mathrm{h}}s + 1\right)} \quad (3-84)$$

三、泵控液压马达与阀控液压马达的比较

将式(3-80)与(3-55)进行比较,可以看出这两个方程的形式是一样的,因此这两种动力元件的动态特性没有什么根本的差别,但相应参数的数值及变化范围却有很大的不同。

1) 泵控液压马达的液压固有频率较低。在一根管道的压力等于常数时,因为只有一个控制管道压力发生变化,所以液压弹簧刚度为阀控液压马达的一半,液压固有频率是阀控液压马达的 $1/\sqrt{2}$。另外,液压泵的工作腔容积较大,这使液压固有频率进一步降低。

2) 泵控液压马达的阻尼比较小,但较恒定。泵控液压马达的总泄漏系数 C_t 比阀控液压马达的总流量-压力系数 K_ce 小,因此阻尼比小于阀控液压马达的阻尼比。泵控液压马达几乎总是欠阻尼的,为达到满意的阻尼比往往有意地设置旁路泄漏通道或内部压力反馈回路。泵控液压马达的总泄漏系数基本上是恒定的,因此阻尼比也比较恒定。

3) 泵控液压马达的增益 $K_\mathrm{qp}/D_\mathrm{m}$ 和静态速度刚度 $D_\mathrm{m}^2/C_\mathrm{t}$ 比较恒定。

4) 由式(3-84)所确定的动态柔度或由其倒数所确定的动态刚度特性,也可用 §3-1 的方法作出,由于泵控液压马达的液压固有频率和阻尼比较低,所以动态刚度不如阀控液压马达好。但由于 C_t 较小,故静态速度刚度是很好的。

总之,泵控液压马达是相当线性的元件,其增益和阻尼比都是比较恒定的,固有频率的变化与阀控液压马达相似。所以泵控液压马达的动态特性比阀控液压马达更加可以预测,计算出的性能和实测的性能比较接近,而且受工作点变化的影响也较小。但是,由于液压固有频率较低,还要附加一个变量控制伺服机构,因此总的响应特性不如阀控液压马达好。

第五节　液压动力元件与负载的匹配

液压动力元件要拖动负载运动,因此就存在液压动力元件的输出特性与负载特性的配合问题,即负载匹配问题。在研究负载匹配之前,首先应该了解负载特性。

一、负载特性

所谓负载是指液压执行元件运动时所遇到的各种阻力(或阻力矩)。负载的种类有惯性负载、弹性负载、粘性阻尼负载、摩擦负载和重力负载等。

负载力与负载速度之间的关系称为负载特性。以负载力为横坐标,负载速度为纵坐标所画出的曲线称之为负载轨迹,其方程即为负载轨迹方程。负载特性不但与负载的类型有关,而且与负载的运动规律有关。采用频率法设计系统时,可以认为输入信号是正弦信号,负载是在作正弦响应。下面介绍几种典型的负载特性。

(一)惯性负载特性

惯性负载力可表示为

$$F_I = m\ddot{x}$$

若设惯性负载的位移 x 为正弦运动,即

$$x = x_0 \sin\omega t$$

式中　x_0——正弦运动的振幅;

　　　ω——正弦运动的角频率。

则负载轨迹方程为

$$\dot{x} = x_0 \omega \cos\omega t$$

$$F_I = -m x_0 \omega^2 \sin\omega t$$

联立上两式可得

$$\left(\frac{\dot{x}}{x_0 \omega}\right)^2 + \left(\frac{F_I}{x_0 m \omega^2}\right)^2 = 1 \tag{3-85}$$

负载轨迹为一正椭圆,如图 3-10 所示。其中最大负载速度 $\dot{x}_{max} = x_0 \omega$ 与 ω 成正比,最大负载力 $F_{Imax} = m x_0 \omega^2$ 与 ω^2 成比例,故 ω 增加时椭圆横轴增加比纵轴快。由于惯性力随速度增大而减小,所以负载轨迹点的旋转方向是逆时针方向。

(二)粘性阻尼负载特性

粘性阻尼力为

$$F_v = B\dot{x}$$

若设负载的位移为 $x = x_0 \sin\omega t$,则得负载轨迹方程为

$$\dot{x} = x_0 \omega \cos\omega t$$

$$F_v = B x_0 \omega \cos\omega t$$

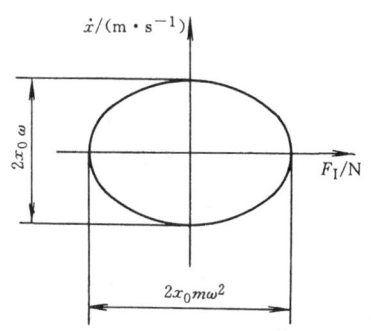

图 3-10　惯性负载轨迹

或写成

$$\dot{x} = \frac{F_v}{B} \tag{3-86}$$

负载轨迹为一直线,如图 3-11 所示。其斜率为 $\mathrm{tg}\alpha = \frac{1}{B}$,与频率无关。

(三) 弹性负载特性

弹性负载力为

$$F_p = Kx$$

设 $x = x_0 \sin\omega t$,则负载轨迹方程为

$$\dot{x} = x_0 \omega \cos\omega t$$
$$F_p = Kx_0 \sin\omega t$$

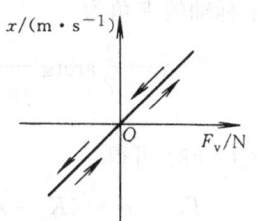

图 3-11 粘性阻尼负载轨迹

或写成

$$\left(\frac{F_p}{Kx_0}\right)^2 + \left(\frac{\dot{x}}{x_0\omega}\right)^2 = 1 \tag{3-87}$$

负载轨迹也是一个正椭圆,如图 3-12 所示。其中最大负载力 $F_{pmax} = Kx_0$ 与 ω 无关,而最大负载速度 $\dot{x}_{max} = x_0\omega$ 与 ω 成正比,故 ω 增加时椭圆横轴不变,纵轴与 ω 成比例增加。因为弹簧变形速度减小时弹簧力增大,所以负载轨迹上的点是顺时针变化的。

(四) 摩擦负载特性

摩擦力包括静摩擦力和动摩擦力两部分,其相应的负载轨迹表示在图 3-13。静摩擦力与动摩擦力之和构成干摩擦力。当静摩擦力与动摩擦力近似相等时的干摩擦力称为库仑摩擦力。

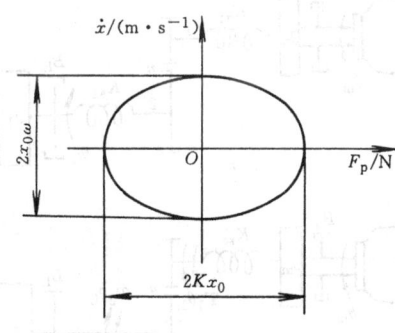

图 3-12 弹性负载轨迹

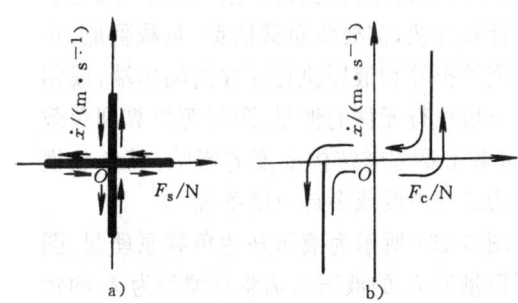

图 3-13 摩擦负载轨迹
a) 静摩擦负载轨迹 b) 动摩擦负载轨迹

(五) 合成负载特性

实际系统的负载常常是上述若干负载的组合,例如惯性负载、粘性阻尼负载与弹性负载组合。此时负载力为

$$F_t = m\ddot{x} + B\dot{x} + Kx$$

若设负载位移 $x = x_0\sin\omega t$,则负载轨迹方程为

$$\dot{x} = x_0\omega\cos\omega t$$
$$F_t = (K - m\omega^2)x_0\sin\omega t + Bx_0\omega\cos\omega t \tag{3-88}$$

联立上两式可得

$$\left[\frac{F_t - B\dot{x}}{(K - m\omega^2)x_0}\right]^2 + \left(\frac{\dot{x}}{x_0\omega}\right)^2 = 1 \quad (3-89)$$

这是个斜椭圆方程,负载轨迹如图 3-14 所示。椭圆轴线与横坐标轴的夹角为

$$\alpha = \frac{1}{2}\text{arctg}\frac{2B}{B^2 - \frac{1}{\omega^2}(K - m\omega^2)^2 - 1}$$

由式(3-88)可得

$$F_t = x_0\sqrt{(K - m\omega^2)^2 + B^2\omega^2}\sin(\omega t + \varphi)$$

则

$$F_{tmax} = x_0\sqrt{(K - m\omega^2)^2 + B^2\omega^2}$$

式中

$$\varphi = \text{arc tg}\frac{B\omega}{K - m\omega^2}$$

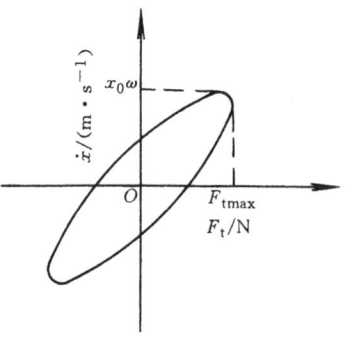

图 3-14 惯性、粘性阻尼和弹性组合负载轨迹

对惯性负载加弹性负载或惯性负载加粘性阻尼负载的情况,负载轨迹方程可由式(3-89)简化得到。

对惯性负载、弹性负载、粘性阻尼负载或由它们组合的负载,随频率增加负载轨迹加大,在设计时应考虑最大工作频率时的负载轨迹。

当存在外干扰力或负载运动规律不是正弦形式时,负载轨迹就要复杂了,有时只能知道部分工况点的情况。在负载轨迹上,对设计最有用的工况点是:最大功率、最大速度和最大负载力工况。一般对功率的要求最难满足,因此也是最重要的要求。

二、等效负载的计算

液压执行元件有时通过机械传动装置与负载相联,如齿轮传动装置、滚珠丝杠等。为了分析计算方便,需要将负载惯量、负载阻尼、负载刚度等折算到液压执行元件的输出端,或相反将液压执行元件的惯量、阻尼等折算到负载端。如果还要考虑结构柔度的影响,其负载模型则为二自由度或多自由度系统。

图 3-15a 所示为液压马达负载原理图。图中用惯量为 J_m 的液压马达驱动惯量为 J_L 的负载,两者之间的齿轮传动比为 n,轴1(液压马达轴)的刚度为 K_{s1},轴2(负载轴)的刚度为 K_{s2}。假设齿轮是绝对刚性的,齿轮的惯量和游隙为零。

图 3-15a 所示的系统可简化成图 3-15c 所示的等效系统。其方法如下。

第一步简化是将挠性轴 2 换成绝对刚性轴,并用改变轴 1 的刚度来等效原系统,如图 3-15b 所示。在图 3-15a 中,首先把惯量 J_L 刚性地固定起来,并对惯量 J_m 施加一个力矩 T_m,由此

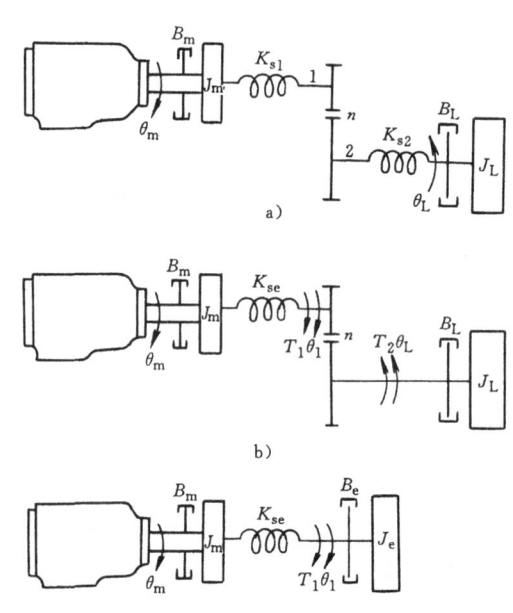

图 3-15 负载的简化模型

在大齿轮 2 上产生一个偏转角 nT_m/K_{s2}。大齿轮的转动使小齿轮 1 转过角度 n^2T_m/K_{s2}。在力矩 T_m 作用下轴 1 转过角度为 T_m/K_{s1}。则惯量 J_m 的总偏转角为 $T_m\left(\dfrac{1}{K_{s1}} + \dfrac{n^2}{K_{s2}}\right)$。由此得出,对轴 1 系统的等效刚度为 K_{se},则

$$\frac{1}{K_{se}} = \frac{1}{K_{s1}} + \frac{n^2}{K_{s2}} \tag{3-90}$$

刚度的倒数为柔度,因此系统的总柔度等于轴 1 的柔度加轴 2 的柔度与传动比的平方的乘积。

第二步简化是将轴 2 上的负载惯量 J_L 和粘性阻尼系数 B_L 折算到轴 1 上。假设 J_L 折算到轴 1 上的等效惯量为 J_e,B_L 折算到轴 1 上的等效粘性阻尼系数为 B_e。由图 3-15c 和图 3-15b 可写出以下两个方程

$$T_1 = J_e\ddot{\theta}_1 + B_e\dot{\theta}_1 \tag{3-91}$$

$$T_2 = J_L\ddot{\theta}_L + B_L\dot{\theta}_L \tag{3-92}$$

式中　T_1——液压马达作用在轴 1 上的力矩;

　　　T_2——齿轮 1 作用在轴 2 上的力矩;

　　　θ_1——轴 1 的转角;

　　　θ_2——轴 2 的转角。

考虑到 $T_2 = nT_1$,$\theta_1 = n\theta_L$,由式(3-92)得到

$$T_1 = \frac{J_L}{n^2}\ddot{\theta}_1 + \frac{B_L}{n^2}\dot{\theta}_1 \tag{3-93}$$

将式(3-93)与(3-91)作一比较可得

$$J_e = \frac{J_L}{n^2} \tag{3-94}$$

$$B_e = \frac{B_L}{n^2} \tag{3-95}$$

根据以上分析可得出如下结论:将系统一部分惯量、粘性阻尼系数和刚度折算到转数高 i 倍的另一部分时,只需将它们除以 i^2 即可。相反地,将惯量、粘性阻尼系数和刚度折算到转数低 i 倍的另一部分时,只需乘以 i^2 即可。

三、液压动力元件的输出特性

液压动力元件的输出特性是在稳态情况下,执行元件的输出速度、输出力与阀的输入位移三者之间的关系,可由阀的压力 - 流量特性变换得到。将阀的负载流量除以液压缸的面积(或液压马达排量),负载压力乘以液压缸面积(或液压马达排量),就可以得到动力元件的输出特性,如图 3-16 所示。由图可见:

1) 提高供油压力,使整个抛物线右移,输出功率增大,如图 3-16a 所示。

2) 增大阀的最大开口面积,使抛物线变宽,但顶点不动,输出功率增大,如图 3-16b 所示。

3) 增大液压缸活塞面积,使抛物线顶点右移,同时使抛物线变窄,但最大输出功率不变,如图 3-16c 所示。

这样,可以调整 p_s、Wx_{vmax}、A_p 三个参数,使之与负载匹配。

四、负载匹配

根据负载轨迹来进行负载匹配时,只要使动力元件的输出特性曲线能够包围负载轨迹,同时使输出特性曲线与负载轨迹之间的区域尽量小,便认为液压动力元件与负载相匹配。输出特

性曲线能够包围负载轨迹,动力元件便能够满足负载的需要。尽量减小输出特性曲线与负载轨迹之间的区域,便能减小功率损失,提高效率。如果动力元件的输出特性曲线不但包围负载轨迹,而且动力元件的最大输出功率点与负载的最大功率点相重合,就认为动力元件与负载是最佳匹配。此时,功率利用最好。

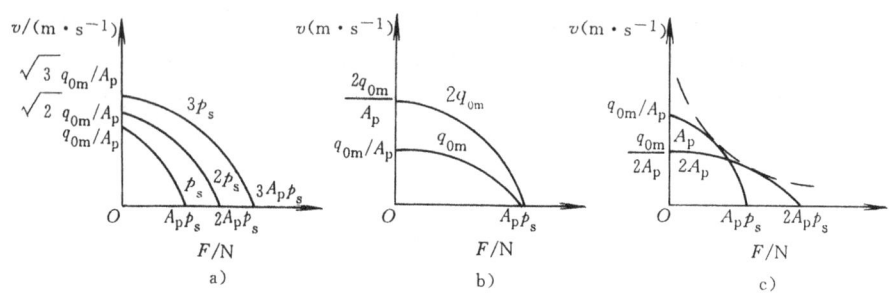

图 3-16 液压动力元件输出特性的变化
a) 改变供油压力 b) 改变阀口最大面积 c) 改变液压缸面积

在图 3-17 中,输出特性曲线 1、2、3 均包围负载轨迹,都能够拖动负载。曲线 1 的最大输出功率点(a 点)与负载的最大功率点相重合,满足最佳匹配的条件。曲线 2 表明,液压缸活塞面积太大,或控制阀小,供油压力过高。该曲线的斜率小,动力元件的静态速度刚度大,线性好,响应速度快。但动力元件的最大输出功率(b 点)大于负载的最大功率(a 点),动力元件的功率没有充分利用。曲线 3 表明,液压缸活塞面积太小,或控制阀大,供油压力低。曲线斜率大,静态速度刚度小,线性和响应速度都差。动力元件的最大输出功率(c 点)仍大于负载的最大功率。

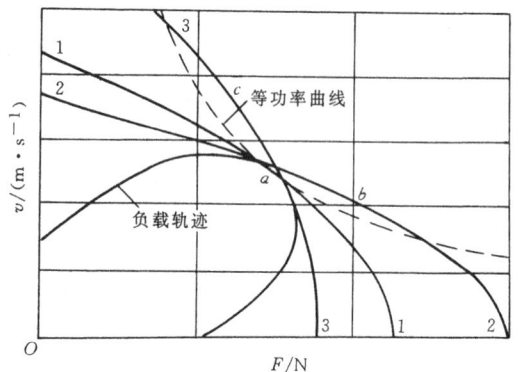

图 3-17 动力元件与负载的匹配

采用作图法求动力元件参数,需要作许多抛物线与负载轨迹相切,是比较麻烦的。为了简化作图,可以采用坐标变换将输出特性曲线变为直线,为此只要将纵坐标取成速度的平方就可以了。

负载匹配也可以在压力 - 流量坐标体系进行。将负载力(或负载力矩)变成负载压力,负载速度变成负载流量,负载轨迹用负载压力和负载流量表示,与阀的压力 - 流量特性曲线匹配。

五、根据负载最佳匹配确定液压动力元件的参数

对某些比较简单的负载轨迹(如上面介绍的各种典型的负载轨迹),可以利用负载最佳匹配的原则,采用解析法确定液压动力元件的参数。在阀最大输出功率点有

$$F_L^* = \frac{2}{3} A_p p_s \tag{3-96}$$

$$v_{\mathrm{L}}^{*} = \frac{q_{0\mathrm{m}}}{\sqrt{3}\,A_{\mathrm{p}}} \tag{3-97}$$

式中 F_{L}^{*} ——最大功率点的负载力；

v_{L}^{*} ——最大功率点的负载速度；

$q_{0\mathrm{m}}$ ——阀的最大空载流量。

在供油压力选定的情况下，可由式(3-96)求出液压缸活塞面积为

$$A_{\mathrm{p}} = \frac{3}{2}\frac{F_{\mathrm{L}}^{*}}{p_{\mathrm{s}}} \tag{3-98}$$

由式(3-97)求出阀的最大空载流量为

$$q_{0\mathrm{m}} = \sqrt{3}\,v_{\mathrm{L}}^{*}A_{\mathrm{p}} \tag{3-99}$$

通常须将阀的最大空载流量适当加大，以补偿泄漏、改善系统控制性能、并为负载分析中考虑不周之处留有余地。

对一些典型负载，可用解析法求出最大功率点的负载力 F_{L}^{*} 和负载速度 v_{L}^{*}。

思 考 题

1. 什么叫液压动力元件？有哪些控制方式？有几种基本组成类型？
2. 负载类型对液压动力元件的传递函数有什么影响？
3. 无弹性负载和有弹性负载时，描述传递函数的性能参数分别有哪几个？它们对系统动态特性有什么影响？
4. 何谓液压弹簧刚度？为什么要把液压弹簧刚度理解为动态刚度？
5. 液压固有频率和活塞位置有关，在计算系统稳定性时，四通阀控制双作用液压缸和三通阀控制差动液压缸应取活塞的什么位置？为什么？
6. 为什么液压动力元件可以得到较大的固有频率？
7. 为什么说液压阻尼比 ζ_{h} 是一个"软量"？提高阻尼比的简单方法有哪几种？它们各有什么优缺点？
8. 何谓液压动力元件的刚度？$A_{\mathrm{p}}^{2}/K_{\mathrm{ce}}$ 代表什么意义？
9. 三通阀控制液压缸和四通阀控制液压缸的固有频率有什么不同？为什么？
10. 阀控液压马达和泵控液压马达的特性有何不同？为什么？
11. 为什么把 K_{v} 称为速度放大系数？速度放大系数的量纲是什么？
12. 何谓负载匹配？满足什么条件才算最佳匹配？
13. 如何根据最佳负载匹配确定动力元件参数？
14. 泵控液压马达系统有没有负载匹配问题？满足什么条件才是泵控液压马达的最佳匹配？
15. 在长行程时，为什么不宜采用液压缸而采用液压马达？

习 题

1. 有一阀控液压马达系统，已知：液压马达排量为 $D_{\mathrm{m}} = 6 \times 10^{-6}\,\mathrm{m}^{3}/\mathrm{rad}$，马达容积效率为 95%，额定流量为 $q_{\mathrm{n}} = 6.66 \times 10^{-4}\,\mathrm{m}^{3}/\mathrm{s}$，额定压力 $p_{\mathrm{n}} = 140 \times 10^{5}\,\mathrm{Pa}$，高低压腔总容积 $V_{\mathrm{t}} = 3 \times 10^{-4}\,\mathrm{m}^{3}$。拖动纯惯性负载，负载转动惯量为 $J_{\mathrm{t}} = 0.2\,\mathrm{kg \cdot m}^{2}$，阀的流量增益 $K_{\mathrm{q}} = 4\,\mathrm{m}^{2}/\mathrm{s}$，流量-压力系数 $K_{\mathrm{c}} = 1.5 \times 10^{-16}\,\mathrm{m}^{3}/\mathrm{s \cdot Pa}$。液体等效体积弹性模量 $\beta_{\mathrm{e}} = 7 \times 10^{8}\,\mathrm{Pa}$。试求出以阀芯位移 x_{v} 为输入，液压马达转角 θ_{m} 为输出的传递函数。

2. 阀控液压缸系统，液压缸面积 $A_{\mathrm{p}} = 150 \times 10^{-4}\,\mathrm{m}^{2}$，活塞行程 $L = 0.6\,\mathrm{m}$，阀至液压缸的连接管路长度 l

$= 1\mathrm{m}$,管路截面积 $a = 1.77 \times 10^{-4}\mathrm{m}^2$,负载质量 $m_t = 2000\mathrm{kg}$,阀的流量-压力系数 $K_c = 5.2 \times 10^{-12}\mathrm{m}^3/\mathrm{s} \cdot \mathrm{Pa}$。求液压固有频率 ω_h 和液压阻尼比 ζ_h。计算时,取 $\beta_e = 7 \times 10^8 \mathrm{Pa}$, $\rho = 870\mathrm{kg/m^3}$。

3. 变量泵控制定量马达的惯性负载为 $J_t = 2\mathrm{kg} \cdot \mathrm{m}^2$,高压侧油液总容积 $V_0 = 2 \times 10^{-3}\mathrm{m}^3$,泵及马达的总泄漏系数 $C_t = 0.8 \times 10^{-11}\mathrm{m}^3/\mathrm{s} \cdot \mathrm{Pa}$,液体等效体积弹性模量 $\beta_e = 7 \times 10^8 \mathrm{Pa}$,马达排量 $D_m = 12 \times 10^{-6} \mathrm{m}^3/\mathrm{rad}$,马达机械效率 $\eta_m = 0.9$,泵转速 $\omega_p = 52.3 \mathrm{rad/s}$。略去泵与马达间的沿程阻力损失,求此装置以马达转速 θ_m 为输出,以泵排量 D_p 为输入的传递函数。

4. 有一四边滑阀控制的双作用液压缸,直接拖动负载作简谐运动。已知:供油压力 $p_s = 140 \times 10^5 \mathrm{Pa}$,负载质量 $m_t = 300\mathrm{kg}$,负载位移规律为 $x_p = x_m \sin\omega t$,负载移动的最大振幅 $x_m = 8 \times 10^{-2}\mathrm{m}$,角频率 $\omega = 30\mathrm{rad/s}$。试根据最佳负载匹配求液压缸面积和四边阀的最大开面积 Wx_{Vm}。计算时,取 $C_d = 0.62$,$\rho = 870\mathrm{kg/m^3}$。

5. 变量泵控制定量马达拖动纯惯性负载作简谐运动。其运动规律为 $\theta_m = \theta_{m\,max} \sin\omega t$,式中 θ_m 为负载角位移,$\theta_{m\,max}$ 为负载角位移的振幅,ω 为角频率。变量泵的额定工作压力为 p_s,转速为 n_p,系统总泄漏系数为 C_t。设低压腔压力为零。根据负载匹配求泵的排量 D_p 和液压马达排量 D_m。

第四章 机液伺服系统

由机械反馈装置和液压动力元件所组成的反馈控制系统称为机械液压伺服系统。机液伺服系统主要用来进行位置控制,也可以用来控制其它物理量,如原动机的转速控制等。机液伺服系统结构简单、工作可靠、容易维护,因而广泛地应用于飞机舵面操纵系统、车辆转向助力装置和仿型机床中。

第一节 机液位置伺服系统

机液位置伺服系统的原理图如图 4-1 所示。系统的动力元件由四边滑阀和液压缸组成,反馈是利用杠杆来实现的。这是飞机上液压助力器的典型结构。

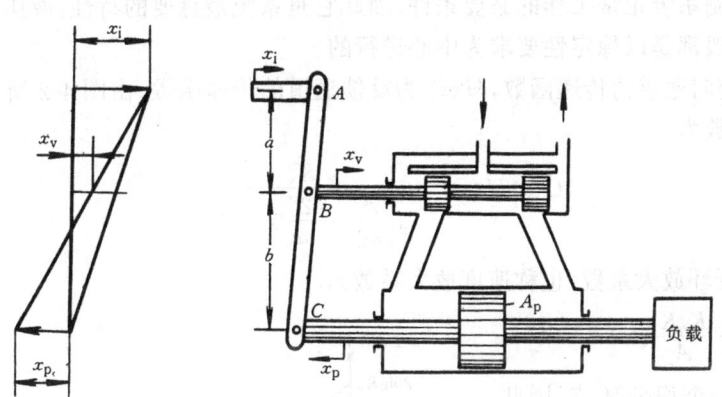

图 4-1 机液位置伺服系统原理图

一、系统方块图

输入位移 x_i 和输出位移 x_p 通过差动杆 AC 进行比较,在 B 点给出偏差信号(阀芯位移)x_v。在差动杆运动较小时,阀芯位移 x_v 可由下式给出

$$x_v = \frac{b}{a+b}x_i - \frac{a}{a+b}x_p = K_i x_i - K_f x_p \tag{4-1}$$

式中 K_i ——输入放大系数,$K_i = \dfrac{b}{a+b}$;

K_f ——反馈放大系数,$K_f = \dfrac{a}{a+b}$。

假定没有弹性负载,由第三章式(3-15)可知,液压缸活塞输出位移为

$$X_p = \frac{\dfrac{K_q}{A_p}X_v - \dfrac{K_{ce}}{A_p^2}\left(1 + \dfrac{V_t}{4\beta_e K_{ce}}s\right)F_L}{s\left(\dfrac{s^2}{\omega_h^2} + \dfrac{2\zeta_h}{\omega_h}s + 1\right)} \tag{4-2}$$

由式(4-1)和(4-2)可画出系统的方块图,如图 4-2 所示。

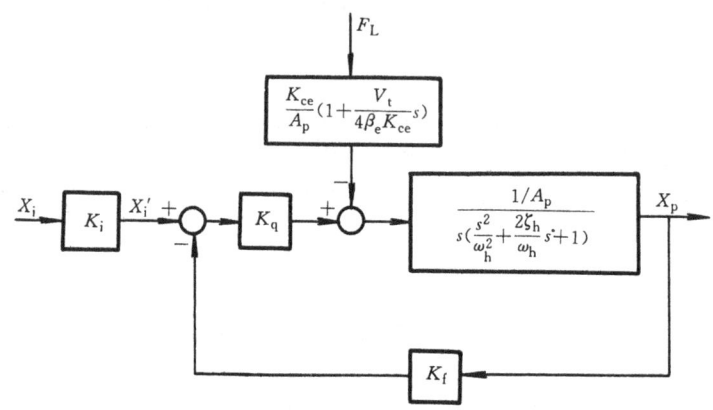

图 4-2　机液位置伺服系统方块图

二、系统稳定性分析

稳定性是控制系统正常工作的必要条件,因此它是系统最重要的特性。液压伺服系统的动态分析和设计一般都是以稳定性要求为中心进行的。

令 $G(s)$ 为前向通道的传递函数,$H(s)$ 为反馈通道的传递函数。由图 4-2 所示方块图可得系统开环传递函数为

$$G(s)H(s) = \frac{K_v}{s\left(\dfrac{s^2}{\omega_h^2} + \dfrac{2\zeta_h}{\omega_h}s + 1\right)} \tag{4-3}$$

式中　K_v——开环放大系数(也称速度放大系数),

$$K_v = \frac{K_q K_f}{A_p}。$$

式(4-3)中含有一个积分环节,因此系统是 I 型伺服系统。

由式(4-3)可画出开环系统伯德图,如图 4-3 所示。在 $\omega < \omega_h$ 时,低频渐近线是一条斜率为 $-20\text{dB}/10\text{oct}$ 的直线。在 $\omega > \omega_h$ 时,高频渐近线是一条斜率为 $-60\text{dB}/10\text{oct}$ 的直线。两条渐近线交点处的频率为液压固有频率 ω_h,在 ω_h 处的渐近频率特性的幅值为 $20\lg\dfrac{K_v}{\omega_h}$。由于阻尼比 ζ_h 较小,在 ω_h 处出现一个谐振峰,其幅值为 $20\lg\dfrac{K_v}{2\zeta_h\omega_h}$。在 ω_h 处的相角为 $-180°$。

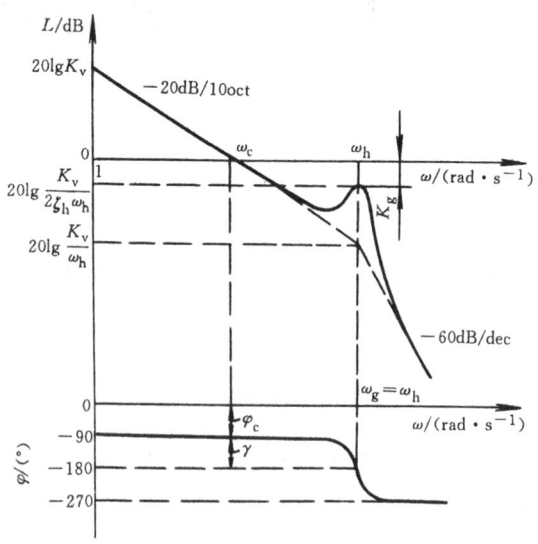

图 4-3　机液位置伺服系统伯德图

为了使系统稳定,必须使相位裕量 γ 和增益裕量 K_g(dB)均为正值。相位裕量是增益穿越频率 ω_c 处的相角 φ_c 与 $180°$ 之和,即 $\gamma = 180° + \varphi_c$。增益裕量是相位穿越频率 ω_g 处的增益的倒数,即 $K_g = \dfrac{1}{|G(j\omega_g)H(j\omega_g)|}$,以 dB 表示时,$K_g\mathrm{dB} = 20\lg K_g = -20\lg|G(j\omega_g)H(j\omega_g)|$。对所讨论的系统而言,因为越穿频率 ω_c 处的斜率为 $-20\mathrm{dB/dec}$,所以相位裕量为正值,因此只要使增益裕量为正值系统就可以稳定了。由于 $\omega_g = \omega_h$,所以有

$$-20\lg|G(j\omega_h)H(j\omega_h)| = -20\lg\dfrac{K_v}{2\zeta_h\omega_h} > 0$$

由此得系统稳定条件为

$$\dfrac{K_v}{2\zeta_h\omega_h} < 1 \tag{4-4}$$

这个结果也可以由劳斯判据直接得出。闭环系统的特征方程为

$$G(s)H(s) + 1 = 0$$

将式(4-3)代入,则得

$$\dfrac{s^3}{\omega_h^2} + \dfrac{2\zeta_h}{\omega_h}s + s + K_v = 0$$

应用劳斯稳定判据得系统稳定条件为

$$\dfrac{K_v}{\omega_h} < 2\zeta_h \text{ 或 } K_v < 2\zeta_h\omega_h \tag{4-5}$$

上式表明,为了使系统稳定,速度放大系数 K_v 受液压固有频率 ω_h 和阻尼比 ζ_h 的限制。阻尼比 ζ_h 通常在 $0.1 \sim 0.2$ 左右,因此速度放大系数 K_v 被限制在液压固有频率 ω_h 的 $(20 \sim 40)\%$ 的范围内,即

$$K_v < (0.2 \sim 0.4)\omega_h \tag{4-6}$$

在设计液压位置伺服系统时,可以把它作为一个经验法则。

由图 4-3 所示的伯德图可以看出,穿越频率近似等于开环放大系数,即

$$\omega_c \approx K_v \tag{4-7}$$

实际上 ω_c 稍大于 K_v,而系统的频宽又稍大于 ω_c。所以开环放大系数愈大,系统的响应速度愈快。另外,开环放大系数越大,系统的控制精度也越高。所以要提高系统的响应速度和精度,就要提高开环放大系数,但要受稳定性限制。通常液压伺服系统是欠阻尼的,由于阻尼比小限制了系统的性能。所以提高阻尼比对改善系统性能来说是十分关键的。在机液伺服系统中,增益的调整是很困难的。因此在系统设计时,开环放大系数的确定是很重要的。开环放大系数 K_v 取决于 K_f、K_q 和 A_p。在单位反馈系统中,K_v 仅由 K_q 和 A_p 决定,而 A_p 主要是由负载的要求确定的。因此,K_v 主要取决于 K_q,需要选择一个流量增益 K_q 合适的阀来满足系统稳定性的要求。

第二节 结构柔度对系统稳定性的影响

结构柔度包括固定执行元件的结构柔度、执行元件与负载间的联接机构的柔度或传动机构的柔度以及反馈机构的柔度等。在以前的分析中,没有考虑结构柔度的影响,把动力元件的负载看成是集中参数表示的单弹簧单质量系统。实际中所碰到的大多数负载可以很好地近似

看成这种简单的情况。但是在某些情况下，负载为几个集中质量以柔性结构相联接的二自由度或多自由度系统。如果结构刚度和液压弹簧刚度相当或者还要小时，将使系统的稳定性变坏，此时必须考虑结构柔度的影响。

一、基本方程与传递函数

考虑固定结构柔度和联接结构柔度后，液压缸与负载系统的简化图如图 4-4 所示。图中固定液压缸缸体的固定刚度以 K_{s1} 表示，活塞与负载的连接刚度以 K_{s2} 表示。

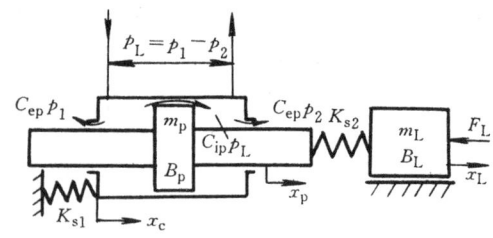

图 4-4 液压缸与负载系统简化模型

阀的流量方程为

$$q_L = K_q x_v - K_c p_L \tag{4-8}$$

液压缸流量连续性方程为

$$Q_L = A_p s(x_p - x_c) + C_{tp} P_L + \frac{V_t}{4\beta_e} s P_L \tag{4-9}$$

活塞、缸体和负载的受力情况表示在图 4-5。由该图可以写出：

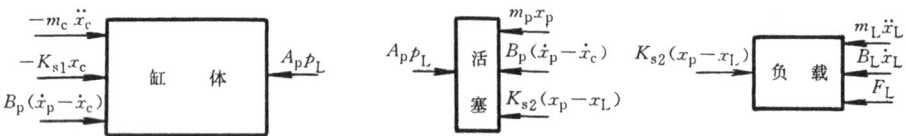

图 4-5 缸体、活塞、负载的受力图

活塞的力平衡方程为

$$P_L A_p = m_p s^2 X_p + B_p (s X_p - s X_c) + K_{s2}(X_p - X_L)$$

负载的力平衡方程为

$$K_{s2}(X_p - X_L) = m_L s^2 X_L + B_L s X_L + F_L$$

缸体的力平衡方程为

$$P_L A_p = -m_c s^2 X_c + B_p s(X_p - X_c) - K_{s1} X_c$$

考虑结构柔度的影响时，通常都是在大惯量的功率伺服系统中。在这种情况下，活塞的质量 m_p 及缸体质量 m_c 可以忽略。活塞的粘性阻尼系数 B_p 和负载的粘性阻尼系数 B_l 也较小，为了突出结构柔度的影响也忽略之。这样上述三个力平衡方程可以简化成

$$P_L A_p = K_{s2}(X_p - X_L)$$
$$K_{s2}(X_p - X_L) = m_L s^2 X_L + F_L$$
$$P_L A_p = -K_{s1} X_c$$

由以上三式求得

$$\left.\begin{aligned} P_L &= \frac{1}{A_p} m_L s^2 X_L + \frac{F_L}{A_p} \\ X_p &= \left(\frac{m_L}{K_{s2}} s^2 + 1\right) x_L + \frac{F_L}{K_{s2}} \\ -X_c &= \frac{m_L}{K_{s1}} s^2 x_L + \frac{F_L}{K_{s1}} \end{aligned}\right\} \tag{4-10}$$

将式(4-8)、(4-9)、(4-10)联立,并加以整理得

$$\frac{K_q}{A_p}X_V = \left[\left(\frac{V_t m_L}{4\beta_e A_p^2} + \frac{m_L}{K_{s1}} + \frac{m_L}{K_{s2}}\right)s^2 + \frac{K_{ce}m_L}{A_p^2}s + 1\right]sX_L + \left[\frac{K_{ce}}{A_p^2} + \left(\frac{V_t}{4\beta_e A_p^2} + \frac{1}{K_{s1}} + \frac{1}{K_{s2}}\right)s\right]F_L \quad (4\text{-}11)$$

令　ω_h—— 液压固有频率,$\omega_h = \sqrt{\dfrac{4\beta_e A_p^2}{V_t m_L}} = \sqrt{\dfrac{K_h}{m_L}}$;

K_h—— 液压弹簧刚度,$K_h = \dfrac{4\beta_e A_p^2}{V_t}$;

ω_{s1}—— 固定结构的固有频率,$\omega_{s1} = \sqrt{\dfrac{K_{s1}}{m_L}}$;

ω_{s2}—— 连接结构的固有频率,$\omega_{s2} = \sqrt{\dfrac{K_{s2}}{m_L}}$;

ω_s—— 结构谐振频率,$\omega_s = \dfrac{\omega_{s1}\omega_{s2}}{\sqrt{\omega_{s1}^2 + \omega_{s2}^2}} = \sqrt{\dfrac{1}{\dfrac{m_L}{K_{s1}} + \dfrac{m_L}{K_{s2}}}} = \sqrt{\dfrac{K_s}{m_L}}$。

K_s—— 结构刚度,$\dfrac{1}{K_s} = \dfrac{1}{K_{s1}} + \dfrac{1}{K_{s2}}$;

ω_n—— 综合谐振频率,$\omega_n = \dfrac{\omega_h \omega_s}{\sqrt{\omega_h^2 + \omega_s^2}} = \sqrt{\dfrac{1}{\dfrac{m_L}{K_h} + \dfrac{m_L}{K_{s1}} + \dfrac{m_L}{K_{s2}}}} = \sqrt{\dfrac{K_n}{m_L}}$。

K_n—— 综合刚度,$\dfrac{1}{K_n} = \dfrac{1}{K_h} + \dfrac{1}{K_{s1}} + \dfrac{1}{K_{s2}}$

ζ_n—— 综合阻尼比,$\zeta_n = \dfrac{K_{ce}m_L}{2A_p^2}\omega_n$。

由式(4-11)可以得到负载位移 X_L 对阀芯位移 X_V 的传递函数为

$$\frac{X_p}{X_v} = \frac{\dfrac{K_q}{A_p}}{s\left(\dfrac{s^2}{\omega_n^2} + \dfrac{2\zeta_n}{\omega_n}s + 1\right)} \quad (4\text{-}12)$$

由式(4-10)的第二式可求得 X_L 对 X_p 的传递函数

$$\frac{X_L}{X_p} = \frac{1}{\dfrac{s^2}{\omega_{s2}^2} + 1} \quad (4\text{-}13)$$

根据式(4-12)和式(4-13)可求得活塞位移 X_p 对阀芯位移 X_v 的传递函数

$$\frac{X_p}{X_v} = \frac{\dfrac{K_q}{A_p}\left(\dfrac{s^2}{\omega_{s2}^2} + 1\right)}{s\left(\dfrac{s^2}{\omega_n^2} + \dfrac{2\zeta_n}{\omega_n}s + 1\right)} \quad (4\text{-}14)$$

从上面的分析可以看出,结构刚度与负载质量构成一个结构谐振系统。而结构谐振与液压谐振相互耦合,又形成一个液压-机械综合谐振系统。该系统的综合刚度 K_n 是液压弹簧刚度 K_h 和结构刚度 K_{s1}、K_{s2} 串联后的刚度,它小于液压弹簧刚度和结构刚度。所以综合谐振频率 ω_n 要比液压固有频率 ω_h 和结构谐振频率 ω_s 都低,从而限制了整个液压伺服系统的频带宽度。

二、考虑结构柔度的系统稳定性

从式(4-12)、(4-13)、(4-14)看出,反馈从负载端 X_L 取出或从活塞输出端 X_p 取出,其反馈所包围的环节是不同的,故反馈连结点与系统的性能有很大的关系。

(一)全闭环系统的稳定性

假定反馈从负载端 X_L 取出构成全闭环系统,如图4-6所示。开环系统的伯德图见图4-7曲线 a,此时系统的稳定条件为

$$K_v < 2\zeta_n \omega_n \qquad (4-15)$$

系统的稳定性和频宽受综合谐振频率 ω_n 和综合阻尼比 ζ_n 所限制。

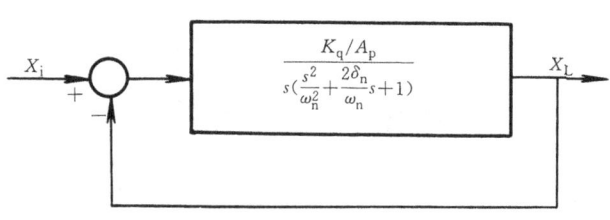

图4-6 全闭环系统的方块图

对于惯性比较小和结构刚度比较大的伺服系统,往往是 $\omega_s \gg \omega_h$,因而可以认为液压固有频率就是综合谐振频率。此时系统的稳定性由液压固有频率 ω_h 和液压阻尼比 ζ_h 所限制。有些大惯量伺服系统,往往是 $\omega_s \ll \omega_h$。在这种情况下,综合谐振频率就近似等于结构谐振频率,结构谐振频率成为限制整个液压伺服系统频宽的主要因素。此时继续提高液压固有频率,对提高综合谐振频率没有什么显著效果,而必须提高结构刚度。当结构谐振频率能和液压固有频率相比拟时,结构谐振的影响就不能忽略了。此时,为了提高系统的稳定性,必须设法提高综合谐振频率和综合阻尼比。

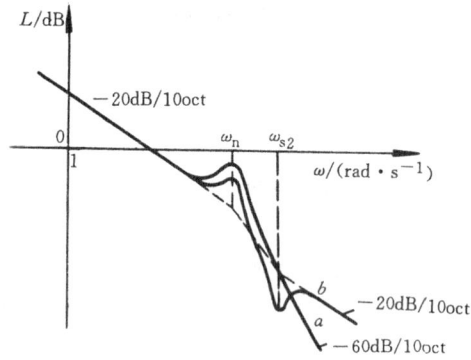

图4-7 不同反馈联接的系统伯德图

(二)半闭环系统的稳定性

如果反馈从活塞输出端 X_p 引出构成半闭环系统,其方块图如图4-8所示。此时系统开环传递函数中含有二阶微分环节,当谐振频率 ω_{s2} 与综合谐振频率 ω_n 靠的很近时,如 $\omega_s \ll \omega_h$ 的情况,反谐振二阶微分环节对综合谐振有一个对消作用,使综合谐振峰值减小,如图4-7中曲线 b,从而改善了系统的稳定性。

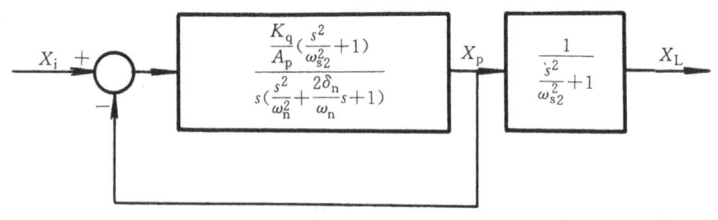

图4-8 半闭环系统的方块图

系统的闭环传递函数为

$$\frac{X_p}{X_v} = \frac{K_v\left(\dfrac{s^2}{\omega_{s2}^2} + 1\right)}{\dfrac{s^3}{\omega_n^2} + \left(\dfrac{2\zeta_n}{\omega_n} + \dfrac{K_v}{\omega_{s2}^2}\right)s^2 + s + K_v}$$

根据劳斯判据,系统稳定条件为

$$K_v < 2\zeta_n\omega_n \frac{1}{1-\left(\frac{\omega_n}{\omega_{s2}}\right)^2} \qquad (4-16)$$

可以看出,半闭环系统的稳定性比全闭环系统的稳定性好得多。但半闭环系统的精度一般来说要比全闭环系统低。

（三）提高综合谐振频率和综合阻尼比的方法

如上所述,由于结构柔度的影响,产生了结构谐振与液压谐振的耦合,使系统出现了一个频率低、阻尼比小的综合谐振。综合谐振频率 ω_n 和综合阻尼比 ζ_n 常常成为影响系统稳定性和限制系统频宽的主要因素,因此提高 ω_n 和 ζ_n 具有重要意义。

1. 提高综合谐振频率 ω_n 的途径

首先应提高结构谐振频率 ω_s。提高结构刚度,减小负载质量(或惯量),可以提高结构谐振频率。但负载质量(或惯量)由负载特性决定,所以要提高结构刚度,即提高安装固定刚度和传动机构的刚度。在带有传动机构的负载系统中,对等效结构刚度影响最大的是靠近负载处的结构刚度。因为该处的结构刚度折算到液压执行元件输出端的等效刚度的传动比最大。所以要特别注意提高靠近负载处的结构刚度。提高 ω_n 的另一个途径是增大执行元件到负载的传动比。这时 K_{s2} 和 m_L 同时降低,使 ω_{s2} 不变。但传动比增大使折算到执行元件输出端的等效负载质量(或等效负载惯量)减小,提高了液压固有频率,从而提高了综合谐振频率。若负载结构参数不变,也可以通过提高液压弹簧刚度的办法来提高液压固有频率。

2. 提高综合阻尼比 ζ_n 的途径

综合阻尼比主要是由阀提供,可以采用增大 K_{ce} 的办法提高 ζ_n。对于这种共振性的负载,更常用的办法是在液压缸两腔之间连接一个机-液瞬态压力反馈网络,或采用压力反馈或动压反馈伺服阀。在系统中附加电的压力反馈或压力微分反馈网络也可起到同样的作用。

以上讨论了安装固定刚度和连接刚度对系统稳定性的影响。在机液伺服系统中,反馈机构的刚度不够也会降低系统的稳定性。

第三节 动压反馈装置

液压伺服系统往往是欠阻尼的,液压阻尼比小直接影响到系统的稳定性、响应速度和精度。因此提高阻尼比,对改善系统性能是十分重要的。在第三章已介绍过,在液压缸两腔之间设置旁路泄漏通道,或采用正开口滑阀都可以增加系统的阻尼,但增加了功率损失,降低了系统的静刚度。采用动压反馈可以有效地提高阻尼比,而又避免了上述缺点。因此动压反馈是液压伺服系统中最常用的增加阻尼的方法。

动压反馈装置是由液阻和液容组成的压力微分网络。图 4-9 所示的动压反馈装置是由层流液阻和空气蓄能器组成的,分别接在液压缸的进出口。下面先推导它的传递函数。

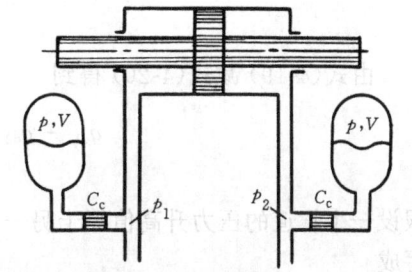

图 4-9 液阻加空气蓄能器的动压反馈装置

层流液阻的流量方程为

$$q_{d1} = C_c(p_1 - p) \qquad (4-17)$$

式中 q_{d1}——通过液阻的流量；
C_c——液阻的层流液导；
p_1——液阻的进口压力；
p——液阻的出口压力。

设空气蓄能器按等温过程变化，则有

$$pV = p_0V_0$$

式中 p_0——初始状态的压力；
V_0——初始状态的空气容积。

由上式可以得到

$$\frac{dV}{dt} = p_0V_0\left(-\frac{1}{p^2}\right)\frac{dp}{dt}$$

在压力变化不大的情况下，$p \approx p_0$，则有

$$\frac{dV}{dt} = -\frac{V_0}{p_0}\frac{dp}{dt} \tag{4-18}$$

由流量连续性方程得

$$q_{d1} = \frac{dV}{dt}$$

将式(4-17)和式(4-18)代入上式得

$$C_c(p_1 - p) = \frac{V_0}{p_0}\frac{dp}{dt}$$

由上式的拉氏变换式求得

$$P = \frac{1}{1 + \dfrac{V_0}{C_c p_0}s} P_1$$

代入式(4-17)的拉氏变换式可得

$$q_{d1} = \frac{\dfrac{V_0}{p_0}s}{1 + \dfrac{V_0}{C_c p_0}s} P_1 \tag{4-19}$$

同理得

$$q_{d2} = \frac{\dfrac{V_0}{p_0}s}{1 + \dfrac{V_0}{C_c p_0}s} P_2 \tag{4-20}$$

由式(4-19)减式(4-20)得到

$$q_{d1} - q_{d2} = \frac{V_0}{p_0} \frac{s}{1 + \dfrac{V_0}{C_c p_0}s}(P_1 - P_2)$$

假设一个管道的压力升高值等于另一个管道的压力降低值，则有 $q_{d1} = -q_{d2} = q_d$，故上式可以写成

$$q_d = \frac{V_0}{2p_0} \frac{s}{1 + \dfrac{V_0}{C_c p_0}s} P_L \tag{4-21}$$

由上式可得传递函数为

$$G_d(s) = \frac{Q_d}{P_L} = \frac{C_c}{2} \frac{\tau_d s}{1 + \tau_d s} \tag{4-22}$$

式中 τ_d—— 时间常数，$\tau_d = V_0/C_c p_0$。

上式表明，动压反馈装置是一个压力微分环节。

图 4-10 所示的动压反馈装置是由液阻和弹簧活塞蓄能器组成的，并联在液压缸的进出口之间。

层流液阻的流量方程为

$$q_d = C_c(p_1 - p)$$

弹簧活塞蓄能器的流量为

$$q_d = A_c \frac{dx_c}{dt}$$

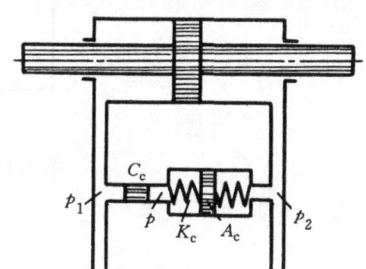

图 4-10 液阻加弹簧活塞蓄能器的动压反馈装置

蓄能器活塞的力平衡方程为

$$A_c(p - p_2) = K_c x_c$$

式中，K_c、x_c 分别为蓄能器的总弹簧刚度和活塞位移。

由以上三个方程联立消去 p、x_c，可得

$$q_d + \frac{A_c^2}{C_c K_c} \frac{dq_d}{dt} = \frac{A_c^2}{K_c} \frac{dp_L}{dt}$$

或

$$Q_d = \frac{\frac{A_c^2}{K_c} s}{1 + \frac{A_c^2}{C_c K_c} s} P_L \tag{4-23}$$

传递函数为

$$G_d(s) = \frac{Q_d}{P_L} = C_c \frac{\tau_c s}{1 + \tau_c s} \tag{4-24}$$

式中 τ_c—— 时间常数，$\tau_c = \frac{A_c^2}{C_c K_c}$。

比较式 (4-22)、(4-24)，可以看出它们的形式是相同的，因此其作用也是一样的。上述动压反馈装置，是一种廉价、可靠、有效的阻尼装置，能获得 0.5~0.8 的合适阻尼比。

下面，讨论动压反馈装置对伺服系统性能的改善。

阀的线性化流量方程为

$$Q_L = K_q X_v - K_c P_L \tag{4-25}$$

液压缸的流量连续性方程为

$$Q_L = A_p s X_p + [C_{tp} + G_d(s)] P_L + \frac{V_t}{4\beta_e} s P_L \tag{4-26}$$

式中 $G_d(s)$—— 动压反馈装置的传递函数。

液压缸与负载的力平衡方程，这里主要是为了说明动压反馈的作用，故假定负载只有惯性力

$$A_p P_L = m_t s^2 X_p \tag{4-27}$$

由以上三个方程可得

$$K_q X_v = A_p s X_p + [C_{tp} + K_c + G_d(s)] \frac{m_t}{A_p} s^2 X_p + \frac{V_t m_t}{4\beta_e A_p^2} s^3 X_p \tag{4-28}$$

由式(4-28)和式(4-24)可画出系统的方块图,如图 4-11 所示。可以看出,采用动压反馈装置以后,产生了压力微分反馈的作用。由式(4-28)可得系统的传递函数

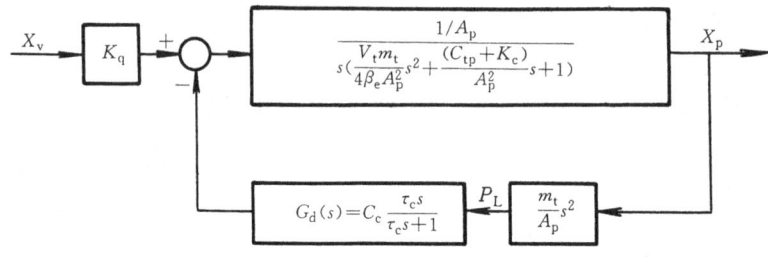

图 4-11　带动压反馈装置的系统方块图

$$\frac{X_p}{X_v} = \frac{\dfrac{K_q}{A_p}}{s\left(\dfrac{s^2}{\omega_h^2} + \dfrac{2\zeta_h}{\omega_h}s + 1\right)} \tag{4-29}$$

式中　　ω_h——液压固有频率,$\omega_h = \sqrt{\dfrac{4\beta_e A_p^2}{V_t m_t}}$；

　　　　ζ_h——阻尼比,$\zeta_h = \dfrac{K_{ce}}{A_p}\sqrt{\dfrac{\beta_e m_t}{V_t}} + \dfrac{G_d(s)}{A_p}\sqrt{\dfrac{\beta_e m_t}{V_t}}$。

采用动压反馈装置以后,所得到的传递函数式(4-29)的形式虽然没有什么变化,但其中的阻尼比却增加了一项

$$\frac{G_d(s)}{A_p}\sqrt{\frac{\beta_e m_t}{V_t}} = \frac{C_c}{A_p}\frac{\tau_c s}{1+\tau_c s}\sqrt{\frac{\beta_e m_t}{V_t}}$$

在稳态情况下,它趋于零,因此对稳态性能不会产生影响。在动态过程中,随着负载的变化而产生附加的阻尼作用,而且负载压力变化愈厉害,其阻尼作用也愈大。在这种系统中,可以使 K_{ce} 尽量小,以便提高系统的静刚度。而系统的稳定性可由动压反馈来保证,这就可以同时满足静态特性和动态特性两方面的要求。

下面我们研究动压反馈装置的参数选择问题。对于图 4-10 所示的动压反馈装置,所产生的附加阻尼比为

$$\zeta_h' = \frac{C_c}{A_p}\sqrt{\frac{\beta_e m_t}{V_t}}\frac{\tau_c s}{1+\tau_c s} = K_d\frac{\tau_c s}{1+\tau_c s}$$

式中　　$K_d = \dfrac{C_c}{A_p}\sqrt{\dfrac{\beta_e m_t}{V_t}}$。

其幅频特性和相频特性分别为

$$|\zeta_h'(\omega)| = K_d\sqrt{\frac{(\tau_c^2\omega^2)^2 + (\tau_c\omega)^2}{(\tau_c^2\omega^2 + 1)^2}}$$

$$\angle \zeta_h'(\omega) = \text{arctg}\frac{\tau_c\omega/(\tau_c^2\omega^2+1)}{\tau_c^2\omega^2/(\tau_c^2\omega^2+1)} = \text{arctg}\frac{1}{\tau_c\omega}$$

设计动压反馈装置的关键在于正确选择时间常数 τ_c,使其在谐振频率 ω_h 处产生所需要的阻尼比,同时又使阻尼项的相位移接近于零。即有

$$|\zeta_h(\omega_h)| = K_d \sqrt{\frac{(\tau_c^2\omega_h^2)^2 + (\tau_c\omega_h)^2}{(\tau_c^2\omega_h^2 + 1)^2}}$$

$$\angle\zeta_h(\omega_h) = \text{arctg}\frac{1}{\tau_c\omega_h} \approx 0$$

要使 $\angle\zeta_h(\omega_h) \to 0$，应使 $\tau_c\omega_h \geqslant 10$，或

$$\tau_c = \frac{A_c^2}{C_c K_c} \geqslant \frac{10}{\omega_h} \tag{4-30}$$

即动压反馈装置的时间常数 τ_c 应为 $1/\omega_h$ 的10倍以上。当 $\tau_c\omega_h \geqslant 10$ 时，附加阻尼比的大小可近似为

$$|\zeta_h(\omega_h)| \approx K_d = \frac{C_c}{A_p}\sqrt{\frac{\beta_e m_t}{V_t}} \tag{4-31}$$

在动力元件参数已定的情况下，$|\zeta_h(\omega_h)|$ 由液阻的液导 C_c 所决定。根据需要的 $|\zeta_h(\omega_h)|$ 的大小，就可以确定 C_c 值。将 ω_h 的表示式代入式(4-30)求得 C_c 的表达式，再将其代入式(4-31)可得

$$\frac{A_c^2}{V_t}\frac{\beta_e}{K_c} \geqslant 5|\zeta_h(\omega_h)| \tag{4-32}$$

上式可用来选择计算 A_c 和 K_c。

对于图4-9所示的动压反馈装置，当

$$\tau_d = \frac{V_0}{C_c p_0} \geqslant \frac{10}{\omega_h} \tag{4-33}$$

时，附加的阻尼比可近似为

$$|\zeta_h(\omega_h)| \approx \frac{C_c}{2A_p}\sqrt{\frac{\beta_e m_t}{V_t}} \tag{4-34}$$

利用此式可确定液阻的液导 C_c。将 ω_h 的表示式和由式(4-33)求出的 C_c 表示式代入式(4-34)可得

$$\frac{V_0}{V_t}\frac{\beta_e}{p_0} \geqslant 10|\zeta_h(\omega_h)| \tag{4-35}$$

式中 $p_0 \approx \frac{p_s}{2}$，利用上式可确定 V_0。

第四节 液压转矩放大器

一、结构原理

液压转矩放大器是一种带机械反馈的液压伺服机构，如图4-12所示。它由四边滑阀、液压马达和螺杆、螺母反馈机构三部分组成。输入转角 θ_v 经阀芯端部的螺杆螺母副变成阀芯位移 x_v，使阀芯与阀套间形成开口，控制进出液压马达的压力油的流动方向和流量。液压马达轴按相应的方向转动。液压马达轴的转角 θ_m 带动反馈螺母旋转，通过螺杆使阀芯移复位。这样，液压马达轴完全跟踪阀芯输入转角而转动。但是液压马达的输出力矩要比转动阀芯所需要的输入力矩大得多，所以把这种装置叫做液压转矩放大器。液压转矩放大器由步进电动机通过减速齿轮驱动，就构成了电液步进马达。液压马达的转角与输入的脉冲数成比例，而其转速与输入

的脉冲频率成比例。电液步进马达在开环数字程序控制机床中得到过广泛应用。

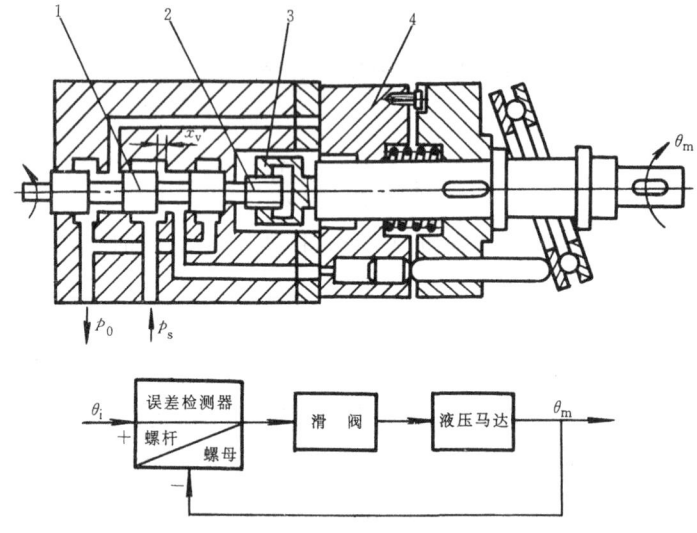

图 4-12 液压转矩放大器结构原理图
1— 滑阀　2— 螺杆　3— 反馈螺母　4— 液压马达

二、方块图及传递函数

液压扭矩放大器输入转角 θ_v、输出转角 θ_m 和滑阀阀芯位移 x_v 之间的关系为

$$X_v = \frac{t}{2\pi}(\theta_v - \theta_m) \tag{4-36}$$

式中　t—— 螺杆导程。

滑阀阀芯位移 x_v 至液压马达轴转角 θ_m 之间的传递函数，可由第三章阀控液压马达的分析直接写出。假设以惯性负载为主，传递函数为

$$\frac{\theta_m}{X_v} = \frac{\dfrac{K_q}{D_m}}{s\left(\dfrac{s^2}{\omega_h^2} + \dfrac{2\zeta_h}{\omega_h}s + 1\right)} \tag{4-37}$$

式中　ω_h—— 液压固有频率，$\omega_h = \sqrt{\dfrac{4\beta_e D_m^2}{V_t J_t}}$；

　　　ζ_h—— 液压阻尼比，$\zeta_h = \dfrac{K_{ce}}{D_m}\sqrt{\dfrac{\beta_e J_t}{V_t}}$。

由式(4-36)和式(4-37)可画出液压转矩放大器的方块图，如图 4-13 所示。

根据方块图可写出液压转矩放大器的开环传递函数为

$$G(s)H(s) = \frac{K_v}{s\left(\dfrac{s^2}{\omega_h^2} + \dfrac{2\zeta_h}{\omega_h}s + 1\right)} \tag{4-38}$$

式中　K_v—— 开环放大系数，$K_v = \dfrac{tK_q}{2\pi D_m}$。

液压转矩放大器的闭环传递函数为

$$\phi(s) = \frac{G(s)}{1+G(s)H(s)} = \frac{1}{\dfrac{s^3}{K_v\omega_h^2} + \dfrac{2\zeta_h}{K_v\omega_h}s^2 + \dfrac{s}{K_v} + 1} \tag{4-39}$$

三、液压转矩放大器稳定性计算举例

已知液压转矩放大器的参数如下，试进行稳定性校验。

滑阀面积梯度 $W = 0.68 \times 10^{-2}$m，流量系数 $C_d = 0.65$，油液密度 $\rho = 880$kg/m³，供油压力 $p_s = 62 \times 10^5$Pa，油液体积弹性模量 $\beta_e = 6900 \times 10^5$Pa，反馈螺杆导程 $t = 0.3 \times 10^{-2}$m/r，液压马达排量 $D_m = 4.33 \times 10^{-6}$m³/rad，负载惯量 $J_t = 1.37 \times 10^{-2}$kg·m²，受压腔总容积 $V_t = 55 \times 10^{-6}$m³。

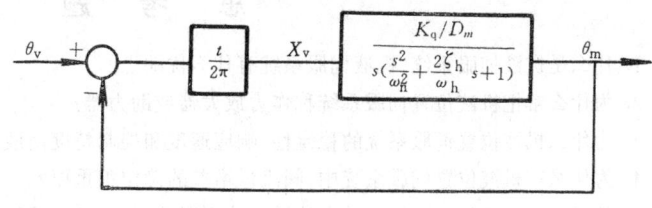

图 4-13 液压转矩放大器方块图

根据式(4-38)液压转矩放大器的开环传递函数为

$$G(s)H(s) = \frac{K_v}{s\left(\dfrac{s^2}{\omega_n^2} + \dfrac{2\zeta_h}{\omega_h}s + 1\right)}$$

式中

$$K_v = \frac{tK_q}{2\pi D_m} = \frac{t}{2\pi D_m}C_d W\sqrt{\frac{p_s}{\rho}} =$$

$$\frac{0.3 \times 10^{-2} \times 0.65 \times 0.68 \times 10^{-2}}{2\pi \times 4.33 \times 10^{-6}}\sqrt{\frac{62 \times 10^5}{880}}\text{rad/s} = 40.9\text{rad/s}$$

$$\omega_h = \sqrt{\frac{4\beta_e D_m^2}{J_t V_t}} = \sqrt{\frac{4 \times 6900 \times 10^5 \times (4.33 \times 10^{-6})^2}{1.37 \times 10^{-2} \times 55 \times 10^{-6}}}\text{rad/s} = 262\text{rad/s}$$

取液压阻尼比 $\zeta_h = 0.3$。于是，液压转矩放大器的开环传递函数为

$$G(s)H(s) = \frac{40}{s\left(\dfrac{s^2}{263^2} + \dfrac{2 \times 0.3}{263}s + 1\right)}$$

其开环伯德图如图 4-14 所示。

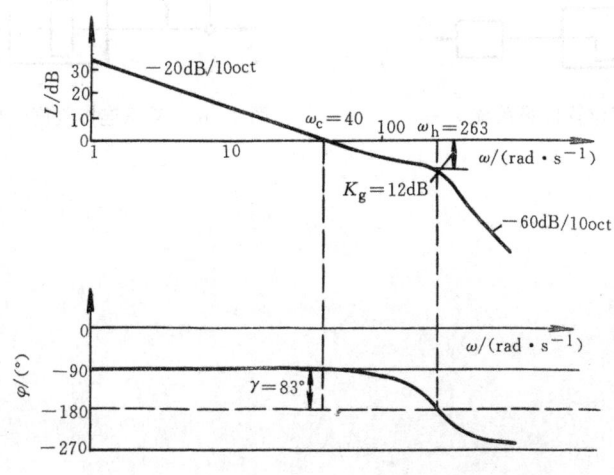

图 4-14 液压扭矩放大器开环伯德图

由于，$K_v = 40\text{rad/s}, 2\zeta_h\omega_h = 2 \times 0.3 \times 263\text{rad/s} = 157.8\text{rad/s}$，则$K_v < 2\zeta_h\omega_h$，故系统是稳定的。从伯德图中看到，增益裕量为12dB，相位裕量为83°。

思 考 题

1. 什么是机液伺服系统？机液伺服系统有什么优缺点？
2. 为什么常把机液位置伺服系统称作力放大器或助力器？
3. 为什么机液位置伺服系统的稳定性、响应速度和控制精度由液压动力元件的特性所决定？
4. 为什么在机液位置伺服系统中，阀流量增益的确定很重要？
5. 低阻尼对液压伺服系统的动态特性有什么影响？如何提高系统的阻尼？这些方法各有什么优、缺点？
6. 考虑结构刚度的影响时，如何从物理意义上理解综合刚度？
7. 考虑连接刚度时，反馈连结点对系统的稳定性有什么影响？
8. 反馈刚度和反馈机构中的间隙对系统稳定性有什么影响？
9. 为什么机液伺服系统多用在精度和响应速度要求不高的场合？

习 题

1. 如图4-15所示的机液位置伺服系统，供油压力$p_s = 20 \times 10^5\text{Pa}$，滑阀面积梯度$W = 2 \times 10^{-2}\text{m}$，液压缸面积$A_p = 20 \times 10^{-4}\text{m}^2$，液压固有频率$\omega_h = 320\text{rad/s}$，阻尼比$\zeta_h = 0.2$。求增益裕量为6dB时反馈杠杆比$K_f = \dfrac{l_1}{l_2}$为多少？计算时，取$C_d = 0.62, \rho = 870\text{kg/m}^3$。

2. 如图4-16所示机液伺服系统，阀的流量增益为K_q，流量-压力系数K_c，活塞面积A_p，活塞杆与负载连接刚度K_s，负载质量m_L，总压缩容积V_t，油的体积弹性模量β_e，阀的输入位移x_i，活塞输出位移x_p，求系统的稳定条件。

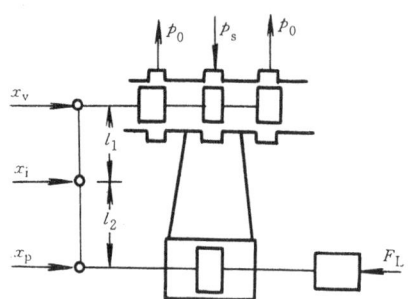

图4-15 机液位置伺服系统

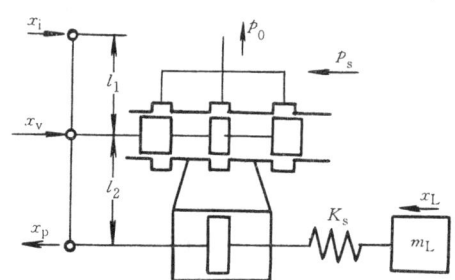

图4-16 考虑连接刚度的机液位置伺服系统

第五章 电液伺服阀

电液伺服阀既是电液转换元件，又是功率放大元件。它能够将输入的微小电气信号转换为大功率的液压信号（流量与压力）输出。根据输出液压信号的不同，电液伺服阀可分为电液流量控制伺服阀和电液压力控制伺服阀两大类。

在电液伺服系统中，电液伺服阀将系统的电气部分与液压部分连接起来，实现电、液信号的转换与放大以及对液压执行元件的控制。电液伺服阀是电液伺服系统的关键部件，它的性能及正确使用，直接关系到整个系统的控制精度和响应速度，也直接影响到系统工作的可靠性和寿命。

电液伺服阀控制精度高、响应速度快，是一种高性能的电液控制元件，在液压伺服系统中得到广泛的应用。

第一节 电液伺服阀的组成及分类

一、电液伺服阀的组成

电液伺服阀通常由力矩马达（或力马达）、液压放大器、反馈机构（或平衡机构）三部分组成。

力矩马达或力马达的作用是把输入的电气控制信号转换为力矩或力，控制液压放大器运动。而液压放大器的运动又去控制液压能源流向液压执行机构的流量或压力。力矩马达或力马达的输出力矩或力很小，在阀的流量比较大时，无法直接驱动功率级阀运动，此时需要增加液压前置级，将力矩马达或力马达的输出加以放大，再去控制功率级阀，这就构成二级或三级电液伺服阀。第一级的结构型式有单喷嘴挡板阀、双喷嘴挡板阀、滑阀、射流管阀和射流元件等。功率级几乎都是采用滑阀。

在二级或三级电液伺服阀中，通常采用反馈机构将输出级（功率级）的阀芯位移、或输出流量、或输出压力以位移、力或电信号的形式反馈到第一级或第二级的输入端，也有反馈到力矩马达衔铁组件或力矩马达输入端的。平衡机构一般用于单级伺服阀或二级弹簧对中式伺服阀。平衡机构通常采用各种弹性元件，是一个力-位移转换元件。

伺服阀输出级所采用的反馈机构或平衡机构是为了使伺服阀的输出流量或输出压力获得与输入电气控制信号成比例的特性。由于反馈机构的存在，使伺服阀本身成为一个闭环控制系统，提高了伺服阀的控制性能。

二、电液伺服阀的分类

电液伺服阀的结构型式很多，可按不同的分类方法进行分类。

1. 按液压放大器的级数分类可分为单级、两级和三级电液伺服阀。

单级伺服阀 此类阀结构简单、价格低廉，但由于力矩马达或力马达输出力矩或力小、定位刚度低，使阀的输出流量有限，对负载动态变化敏感，阀的稳定性在很大程度上取决于负载动态，容易产生不稳定状态。只适用于低压、小流量和负载动态变化不大的场合。

两级伺服阀 此类阀克服了单级伺服阀缺点,是最常用的型式。

三级伺服阀 此类阀通常是由一个两级伺服阀作前置级控制第三级功率滑阀,功率级滑阀阀芯位移通过电气反馈形成闭环控制,实现功率级滑阀阀芯的定位。三级伺服阀通常只用在大流量(200L/min 以上)的场合。

2. 按第一级阀的结构形式分类

可分为:滑阀、单喷嘴挡板阀、双喷嘴挡板阀 射流管阀和偏转板射流阀。

滑阀放大器 此类阀作第一级,其优点是流量增益和压力增益高,输出流量大,对油液清洁度要求较低。缺点是结构工艺复杂,阀芯受力较大,阀的分辨率较低、滞环较大,响应慢。

单喷嘴挡板阀 此类阀作第一级因特性不好很少使用,多采用双喷嘴挡板阀。挡板轻巧灵敏,动态响应快,双喷嘴挡板阀结构对称,双输入差动工作,压力灵敏度高,特性线性度好,温度和压力零漂小,挡板受力小,所需输入功率小。缺点是喷嘴与挡板间的间隙小,易堵塞,抗污染能力差,对油液清洁度要求高。

射流管阀 此类阀作第一级的最大优点是抗污染能力强。射流管阀的最小通流尺寸较喷嘴挡板阀和滑阀大,不易堵塞,抗污染性好。另外,射流管阀压力效率和容积效率高,可产生较大的控制压力和流量,提高了功率级滑阀的驱动力,使功率级滑阀的抗污染能力增强。射流喷嘴堵塞时,滑阀也能自动处于中位,具有"失效对中"能力。缺点是射流管阀特性不易预测,射流管惯性大、动态响应较慢,性能受油温变化的影响较大,低温特性稍差。

3. 按反馈形式分类

可分为滑阀位置反馈、负载流量反馈和负载压力反馈三种。

所采用的反馈形式不同,伺服阀的稳态压力-流量特性也不同,如图 5-1 所示。利用滑阀位置反馈和负载流量反馈得到的是流量控制伺服阀,阀的输出流量与输入电流成比例。利用负载压力反馈得到的是压力控制伺服阀,阀的输出压力与输入电流成比例。负载流量与负载压力反馈伺服阀由于结构比较复杂使用的比较少,而滑阀位置反馈伺服阀用得最多。

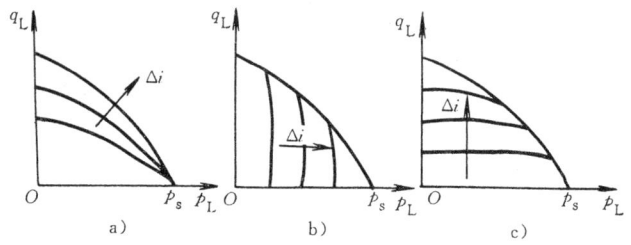

图 5-1 不同反馈形式伺服阀的压力-流量曲线
a)滑阀位置反馈 b)负载静压反馈 c)负载流量反馈

滑阀位置反馈 此类阀又可分为:位置力反馈、直接位置反馈、机械位置反馈、位置电反馈和弹簧对中式。

有关位置力反馈和直接位置反馈伺服阀将在后面叙述。机械位置反馈是将功率级滑阀的位移通过机械机构反馈到前置级,位置电反馈是通过位移传感器将功率级滑阀的位移反馈到伺服放大器的输入端,实现功率级滑阀阀芯定位。

弹簧对中式是靠功率级滑阀阀芯两端的对中弹簧与前置级产生的液压控制力相平衡,实现滑阀阀芯的定位,阀芯位置属开环控制。这种伺服阀结构简单,但精度较低。

负载压力反馈 此类阀又可分为:静压反馈和动压反馈两种。通过静压反馈可以得到压力控制伺服阀和压力-流量伺服阀,通过动压反馈可以得到动压反馈伺服阀。这几种阀后面还要介绍。

4. 按力矩马达是否浸泡在油中分类

可分为：湿式和干式两种。

湿式的可使力矩马达受到油液的冷却，但油液中存在的铁污物使力矩马达特性变坏。干式的则可使力矩马达不受油液污染的影响，目前的伺服阀都采用干式的。

第二节 力矩马达

在电液伺服阀中力矩马达的作用是将电信号转换为机械运动，因而是一个电气-机械转换器。电气-机械转换器是利用电磁原理工作的，它由永久磁铁或激磁线圈产生极化磁场，电气控制信号通过控制线圈产生控制磁场，两个磁场之间相互作用产生与控制信号成比例并能反应控制信号极性的力或力矩，从而使其运动部分产直线位移或角位移的机械运动。

一、力矩马达的分类及要求

（一）力矩马达的分类

1) 根据可动件的运动形式可分为：直线位移式和角位移式，前者称力马达，后者称力矩马达。

2) 按可动件结构形式可分为：动铁式和动圈式两种。前者可动件是衔铁，后者可动件是控制线圈。

3) 按极化磁场产生的方式可分为：非激磁式、固定电流激磁和永磁式三种。非激磁没有专门的激磁线圈，两个控制线圈差动连接，利用常值电流产生极化磁通。永磁式利用永久磁铁建立极化磁通，其特点是结构简单、体积小和重量轻，但能获得的极化磁通较小。激磁式利用固定电流通过激磁线圈建立极化磁场，可获得较大的极化磁通，但需要有单独的激磁电源，结构复杂、体积大。

（二）对力矩马达的要求

作为阀的驱动装置，对它提出以下要求：

1) 能够产生足够的 输出力和行程，同时体积小、重量轻。

2) 动态性能好、响应速度快。

3) 直线性好、死区小、灵敏度高和磁滞小。

4) 在某些使用情况下，还要求它抗振、抗冲击、不受环境温度和压力等影响。

二、永磁动铁式力矩马达

（一）力矩马达的工作原理

图 5-2 所示为一种常用的永磁动铁式力矩马达工作原理图，它由永久磁铁、上导磁体、下导磁体、衔铁、控制线圈、弹簧管等组成。衔铁固定在弹簧管上端，由弹簧管支承在上、下导磁

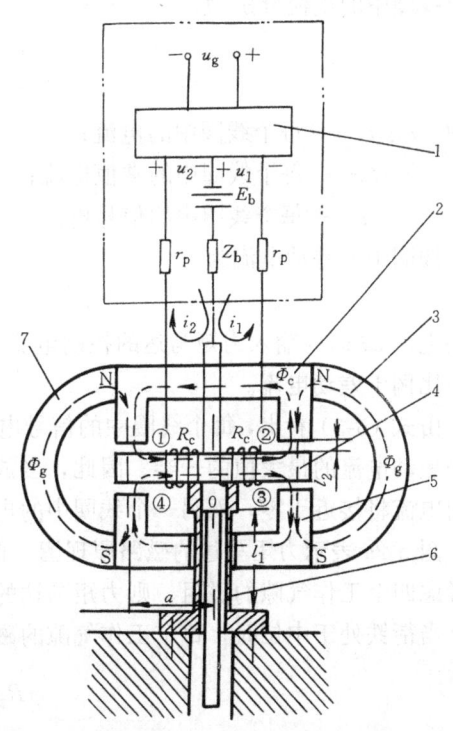

图 5-2 永磁动铁式力矩马达原理图
1—放大器 2—上导磁体 3—永久磁铁 4—衔铁
5—下导磁体 6—弹簧管 7—永久磁铁

体的中间位置，可绕弹簧管的转动中心作微小的转动。衔铁两端与上、下导磁体（磁极）形成四个工作气隙①、②、③、④。两个控制线圈套在衔铁之上。上、下导磁体除作为磁极外，还为永久磁铁产生的极化磁通和控制线圈产生的控制磁通提供磁路。

永久磁铁将上、下导磁体磁化，一个为 N 极，另一个为 S 极。无信号电流时，即 $i_1=i_2$，衔铁在上、下导磁体的中间位置，由于力矩马达结构是对称的，永久磁铁在四个工作气隙中所产生的极化磁通是一样的，使衔铁两端所受的电磁吸力相同，力矩马达无力矩输出。当有信号电流通过线圈时，控制线圈产生控制磁通，其大小和方向取决于信号电流的大小和方向。假设 $i_1>i_2$，如图 5-2 所示，在气隙①、③中控制磁通与极化磁通方向相同，而在气隙②、④中控制磁通与极化磁通方向相反。因此气隙①、③中的合成磁通大于气隙②、④中的合成磁通，于是在衔铁上产生顺时针方向的电磁力矩，使衔铁绕弹簧管转动中心顺时针方向转动。当弹簧管变形产生的反力矩与电磁力矩相平衡时，衔铁停止转动。如果信号电流反向，则电磁力矩也反向，衔铁向反方向转动，电磁力矩的大小与信号电流的大小成比例，衔铁的转角也与信号电流成比例。

（二）力矩马达的电磁力矩

通过力矩马达的磁路分析可以求出电磁力矩的计算公式。

假定力矩马达的两个控制线圈由一个推挽放大器供电，见图 5-2。放大器中的常值电压 E_b 在每个控制线圈中产生的常值电流 I_0 大小相等方向相反，因此在衔铁上不产生电磁力矩。当放大器有输入电压 U_g 时，将使一个控制线圈中的电流增加，另一个控制线圈中的电流减少，两个线圈中的电流分别为

$$i_1 = I_0 + i \tag{5-1}$$

$$i_2 = I_0 - i \tag{5-2}$$

式中　i_1、i_2——每个线圈中的电流；

　　　I_0——每个线圈中的常值电流；

　　　i——每个线圈中的信号电流。

两个线圈中的差动电流为

$$\Delta i = i_1 - i_2 = 2i = i_c \tag{5-3}$$

差动电流 Δi 即为输入力矩马达的控制电流 i_c，在衔铁中产生的控制磁通以及由此产生的电磁力矩比例于差动电流。

由式（5-3）看出，每个线圈中的信号电流 i 是差动电流 Δi 的一半，而常值电流 I_0 通常大约是差动电流的最大值的一半。因此，当放大器的输入信号最大时，在力矩马达的一个线圈中的电流将接近于零，而另一个线圈中的电流将是最大的差动电流值。

图 5-3a 表示力矩马达的磁路原理图。假定磁性材料和非工作气隙的磁阻可以忽略不计，只考虑四个工作气隙的磁阻，则力矩马达的磁路可用图 5-3b 所示的等效磁路表示。

当衔铁处于中位时，每个工作气隙的磁阻为

$$R_g = \frac{l_g}{\mu_0 A_g} \tag{5-4}$$

式中　l_g——衔铁在中位时每个气隙的长度；

　　　A_g——磁极面的面积；

　　　μ_0——空气导磁率，$\mu_0 = 4\pi \times 10^{-7}$ Wb/mA。

衔铁偏离中位时的气隙磁阻为

$$R_1 = \frac{l_g - x}{\mu_0 A_g} = R_g\left(1 - \frac{x}{l_g}\right) \quad (5-5)$$

$$R_2 = \frac{l_g + x}{\mu_0 A_g} = R_g\left(1 + \frac{x}{l_g}\right) \quad (5-6)$$

式中 R_1——气隙①、③的磁阻；
　　　R_2——气隙②、④的磁阻；
　　　x——衔铁端部（磁极面中心）偏离中位的位移。

由于磁路是对称的桥式磁路，故通过对角线气隙的磁通是相等的。对包含气隙①、③、极化磁动势 M_p 和控制磁动势 $N_c\Delta i$ 的闭合回路，应用磁路的基尔霍夫第二定律可得气隙①、③的合成磁通为

$$\phi_1 = \frac{M_p + N_c\Delta i}{2R_1} = \frac{M_p + N_c\Delta i}{2R_g(1 - x/l_g)} \quad (5-7)$$

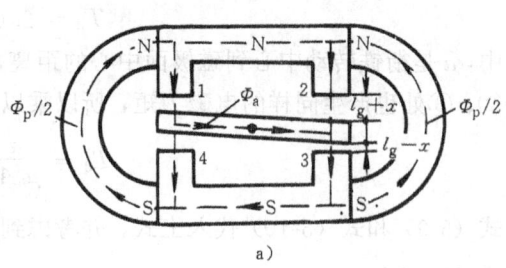

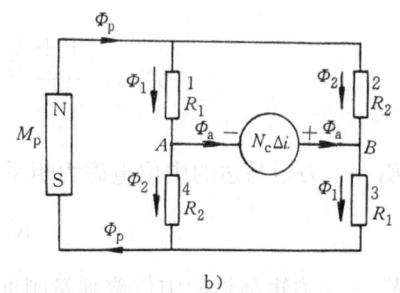

图 5-3 力矩马达磁路原理图

对气隙②、④可得合成磁通为

$$\phi_2 = \frac{M_p - N_c\Delta i}{2R_2} = \frac{M_p - N_c\Delta i}{2R_g(1 + x/l_g)} \quad (5-8)$$

式中 M_p——永久磁铁产生的极化磁动势；
　　　$N_c\Delta i$——控制电流产生的控制磁动势；
　　　N_c——每个控制线圈的匝数。

利用衔铁在中位时的极化磁通 ϕ_g 和控制磁通 ϕ_c 来表示 M_p 和 $N_c\Delta i$ 更为方便，此时式（5-7）、（5-8）可写成

$$\phi_1 = \frac{\phi_g + \phi_c}{1 - x/l_g} \quad (5-9)$$

$$\phi_2 = \frac{\phi_g - \phi_c}{1 + x/l_g} \quad (5-10)$$

式中 ϕ_g——衔铁在中位时气隙的极化磁通，

$$\phi_g = \frac{M_p}{2R_g} \quad (5-11)$$

　　　ϕ_c——衔铁在中位时气隙的控制磁通，

$$\phi_c = \frac{N_c\Delta i}{2R_g} \quad (5-12)$$

衔铁在磁场中所受电磁吸力可按马克斯威尔公式计算

$$F = \frac{\phi^2}{2\mu_0 A_g} \quad (5-13)$$

式中 F——电磁吸力；
　　　ϕ——气隙中的磁通；
　　　A_g——磁极面的面积。

由控制磁通和极化磁通相互作用在衔铁上产生的电磁力矩为
$$T_d = 2a(F_1 - F_4)$$
式中，a 是衔铁转动中心到磁极面中心的距离，F_1、F_4 是气隙①、④处的电磁吸力。考虑到气隙②、③处也产生同样的电磁力矩，所以乘以二倍。根据式（5-13），电磁力矩可进一步写成

$$T_d = \frac{a}{\mu_0 A_g}(\phi_1^2 - \phi_2^2) \tag{5-14}$$

将式（5-9）和式（5-10）代入上式，并考虑到衔铁转角 θ 很小，故有 $\mathrm{tg}\theta = \frac{x}{a} \approx \theta$，$x \approx a\theta$，则上式可以写为

$$T_d = \frac{\left(1 + \frac{x^2}{l_g^2}\right) K_t \Delta i + \left(1 + \frac{\phi_c^2}{\phi_g^2}\right) K_m \theta}{\left(1 - \frac{x^2}{l_g^2}\right)^2} \tag{5-15}$$

式中　K_t——力矩马达的中位电磁力矩系数，

$$K_t = 2\frac{a}{l_g} N_c \phi_g \tag{5-16}$$

K_m——力矩马达的中位磁弹簧刚度，

$$K_m = 4\left(\frac{a}{l_g}\right)^2 R_g \phi_g^2 \tag{5-17}$$

从式（5-15）可以看出，力矩马达的输出力矩具有非线性。为了改善线性度和防止衔铁被永久磁铁吸附，力矩马达一般都设计成 $x/l_g < 1/3$，即 $(x/l_g)^2 \ll 1$ 和 $(\phi_c/\phi_g)^2 \ll 1$。则式（5-15）可简化为

$$T_d = K_t \Delta i + K_m \theta \tag{5-18}$$

式中，$K_t \Delta i$ 是衔铁在中位时，由控制电流 Δi 产生的电磁力矩，称为中位电磁力矩。$K_m \theta$ 是由于衔铁偏离中位时，气隙发生变化而产生的附加电磁力矩，它使衔铁近一步偏离中位。这个力矩与转角成比例，相似于弹簧的特性，称为电磁弹簧力矩。

在进行力矩马达电路分析时，将要用到衔铁上的磁通，在此先求出衔铁上的磁通表达式。

在图 5-3 中，对分支点 A 或 B 应用磁路基尔霍夫第一定律可得衔铁磁通

$$\phi_a = \phi_1 - \phi_2$$

将式（5-9）和式（5-10）代入上式，整理后得

$$\phi_a = \frac{2\phi_g\left(\frac{x}{l_g}\right) + 2\phi_c}{1 - \left(\frac{x}{l_g}\right)^2}$$

由于 $(x/l_g)^2 \ll 1$，故上式可简化为

$$\phi_a = 2\phi_g \frac{x}{l_g} + \frac{N_c}{R_g} \Delta i \tag{5-19}$$

考虑到 $x \approx a\theta$，上式可写为

$$\phi_a = 2\phi_g \frac{a}{l_g} \theta + \frac{N_c}{R_g} \Delta i \tag{5-20}$$

三、永磁动圈式力马达

图 5-4 所示是一种常见的永磁动圈式力马达的结构原理图。力马达的可动线圈悬置于工

作气隙中，永久磁铁在工作气隙中形成极化磁通，当控制电流加到线圈上时，线圈就会受到电磁力的作用而运动。线圈的运动方向可根据磁通方向和电流方向按左手定则判断。线圈上的电磁力克服弹簧力和负载力，使线圈产生一个与控制电流成比例的位移。

由于电流方向与磁通方向垂直，根据载流导体在均匀磁场中所受电磁力公式，可得力马达线圈所受电磁力为

$$F = B_g \pi D N_c i_c = K_t i_c \tag{5-21}$$

式中　F——线圈所受的电磁力；

　　　B_g——工作气隙中的磁感应强度；

　　　D——线圈的平均直径；

　　　N_c——控制线圈的匝数；

　　　i_c——通过线圈的控制电流；

　　　K_t——电磁力系数，$K_t = B_g \pi D N_c$。

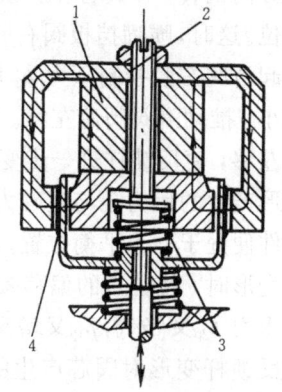

图 5-4　动圈式力马达
1—永久磁铁　2—调整螺钉
3—平衡弹簧　4—动圈

由式(5-21)可见，力马达的电磁力与控制电流成正比，具有线性特性。在动圈式力马达的力方程中没有磁弹簧刚度，即 $K_m = 0$。这是因为它在工作中气隙没有变化，即气隙的磁阻不变。

四、动铁式力矩马达与动圈式力马达的比较

动铁式力矩马达与动圈式力马达相比较有：

1）动铁式力矩马达因磁滞影响而引起的输出位移滞后比动圈式力马达大。

2）动圈式力马达的线性范围比动铁式力矩马达宽。因此，动圈式力马达的工作行程大，而动铁式力矩马达的工作行程小。

3）在同样的惯性下，动铁式力矩马达的输出力矩大，而动圈式力马达的输出力小。动铁式力矩马达因输出力矩大，支承弹簧刚度可以取得大，使衔铁组件的固有频率高，而力马达的弹簧刚度小，动圈组件的固有频率低。

4）减小工作气隙的长度可提高动圈式力马达和动铁式力矩马达的灵敏度。但动圈式力马达受动圈尺寸的限制，而动铁式力矩马达受静不稳定的限制。

5）在相同功率情况下，动圈式力马达比动铁式力矩马达体积大，但动圈式力马达的造价低。

综上所述，在要求频率高、体积小、重量轻的场合，多采用动铁式力矩马达，而在尺寸要求不严格、频率要求不高，又希望价格低的场合，往往采用动圈式力马达。

第三节　力反馈两级电液伺服阀

力反馈两级电液伺服阀的结构原理图如图5-5所示，这是目前广泛应用的一种结构形式。其第一级液压放大器为双喷嘴挡板阀，由永磁动铁式力矩马达控制，第二级液压放大器为四通滑阀，阀芯位移通过反馈杆与衔铁挡板组件相连，构成滑阀位移力反馈回路。

一、工作原理

无控制电流时，衔铁由弹簧管支承在上、下导磁体的中间位置，挡板也处于两个喷嘴的中间位置，滑阀阀芯在反馈杆小球的约束下处于中位，阀无液压输出。当有差动控制电流 Δi

=i_1-i_2 输入时，在衔铁上产生逆时针方向的电磁力矩，使衔铁挡板组件绕弹簧转动中心逆时针方向偏转，弹簧管和反馈杆产生变形，挡板偏离中位。这时，喷嘴挡板阀右间隙减小而左间隙增大，引起滑阀右腔控制压力 p_{2p} 增大，左腔控制压力 p_{1p} 减小，推动滑阀阀芯左移。同时带动反馈杆端部小球左移，使反馈杆进一步变形。当反馈杆和弹簧管变形产生的反力矩与电磁力矩相平衡时，衔铁挡板组件便处于一个平衡位置。在反馈杆端部左移进一步变形时，使挡板的偏移减小，趋于中位。这使控制压力 p_{2p} 又降低，p_{1p} 又增高，当阀芯两端的液压力与反馈杆变形对阀芯产生的反作用力以及滑阀的液动力相平衡时，阀芯停止运动，其位移与控制电流成比例。在负载压差一定时，阀的输出流量也与控制电流成比例。所以这是一种流量控制伺服阀。

这种伺服阀由于衔铁和挡板均在中位附近工作，所以线性好。对力矩马达的线性要求也不高，可以允许滑阀有较大的工作行程。

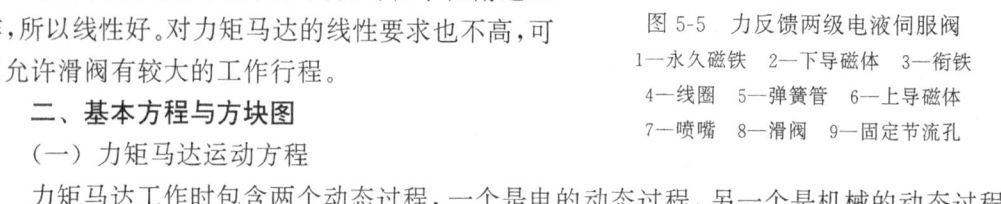

图 5-5 力反馈两级电液伺服阀
1—永久磁铁 2—下导磁体 3—衔铁
4—线圈 5—弹簧管 6—上导磁体
7—喷嘴 8—滑阀 9—固定节流孔

二、基本方程与方块图

（一）力矩马达运动方程

力矩马达工作时包含两个动态过程，一个是电的动态过程，另一个是机械的动态过程。电的动态过程可用电路的基本电压方程表示，机械的动态过程可用衔铁挡板组件的运动方程表示。

1. 基本电压方程

参看图 5-2。推挽工作时，输入每个线圈的信号电压为

$$u_1 = u_2 = K_u u_g \tag{5-22}$$

式中 u_1、u_2——输入每个线圈的信号电压；

K_u——放大器每边的增益；

u_g——输入放大器的信号电压。

每个线圈回路的电压平衡方程为

$$E_b + u_1 = i_1(Z_b + R_c + r_p) + i_2 Z_b + N_c \frac{\mathrm{d}\phi_a}{\mathrm{d}t} \tag{5-23}$$

$$E_b - u_2 = i_2(Z_b + R_c + r_p) + i_1 Z_b - N_c \frac{\mathrm{d}\phi_a}{\mathrm{d}t} \tag{5-24}$$

式中 E_b——产生常值电流所需的电压；

Z_b——线圈公用边的阻抗；

R_c——每个线圈的电阻；

r_p——每个线圈回路中的放大器内阻；

N_c——每个线圈的匝数；

ϕ_a——衔铁磁通。

由式（5-23）减去式（5-24），并将式（5-22）和（5-3）代入，则得

$$2K_u u_g = (R_c + r_p)\Delta i + 2N_c \frac{d\phi_a}{dt} \tag{5-25}$$

这就是力矩马达电路的基本电压方程。它表明，经放大器放大后的控制电压 $2K_u u_g$ 一部分消耗在线圈电阻和放大器内阻上，另一部分用来克服衔铁磁通变化在控制线圈中所产生的反电动势。

将衔铁磁通表达式（5-20）代入式（5-25），得力矩马达电路基本电压方程的最后形式

$$2K_u u_g = (R_c + r_p)\Delta i + 2K_b \frac{d\theta}{dt} + 2L_c \frac{d\Delta i}{dt}$$

其拉氏变换式为

$$2K_u U_g = (R_c + r_p)\Delta I + 2K_b s\theta + 2L_c s\Delta I \tag{5-26}$$

式中 K_b——每个线圈的反电动势常数，

$$K_b = 2\frac{a}{l_g}N_c\phi_g \tag{5-27}$$

L_c——每个线圈的自感系数，

$$L_c = \frac{N_c^2}{R_g} \tag{5-28}$$

方程式左边为放大器加在线圈上的总控制电压，右边第一项为电阻上的电压降，第二项为衔铁运动时在线圈内产生的反电动势，第三项是线圈内电流变化所引起的感应电动势。它包括线圈的自感和两个线圈之间的互感。由于两个线圈对信号电流 i 来说是串联的，并且是紧密耦合的，因此互感等于自感。所以每个线圈的总电感为 $2L_c$。

式（5-26）可以改写为

$$\Delta I = \frac{2K_u U_g}{(R_c + r_p)\left(1 + \frac{s}{\omega_a}\right)} - \frac{2K_b s\theta}{(R_c + r_p)\left(1 + \frac{s}{\omega_a}\right)} \tag{5-29}$$

式中 ω_a——控制线圈回路的转折频率，

$$\omega_a = \frac{R_c + r_p}{2L_c} \tag{5-30}$$

2. 衔铁挡板组件的运动方程

由式（5-18）可知，力矩马达输出的电磁力矩为

$$T_d = K_t \Delta i + K_m \theta \tag{5-31}$$

在电磁力矩 T_d 的作用下，衔铁挡板组件的运动方程为

$$T_d = J_a \frac{d^2\theta}{dt^2} + B_a \frac{d\theta}{dt} + K_a\theta + T_{L1} + T_{L2} \tag{5-32}$$

式中 J_a——衔铁挡板组件的转动惯量；

B_a——衔铁挡板组件的粘性阻尼系数；

K_a——弹簧管刚度；

T_{L1}——喷嘴对挡板的液流力产生的负载力矩；

T_{L2}——反馈杆变形对衔铁挡板组件产生的负载力矩。

衔铁挡板组件受力情况见图 5-6。作用在挡板上的液流力对衔铁挡板组件产生的负载力矩

$$T_{L1} = rp_{Lp}A_N - r^2(8\pi C_{df}^2 p_s x_{f0})\theta \quad (5\text{-}33)$$

式中 A_N——喷嘴孔的面积;

p_{Lp}——两个喷嘴腔的负载压差;

r——喷嘴中心至弹簧管回转中心（弹簧管薄壁部分的中心）的距离;

C_{df}——喷嘴与挡板间的流量系数;

x_{f0}——喷嘴与挡板间的零位间隙。

反馈杆变形对衔铁挡板组件产生的负载力矩为

$$T_{L2} = (r+b)K_f[(r+b)\theta + x_v] \quad (5\text{-}34)$$

式中 b——反馈杆小球中心到喷嘴中心的距离;

K_f——反馈杆刚度;

x_v——阀芯位移。

将式 (5-31)~式 (5-34) 合并，经拉氏变换得衔铁挡板组件的运动方程为

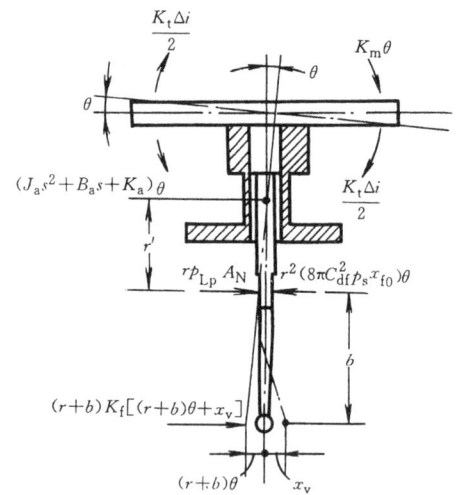

图 5-6 衔铁挡板组件受力图

$$K_t\Delta I = (J_a s^2 + B_a s + K_{mf})\theta + (r+b)K_f X_V + rp_{Lp}A_N \quad (5\text{-}35)$$

式中 K_{mf}——力矩马达的总刚度（综合刚度），

$$K_{mf} = K_{an} + (r+b)^2 K_f \quad (5\text{-}36)$$

K_{an}——力矩马达的净刚度,

$$K_{an} = K_a - K_m - 8\pi C_{df}^2 p_s x_{f0} r^2 \quad (5\text{-}37)$$

式 (5-35) 可改写为

$$\theta = \frac{\dfrac{1}{K_{mf}}}{\dfrac{s^2}{\omega_{mf}^2} + \dfrac{2\zeta_{mf}}{\omega_{mf}}s + 1}[K_t\Delta I - K_f(r+b)X_V - rA_N p_{Lp}] \quad (5\text{-}38)$$

式中 ω_{mf}——力矩马达的固有频率,

$$\omega_{mf} = \sqrt{\frac{K_{mf}}{J_a}} \quad (5\text{-}39)$$

ζ_{mf}——力矩马达的机械阻尼比,

$$\zeta_{mf} = \frac{B_a}{2\sqrt{J_a K_{mf}}} \quad (5\text{-}40)$$

（二）挡板位移与衔铁转角的关系

$$X_f = r\theta \quad (5\text{-}41)$$

（三）喷嘴挡板至滑阀的传递函数

忽略阀芯移动所受到的粘性阻尼力、稳态液动力和反馈杆弹簧力，则挡板位移至滑阀位移的传递函数为

$$\frac{X_V}{X_f} = \frac{K_{qp}/A_v}{s\left(\dfrac{s^2}{\omega_{hp}^2} + \dfrac{2\zeta_{hp}}{\omega_{hp}}s + 1\right)} \quad (5\text{-}42)$$

式中 K_{qp}——喷嘴挡板阀的流量增益;

A_v——滑阀阀芯端面面积；

ω_hp——滑阀的液压固有频率，$\omega_\mathrm{hp} = \sqrt{\dfrac{2\beta_\mathrm{e} A_\mathrm{v}^2}{V_\mathrm{0p} m_\mathrm{v}}}$；

ζ_hp——滑阀的液压阻尼比，$\zeta_\mathrm{hp} = \dfrac{K_\mathrm{cp}}{A_\mathrm{v}} \sqrt{\dfrac{\beta_\mathrm{e} m_\mathrm{v}}{2V_\mathrm{0p}}}$；

V_0p——滑阀一端所包含的容积；

K_cp——喷嘴挡板阀的流量-压力系数；

m_v——滑阀阀芯及油液的归化质量。

（四）阀控液压缸的传递函数

在式（5-38）中包含有喷嘴挡板阀的负载压力 p_Lp，其大小与滑阀受力情况有关。滑阀受力包括惯性力、稳态液动力等，而稳态液动力又与滑阀输出的负载压力有关，即与液压执行元件的运动有关。为此要写出动力元件的运动方程。

为简单起见，动力元件的负载只考虑惯性，则阀芯位移至液压缸位移的传递函数为

$$\frac{X_\mathrm{p}}{X_\mathrm{V}} = \frac{K_\mathrm{q}/A_\mathrm{p}}{s\left(\dfrac{s^2}{\omega_\mathrm{h}^2} + \dfrac{2\zeta_\mathrm{h}}{\omega_\mathrm{h}} s + 1\right)} \tag{5-43}$$

（五）作用在挡板上的压力反馈

略去滑阀阀芯运动时所受的粘性阻尼力和反馈杆弹簧力，只考虑阀芯的惯性力和稳态液动力，则喷嘴挡板阀的负载压力为

$$p_\mathrm{Lp} = \frac{1}{A_\mathrm{v}} \left[m_\mathrm{v} \frac{\mathrm{d}^2 x_\mathrm{v}}{\mathrm{d}t^2} + 0.43 W (p_\mathrm{s} - p_\mathrm{L}) x_\mathrm{v} \right]$$

上式中的稳态液动力是 p_L 和 x_v 两个变量的函数，需将上式在 x_v0 和 p_L0 处线性化。因液压缸的负载为纯惯性，所以在稳态时的 $P_\mathrm{L0} = 0$，则得线性化增量方程的拉氏变换形式为

$$P_\mathrm{Lp} = \frac{1}{A_\mathrm{v}} (m_\mathrm{v} s^2 X_\mathrm{V} + 0.43 W p_\mathrm{s} X_\mathrm{V} - 0.43 W X_\mathrm{V0} P_\mathrm{L}) \tag{5-44}$$

滑阀负载压力为

$$P_\mathrm{L} = \frac{1}{A_\mathrm{p}} m_\mathrm{t} s^2 X_\mathrm{p} \tag{5-45}$$

由式（5-29）、(5-38)、(5-41)～式（5-45）可画出力反馈两级电液伺服阀的方块图，如图 5-7 所示。

三、力反馈伺服阀的稳定性分析

由图 5-7 可见，伺服阀的方块图包含两个反馈回路，一个是滑阀位移的力反馈回路，这是个主要回路，另一个是作用在挡板上的压力反馈回路，这是个次要回路。这两个回路都存在稳定性问题，下面分别加以研究。

（一）力反馈回路的稳定性分析

力反馈两级伺服阀的性能主要由力反馈回路决定。由图 5-7 可见，力反馈回路包含力矩马达和滑阀两个动态环节。首先要求出力矩马达小闭环的传递函数。为避免伺服放大器特性对伺服阀特性的影响，通常采用电流负反馈伺服放大器，以使控制线圈回路的转折频率 ω_a 很高，$\dfrac{1}{\omega_\mathrm{a}} \approx 0$，则力矩马达小闭环的传递函数为

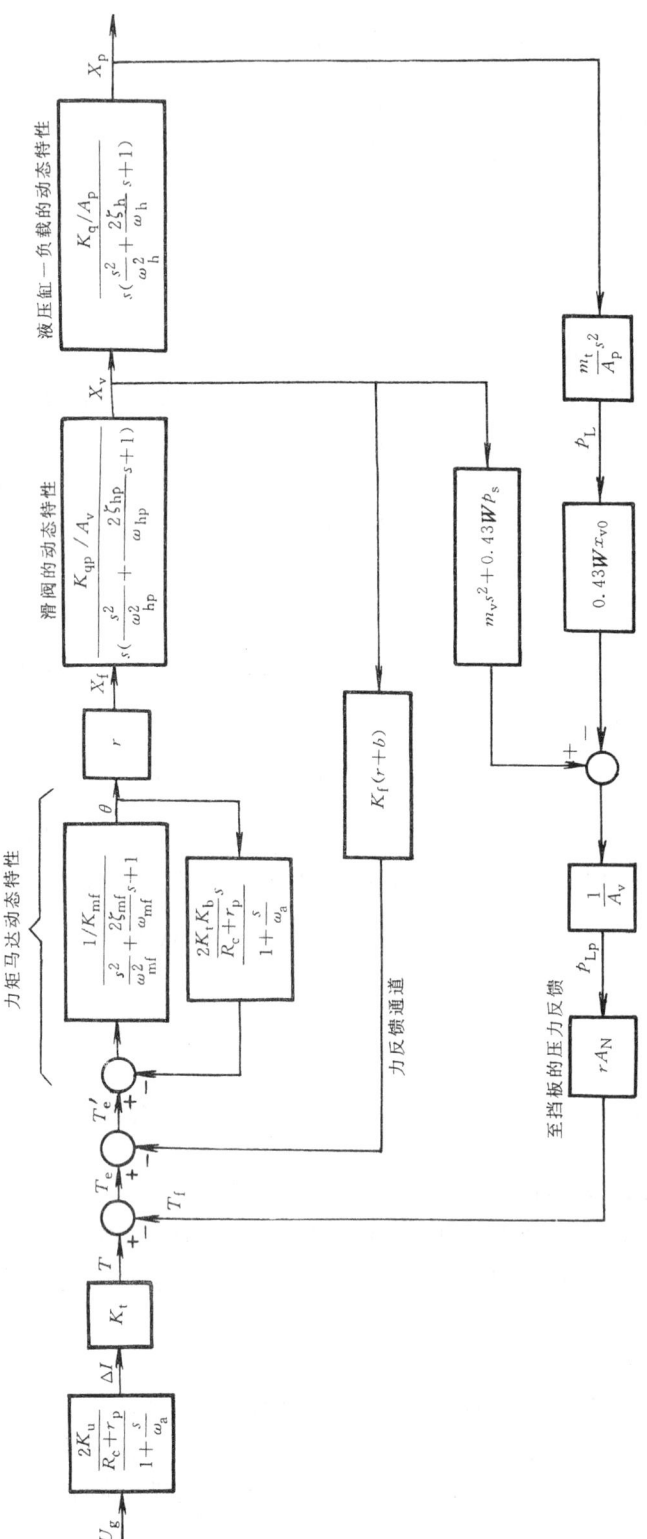

图 5-7 力反馈两级伺服阀的方块图

$$\phi_1(s) = \frac{\theta}{T'_e} = \frac{\dfrac{1}{K_{mf}}}{\dfrac{s^2}{\omega_{mf}^2} + \dfrac{2\zeta'_{mf}}{\omega_{mf}}s + 1} \tag{5-46}$$

式中 ω_{mf}——衔铁挡板组件的固有频率，$\omega_{mf} = \sqrt{\dfrac{K_{mf}}{J_a}}$；

ζ'_{mf}——由机械阻尼和电磁阻尼产生的阻尼比，

$$\zeta'_{mf} = \zeta_{mf} + \frac{K_t K_b}{K_{mf}(R_c + r_p)}\omega_{mf}$$

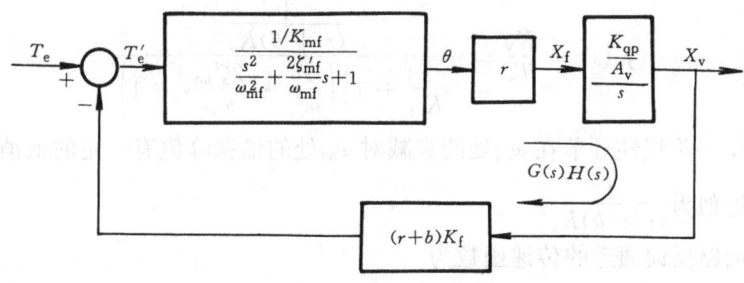

图 5-8 简化后的力反馈回路方块图

滑阀的固有频率 ω_{hp} 很高，$\omega_{hp} \gg \omega_{mf}$，故滑阀动态可以忽略。简化后的力反馈回路方块图如图 5-8 所示。力反馈回路的开环传递函数为

$$G(s)H(s) = \frac{K_{vf}}{s\left(\dfrac{s^2}{\omega_{mf}^2} + \dfrac{2\zeta'_{mf}}{\omega_{mf}}s + 1\right)} \tag{5-47}$$

式中 K_{vf}——力反馈回路开环放大系数，

$$K_{vf} = \frac{r(r+b)K_f K_{qp}}{A_v K_{mf}} = \frac{r(r+b)K_f K_{qp}}{A_v [K_{an} + K_f(r+b)^2]} \tag{5-48}$$

这是个 I 型伺服回路。根据式 (5-47) 可画出力反馈的开环伯德图，如图 5-9 所示。回路穿越频率 ω_c 近似等于开环放大系数 K_{vf}，即 $\omega_c \approx K_{vf}$。

力反馈回路的稳定条件为 ω_{mf} 处的谐振峰值不能超过零分贝线，即

$$K_{vf} < 2\zeta'_{mf}\omega_{mf} \tag{5-49}$$

在设计时可取

$$\frac{K_{vf}}{\omega_{mf}} \leqslant 0.25 \tag{5-50}$$

这一关系具有充分的稳定储备。

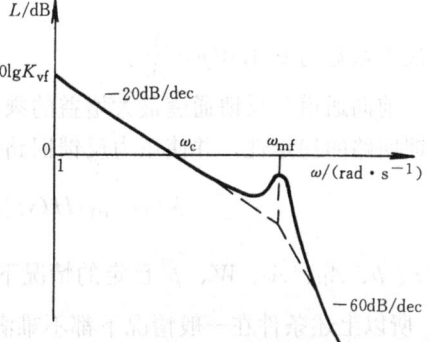

图 5-9 力反馈回路的开环伯德图

（二）压力反馈回路的稳定性

由图 5-7 可见，作用在挡板上的压力反馈回路，是由滑阀位移和执行机构负载变化引起的。它反映了伺服阀各级负载动态的影响，显然这种影响越小越好。为此应使这个回路的开环增益在任何频率下都远小于 1，使回路近似于开环状态而不起作用。

首先要求出压力反馈回路前向通道的传递函数的最大增益，为此需求出力反馈回路的闭

环传递函数。由图 5-8 可求力反馈回路的闭环传递函数为

$$\phi_2(s) = \frac{X_V}{T_e} = \frac{\dfrac{rK_{qp}}{A_v K_{mf}}}{\dfrac{s^3}{\omega_{mf}^2} + \dfrac{2\zeta'_{mf}}{\omega_{mf}}s^2 + s + K_{vf}} =$$

$$\frac{\dfrac{1}{(r+b)K_f}}{\dfrac{s^3}{K_{vf}\omega_{mf}^2} + \dfrac{2\zeta'_{mf}}{K_{vf}\omega_{mf}}s^2 + \dfrac{s}{K_{vf}} + 1}$$

在 ζ'_{mf} 较小和 $K_{vf} < 2\zeta'_{mf}\omega_{mf}$ 时，上式可近似写为

$$\phi_2(s) = \frac{X_V}{T_e} = \frac{\dfrac{1}{(r+b)K_f}}{\left(\dfrac{s}{K_{vf}} + 1\right)\left(\dfrac{s^2}{\omega_{mf}^2} + \dfrac{2\zeta'_{mf}}{\omega_{mf}}s + 1\right)} \tag{5-51}$$

通常 $K_{vf} \ll \omega_{mf}$，一阶惯性环节在 ω_{mf} 处的衰减对 ω_{mf} 处的谐振峰值有一定的抵消作用，则 $\phi_2(s)$ 的最大增益可近似为 $\dfrac{1}{(r+b)K_f}$。

压力反馈回路反馈通道的传递函数为

$$H(s) = \frac{T_f}{X_V} = \frac{rA_N}{A_v}\left[(m_v s^2 + 0.43Wp_s) - \frac{0.43Wx_{v0}\dfrac{m_t}{A_p}\dfrac{K_q}{A_p}s}{\dfrac{s^2}{\omega_h^2} + \dfrac{2\zeta_h}{\omega_h}s + 1}\right]$$

由于 $\sqrt{\dfrac{0.43Wp_s}{m_v}} \gg \omega_h$，所以 m_v 可以忽略；又因为 $K_q = K_p K_c = \dfrac{2p_s}{x_{v0}}K_c$；在 $C_{tp} = B_p = 0$ 时，$\dfrac{2\zeta_h}{\omega_h} = \dfrac{K_c m_t}{A_p^2}$，所以上式可写为

$$H(s) = \frac{T_f}{X_V} = 0.43Wp_s r \frac{A_N}{A_v} \frac{\dfrac{s^2}{\omega_h^2} - \dfrac{2\zeta_h}{\omega_h}s + 1}{\dfrac{s^2}{\omega_h^2} + \dfrac{2\zeta_h}{\omega_h}s + 1}$$

其最大增益为 $0.43Wp_s r \dfrac{A_N}{A_v}$。

前向通道与反馈通道最大增益的乘积即是整个压力反馈回路的最大增益。为了确保压力反馈回路的稳定性，并使压力反馈回路的影响可以忽略不计，应满足以下条件

$$|\phi_2(s)|_{\max}|H(s)|_{\max} = \frac{r}{r+b}\frac{A_N}{A_v}\frac{0.43Wp_s}{K_f} \ll 1 \tag{5-52}$$

在 r、b、A_N、A_v、W、p_s 已定的情况下，可选择 K_f 来满足上述条件，由于 $\dfrac{r}{r+b} < 1$，$\dfrac{A_N}{A_v} \ll 1$，所以上述条件在一般情况下都不难满足，压力反馈回路可以忽略。

四、力反馈伺服阀的传递函数

在一般情况下，$\omega_a \gg \omega_{hp} \gg \omega_{mf}$，力矩马达控制线圈的动态和滑阀的动态可以忽略。作用在挡板上的压力反馈的影响比力反馈小得多，压力反馈回路也可以忽略。这样，力反馈伺服阀的方块图可简化成图 5-10 所示的形式。伺服阀的简化方块图图 5-10 与图 5-8 相比较，只是增加了放大器和力矩马达的增益 $\dfrac{2K_u K_t}{R_c + r_p}$。因此，由式（5-51）可以得到力反馈伺服阀的传递函

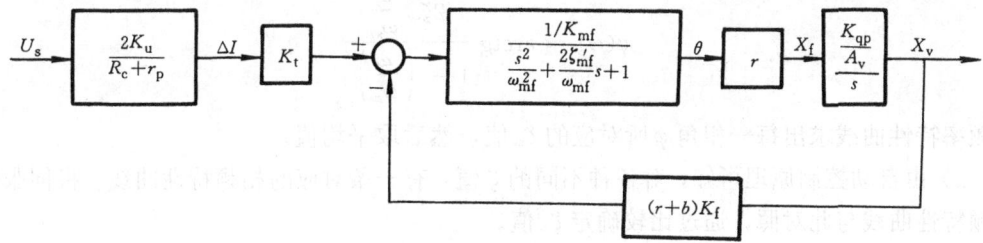

图 5-10 力反馈伺服阀的简化方块图

数为

$$\frac{X_V}{U_g} = \frac{\dfrac{2K_u K_t}{(R_c+r_p)(r+b)K_f}}{\left(\dfrac{s}{K_{vf}}+1\right)\left(\dfrac{s^2}{\omega_{mf}^2}+\dfrac{2\zeta'_{mf}}{\omega_{mf}}s+1\right)} \tag{5-53}$$

或

$$\frac{X_V}{U_g} = \frac{K_a K_{xv}}{\left(\dfrac{s}{K_{vf}}+1\right)\left(\dfrac{s^2}{\omega_{mf}^2}+\dfrac{2\zeta'_{mf}}{\omega_{mf}}s+1\right)} \tag{5-54}$$

式中 K_a——伺服放大器增益,$K_a = \dfrac{2K_u}{R_c+r_p}$;

K_{xv}——伺服阀增益,$K_{xv} = \dfrac{K_t}{(r+b)\ K_f}$。

伺服阀通常以电流 Δi 作输入参量,以空载流量 $q_0 = K_q x_v$ 作输出参量。此时,伺服阀的传递函数可表示为

$$\frac{Q_0}{\Delta I} = \frac{K_{sv}}{\left(\dfrac{s}{K_{vf}}+1\right)\left(\dfrac{s^2}{\omega_{mf}^2}+\dfrac{2\zeta'_{mf}}{\omega_{mf}}s+1\right)} \tag{5-55}$$

式中 K_{sv}——伺服阀的流量增益,$K_{sv} = \dfrac{K_t K_q}{(r+b)\ K_f}$。

在大多数电液伺服系统中,伺服阀的动态响应往往高于动力元件的动态响应。为了简化系统的动态特性分析与设计,伺服阀的传递函数可以进一步简化,一般可用二阶振荡环节表示。如果伺服阀二阶环节的固有频率高于动力元件的固有频率,伺服阀传递函数还可用一阶惯性环节表示,当伺服阀的固有频率远大于动力元件的固有频率,伺服阀可看成比例环节。

二阶近似的传递函数可由下式估计

$$\frac{Q_0}{\Delta I} = \frac{K_{sv}}{\dfrac{s^2}{\omega_{sv}^2}+\dfrac{2\zeta_{sv}}{\omega_{sv}}s+1} \tag{5-56}$$

式中 ω_{sv}——伺服阀固有频率;

ζ_{sv}——伺服阀阻尼比。

在由式(5-53)计算的或由实验得到的相频特性曲线上,取相位滞后 90°所对应的频率作为 ω_{sv}。阻尼比 ζ_{sv} 可由两种方法求得:

1)根据二阶环节的相频特性公式

$$\varphi(\omega) = \operatorname{arctg} \frac{2\zeta_{sv}\dfrac{\omega}{\omega_{sv}}}{1-\left(\dfrac{\omega}{\omega_{sv}}\right)^2}$$

由频率特性曲线求出每一相角 φ 所对应的 ζ_{sv} 值，然后取平均值。

2) 由自动控制原理可知，对各种不同的 ζ 值，有一条对应的相频特性曲线。将伺服阀的相频特性曲线与此对照，通过比较确定 ζ_{sv} 值。

一阶近似的传递函数可由下式估计

$$\frac{Q_0}{\Delta I} = \frac{K_{sv}}{1+\dfrac{s}{\omega_{sv}}} \tag{5-57}$$

式中　ω_{sv}——伺服阀转折频率，$\omega_{sv}=K_{vf}$ 或取频率特性曲线上相位滞后 $45°$ 所对应的频率。

五、力反馈伺服阀的频宽

在力反馈伺服阀的闭环传递函数式（5-51）中，由于 K_{vf} 是最低的转折频率，所以力反馈伺服阀的频宽主要由 K_{vf} 决定。下面根据频宽的定义近似估计伺服阀的频宽。

设电液伺服阀输入的差动电流 Δi 为正弦信号，阀芯位移也按正弦规律运动，即

$$x_v = X_V \sin\omega t \tag{5-58}$$

式中，X_V 为阀芯运动时的峰值位移，ω 为运动时的频率。

由式（5-58）可得阀芯的运动速度为

$$\dot{x}_v = X_V \omega \cos\omega t$$

因为 $\dot{x}_v = \dfrac{q_{Lp}}{A_v}$，所以

$$\omega = \frac{K_{qp} X_f}{A_v X_V}$$

式中，X_f 为挡板的峰值位移，$K_{qp}X_f$ 为喷嘴挡板阀的峰值流量。

根据频宽的定义

$$\omega_b = \frac{K_{qp} X_f}{0.707 X_{V0} A_v} \tag{5-59}$$

式中，X_{V0} 是频率甚低时的阀芯峰值位移。一般 $X_{V0}=x_{vm}/4$。

根据图 5-10，可近似求得挡板峰值位移 X_f。当伺服阀工作频率 ω 大于穿越频率 ω_c 时，由于开环增益很低，所以图 5-10 中的反馈可以忽略。此时偏差信号 $\varepsilon = K_t \Delta I_0 \sin\omega t$，忽略力矩马达动态，则有

$$X_f = \frac{r K_t \Delta I_0}{K_{an} + K_f (r+b)^2}$$

将上式代入式（5-59），得伺服阀频宽的近似表达式

$$\omega_b = \frac{K_{qp} r K_t \Delta I_0}{0.707 A_v X_{V0} [K_{an} + K_f(r+b)^2]} \tag{5-60}$$

稳态时，由图 5-10 得

$$X_{V0} = \frac{K_t \Delta I_0}{K_f(r+b)}$$

将上式代入式（5-60）得

$$\omega_b = \frac{r(r+b)K_f K_{qp}}{0.707 A_v [K_{an} + K_f(r+b)^2]} \tag{5-61}$$

再引入式（5-48），得

$$\omega_b = \frac{K_{vf}}{0.707} \tag{5-62}$$

上式表明，若已知电液伺服阀的开环增益 K_{vf}，就可以估算出伺服阀的幅频宽 ω_b。

当 $X_f = X_{f0}$ 时，由式（5-59）可得到伺服阀的极限频宽为

$$\omega_{bmax} = \frac{K_{qp} X_{f0}}{0.707 A_v X_{v0}} = \frac{q_c}{1.4 A_v X_{v0}} \tag{5-63}$$

式中 q_c——喷嘴挡板阀零位泄漏流量，$q_c = 2K_{qp}X_{f0}$。

由式（5-48）可知，为了提高 K_{vf}，应减小综合刚度 K_{mf}。在设计时可使衔铁挡板的净刚度 $K_{an} = 0$，即

$$K_{an} = K_a - K_m - 8\pi C_{df}^2 p_s x_{v0} r^2 = 0$$

作用在挡板上的液动力刚度一般很小，可以忽略不计。这样，弹簧管刚度 K_a 与磁弹簧刚度 K_m 近似相等，衔铁挡板组件刚好处在静稳定的边缘上。当力矩马达装入伺服阀后，反馈杆刚度 K_f 就成为主要的弹簧刚度。当 $K_{an} = 0$ 时，由式（5-48）可得

$$K_{vf} = \frac{r}{r+b} \frac{K_{qp}}{A_v} \tag{5-64}$$

为了提高 K_{vf}，除了适当提高 $r/(r+b)$ 的比值外，主要是增大喷嘴直径（即增大 K_{qp}）和减小滑阀直径，否则会出现流量饱和现象，限制伺服阀的频宽，或者只能在小振幅下达到所要的频宽。增大 K_{qp} 和减小 A_v 是有限制的，增大 K_{qp} 受泄漏流量和力矩马达功率的限制，减小 A_v 受阀的额定流量和阀芯最大行程的限制。

提高 K_{vf} 受力反馈回路稳定性的限制，如式（5-49）所示。为了提高伺服阀的频宽，应提高力矩马达的固有频率 ω_{mf} 和阻尼比 ζ_{mf}。力反馈伺服阀的力矩马达动态被力反馈回路所包围，由于力矩马达固有频率是回路中最低的转折频率，所以力矩马达就成伺服阀响应能力的限制因素，在大流量伺服阀中更为突出。

六、力反馈伺服阀的静态特性

在稳态情况下，由图 5-10 可得

$$x_v = \frac{K_t}{(r+b)K_f} \Delta i = K_{xv} \Delta i \tag{5-65}$$

伺服阀的功率级一般采用零开口四边滑阀，故伺服阀的流量方程为

$$q_L = C_d W \frac{K_t}{(r+b)K_f} \Delta i \sqrt{\frac{1}{\rho}(p_s - p_L)} = C_d W K_{xv} \Delta i \sqrt{\frac{1}{\rho}(p_s - p_L)} \tag{5-66}$$

电液伺服阀的压力-流量曲线与滑阀的压力-流量曲线的形状是一样的，只是输入参量不同。滑阀以阀芯位移 x_v 为输入参量，而电液伺服阀是以电流 Δi 为输入参量。

力反馈伺服阀闭环控制的是阀芯位移 x_v，由阀芯位移到输出流量是开环控制，因此流量控制的精确性要靠滑阀加工精度保证。

七、力反馈伺服阀的设计计算

伺服阀的设计一般是从给定的流量、压力和动态响应等性能要求出发，从滑阀放大器的计算开始往前推到力矩马达。这个过程是反复进行的，直到得出一组匹配的参数为止。设计

所得的参数应保证伺服阀稳定工作,压力反馈回路可以忽略,并满足静、动态特性的要求。在设计中,有些参数和几何尺寸可参考同类产品初步选定。下面举一个设计计算的例子。

给定条件和设计要求如下:

额定供油压力　　$p_s = 210 \times 10^5 \text{Pa}$

额定流量(最大空载流量)　　$q_{0m} = 15 \text{L/min}$

额定电流(最大差动电流)　　$\Delta I_m = 10 \text{mA}$

第一级泄漏流量　　$q_c \leqslant 0.5 \text{L/min}$

伺服阀频宽　　$\omega_b \geqslant 225 \text{Hz}$

根据伺服阀的使用条件,选择力反馈两级伺服阀的型式。

(一) 滑阀主要结构参数的确定

根据滑阀流量方程可求出阀的最大开口面积

$$Wx_{0m} = \frac{q_{0m}}{C_d \sqrt{p_s/\rho}} = \frac{15 \times 10^{-3}/60}{0.65 \times \sqrt{210 \times 10^5/850}} \text{m}^2 = 2.4 \times 10^{-6} \text{m}^2$$

根据经验取阀芯行程 $x_{0m} = 0.4 \times 10^{-3} \text{m}$,则

$$W = \frac{2.4 \times 10^{-6}}{0.4 \times 10^{-3}} \text{m}^{-3} = 6 \times 10^{-3} \text{m}$$

由于

$$\frac{W}{x_{0m}} = \frac{6 \times 10^{-3}}{0.4 \times 10^{-3}} = 15 < 67$$

故不能采用全周开口。取阀芯直径 $d = 5 \times 10^{-3} \text{m}$,阀杆直径 $d_r = 3 \times 10^{-3} \text{m}$。按 $\frac{\pi}{4}(d^2 - d_r^2) > 4Wx_{0m}$ 验算流量饱和情况,满足要求。

(二) 喷嘴挡板阀主要结构参数的确定

根据设计要求,并考虑留有一定的余地,取喷嘴挡板阀的零位泄漏流量 $q_c = 0.45 \text{L/min}$。根据式(5-63)可计算出伺服阀的极限频宽为

$$\omega_{bmax} = \frac{0.45 \times 10^{-3}/60}{1.4 \times 19.6 \times 10^{-6} \times 0.4 \times 10^{-3}/4} \text{rad/s} = 2733 \text{rad/s} = 435.2 \text{Hz}$$

由式(5-59)和(5-63)可知挡板的工作范围为

$$\frac{x_f}{x_{f0}} = \frac{\omega_b}{\omega_{bmax}} = \frac{225}{435.2} = 0.517$$

符合要求。因此最终取零位泄漏流量 $q_c = 0.45 \text{L/min}$。

伺服阀内部油液过滤精度为 $20\mu m$,为保证喷嘴挡板阀可靠工作,x_{f0} 应大于 $25\mu m$,取 $x_{f0} = 0.03 \times 10^{-3} \text{m}$。则喷嘴挡板阀的流量增益为

$$K_{qp} = \frac{q_c}{2x_{f0}} = \frac{0.45 \times 10^{-3}/60}{2 \times 0.03 \times 10^{-3}} \text{m}^2/\text{s} = 1250 \times 10^{-4} \text{m}^2/\text{s}$$

喷嘴挡板阀回油溢流腔保持一定压力,可以改善喷嘴挡板间的工作条件,稳定流量系数,对抑制伺服阀回油零漂和工作平稳有利。通常取回油溢流腔压力 $p_r = 20 \times 10^5 \text{Pa}$ 左右,本设计取 $p_r = 23 \times 10^5 \text{Pa}$。

由流量增益表达式可求出喷嘴孔直径

$$D_N = \frac{K_{qp}}{C_{df} \pi \sqrt{(p_s - p_r)/\rho}} = \frac{1250 \times 10^{-4}}{0.64 \times 3.14 \times \sqrt{(210-23) \times 10^5/850}} \text{m} =$$

$$0.42 \times 10^{-3} \text{m}$$

因为 $D_N/x_{f0}=14$,可以满足要求

取喷嘴与固定节流孔的液导比 $a=1$,则 $C_{d0}\dfrac{\pi D_0^2}{4}=C_{df}\pi D_N x_{f0}$,取 $(C_{df}/C_{d0})=0.8$,于是固定节流孔直径为

$$D_0 = 2\sqrt{\dfrac{C_{df}}{C_{d0}}D_N x_{f0}} = 2\sqrt{0.8 \times 0.42 \times 10^{-3} \times 0.03 \times 10^{-3}}\text{m} = 0.2 \times 10^{-3}\text{m}$$

为了产生背压 p_r,在回油溢流腔与回油口之间设置节流孔。通过回油节流孔的流量为 q_c,则节流孔直径

$$D_r = \sqrt{\dfrac{4q_c}{C_{dr}\pi\sqrt{\dfrac{2}{\rho}p_r}}} = \sqrt{\dfrac{4 \times 0.45 \times 10^{-3}/60}{0.8 \times \pi \sqrt{\dfrac{2}{850}} \times 23 \times 10^5}}\text{m} = 0.4 \times 10^{-3}\text{m}$$

(三) 力矩马达设计计算

在第一级阀设计完毕后,就可以进行力矩马达设计。力矩马达设计计算的方法和步骤比较灵活,但最终都是要选择计算出各种刚度,力矩系数,极化磁通和控制磁通等。

1. 根据伺服阀的频宽要求确定力矩马达固有频率 ω_{mf}

根据伺服阀的频宽要求,由式 (5-62) 求出开环增益

$$K_{vf} = 0.707\omega_b = 0.707 \times 2\pi \times 225\text{s}^{-1} = 999.5\text{s}^{-1}$$

由式 (5-50) 确定力矩马达的固有频率为

$$\omega_{mf} \geqslant 4K_{vf} = 4 \times 999.5 \text{rad/s} = 3998 \text{rad/s}$$

取 $\omega_{mf}=4600\text{rad/s}$。

2. 计算反馈杆刚度 K_f

参考已有结构,选取结构参数 $r=8.9\times10^{-3}\text{m}, b=13.3\times10^{-3}\text{m}, J_a=1.78\times10^{-7}\text{kg}\cdot\text{m}^2$。

由式 (5-39) 得力矩马达综合刚度为

$$K_{mf} = J_a\omega_{mf}^2 = 1.78 \times 10^{-7} \times (4600)^2 \text{N}\cdot\text{m/rad} = 3.766\text{ N}\cdot\text{m/rad}$$

由式 (5-48) 可求出反馈杆刚度

$$K_f = \dfrac{A_v K_{mf} K_{vf}}{r(r+b)K_{qp}} = \dfrac{1.96 \times 10^{-6} \times 3.766 \times 999.5}{8.9 \times 10^{-3} \times (8.9+13.3) \times 10^{-3} \times 1250 \times 10^{-4}}\text{N/m} =$$
$$2987\text{N/m}$$

3. 计算力矩马达力矩系数 K_t

由式 (5-65) 求得

$$K_t = \dfrac{(r+b)K_f x_{0m}}{\Delta I_m} = \dfrac{(8.9+13.3) \times 10^{-3} \times 2987 \times 0.4 \times 10^{-3}}{10 \times 10^{-3}}\text{N}\cdot\text{m/A} =$$
$$2.65\text{N}\cdot\text{m/A}$$

根据 K_t 就可以选择和计算极化磁通和控制磁通。

4. 计算极化磁通 ϕ_g 和磁弹簧刚度 K_m

由式 (5-16) 可求得极化磁通

$$\phi_g = \dfrac{K_t}{2(a/l_g)N_c f}$$

式中，f 为考虑漏磁及磁路磁阻的修正系数，取 $f=1.34$。另外，取 $A_g=8.1\times 10^{-6}\text{m}^2$，$a=14.5\times 10^{-3}\text{m}$，$l_g=0.25\times 10^{-3}\text{m}$，$N_c=3800$ 匝。则

$$\phi_g = \frac{2.65}{2\times(14.5\times 10^{-3}/0.25\times 10^{-3})\times 3800\times 1.34}\text{Wb} = 4.486\times 10^{-6}\text{Wb}$$

根据求得的 ϕ_g 值可设计永久磁铁。

衔铁在中位时气隙磁阻为

$$R_g = \frac{l_g}{\mu_0 A_g} = \frac{0.25\times 10^{-3}}{4\pi\times 10^{-7}\times 8.1\times 10^{-6}}\text{H}^{-1} = 2.46\times 10^7\text{H}^{-1}$$

则控制磁通为

$$\phi_c = \frac{N_c \Delta I_m}{2R_g} = \frac{3800\times 10\times 10^{-3}}{2\times 2.46\times 10^7}\text{Wb} = 7.72\times 10^{-7}\text{Wb}$$

上式表明，在 ΔI_m、R_g 一定时，选择 N_c 就等于选择 ϕ_c。验算比值 $\phi_c/\phi_g = \frac{7.72\times 10^{-7}}{4.486\times 10^{-6}} = 0.172 < 1/3$，符合要求。

由式（5-17）可求出磁弹簧刚度

$$K_m = 4\left(\frac{a}{l_g}\right)^2 R_g \phi_g^2 = 4\times\left(\frac{14.5\times 10^{-3}}{0.25\times 10^{-3}}\right)^2\times$$
$$2.46\times 10^7\times(4.486\times 10^{-6})^2 \text{N}\cdot\text{m/rad} = 7.43\text{N}\cdot\text{m/rad}$$

5. 计算弹簧管刚度 K_a

由式（5-36）和式（5-37）求出弹簧管刚度

$$K_a = K_{mf} - K_f(r+b)^2 + K_m + 8\pi C_{df}^2(p_s-p_r)x_{f0}r^2 =$$
$$[3.766 - 2987\times(8.9+13.3)^2\times 10^{-6} + 7.43 + 8\pi\times 0.64^2\times$$
$$(210-23)\times 10^5\times 0.03\times 10^{-3}\times(8.9\times 10^{-3})^2]\text{N}\cdot\text{m/rad} =$$
$$10.18\text{N}\cdot\text{m/rad}$$

根据求得 K_a 值可以设计弹簧管。

第四节　直接反馈两级滑阀式电液伺服阀

一、结构及工作原理

动圈式直接位置反馈两级滑阀式电液伺服阀如图 5-11 所示。该阀由动圈式力马达和两级滑阀式液压放大器组成。前置级是带两个固定节流孔的四通阀（双边滑阀），功率级是零开口四边滑阀。功率级阀芯也是前置级的阀套，构成直接位置反馈。

当信号电流输入力马达线圈时，线圈上产生的电磁力使前置级阀芯移动，假定阀芯向上移动 x。此时上节流口开大，下节流口关小。从而使功率级滑阀上控制腔压力减小，而下控制腔压力增大，功率级阀芯上移。当功率级阀芯位移 $x_v=x$ 时停止移动，功率级滑阀开口量为 x_v，使阀输出流量。

二、动圈式两级滑阀伺服阀的方块图

动圈式力马达控制线圈的电压平衡方程为

$$K_u u_g = (R_c + r_p)i_c + L_c\frac{di_c}{dt} + K_b\frac{dx}{dt} \tag{5-67}$$

式中 u_g——输入放大器的信号电压；
K_u——放大器增益；
R_c——控制线圈电阻；
r_p——放大器内阻；
L_c——控制线圈电感；
K_b——线圈的反电动势常数，$K_b = B_g \pi D N_c$。

式（5-67）等号左边为放大器加在控制线圈上的信号电压。等号右边第一项是在电阻上的电压降，第二项是电流变化时在控制线圈中产生的自感反电动势，第三项是线圈在极化磁场中运动所产生的反电动势。

式（5-67）的拉氏变换式可写成

$$I_c = \frac{K_u U_g - K_b s X}{(R_c + r_p)\left(1 + \dfrac{s}{\omega_a}\right)} \tag{5-68}$$

式中 ω_a——控制线圈的转折频率，$\omega_a = \dfrac{R_c + r_p}{L_c}$。

线圈组件的力平衡方程为

$$K_t i_c = m \frac{d^2 x}{dt^2} + B \frac{dx}{dt} + K x + F_L \tag{5-69}$$

式中 m——线圈组件的质量；
B——线圈组件的阻尼系数；
K——弹簧刚度；
F_L——作用在线圈组件上的负载力。

作用在线圈组件上的负载力 F_L 为第一级滑阀的稳态液动力，可以忽略不计。则式（5-69）可以写成

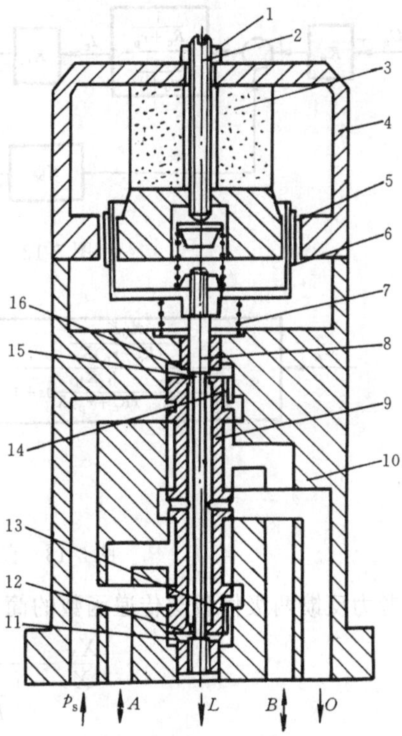

$$\frac{X}{I_c} = \frac{K_t / K}{\dfrac{s^2}{\omega_0^2} + \dfrac{2\zeta_0}{\omega_0} s + 1} \tag{5-70}$$

前置级滑阀的开口量为

$$X_e = X - X_V \tag{5-71}$$

前置级滑阀的负载为功率级滑阀的质量和液动力，忽略液动力的影响，其传递函数为

$$\frac{X_V}{X_e} = \frac{\dfrac{K_{qp}}{A_V}}{s\left(\dfrac{s^2}{\omega_{hp}^2} + \dfrac{2\zeta_{hp}}{\omega_{hp}} s + 1\right)} \tag{5-72}$$

由式（5-68）、（5-70）～（5-72）可画出直接位置反馈滑阀式伺服阀的方块图，如图 5-12 所示。直接位置反馈滑阀式伺服阀的简化方块图如图 5-13 所示。

三、动圈式两级滑阀伺服阀的传递函数

伺服阀的稳定性取决于直接位置反馈回路的稳定性，稳定条件为

$$K_v < 2\zeta_{hp} \omega_{hp}$$

图 5-11 直接位置反馈两级滑阀式伺服阀
1—锁紧螺母 2—调零螺钉 3—磁钢
4—导磁体 5—气隙 6—动圈 7—弹簧
8—一级阀芯 9—二级阀芯 10—阀体
11—下控制腔 12—下节流口
13—下固定节流孔 14—上固定节流孔
15—上节流口 16—上控制腔

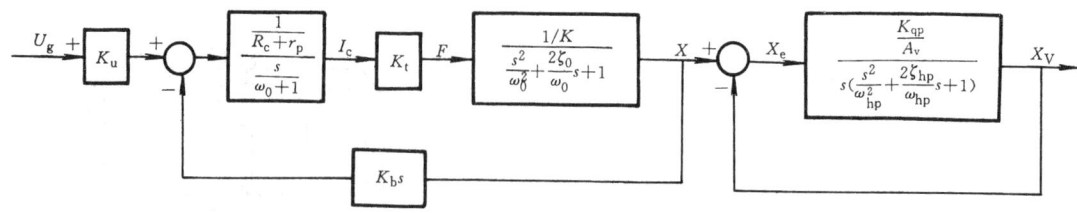

图 5-12　直接反馈滑阀式伺服阀方块图

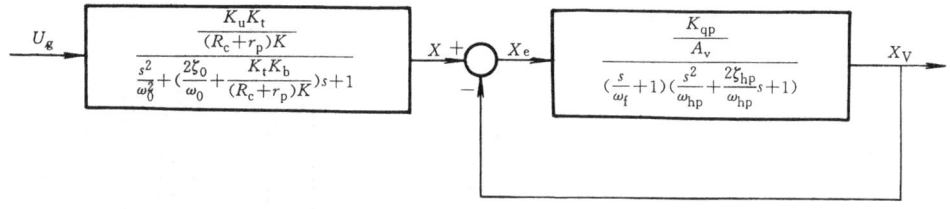

图 5-13　直接反馈滑阀式伺服阀简化方块图

参考力反馈两级伺服阀传递函数的简化方法，直接位置反馈回路的闭环传递函数可写成

$$\frac{X_V}{X} = \frac{1}{\left(\dfrac{s}{K_v}+1\right)\left(\dfrac{s^2}{\omega_{hp}^2}+\dfrac{2\zeta_{hp}}{\omega_{hp}}s+1\right)}$$

因为 ω_{hp} 比较高，不会限制阀的频宽，因此可以忽略。则直接位置反馈两级滑阀式伺服阀的传递函数可写为

$$\frac{X_V}{U_g} = \frac{\dfrac{K_u K_t}{(R_c+r_p)K}}{\left(\dfrac{s}{K_v}+1\right)\left[\dfrac{s^2}{\omega_0^2}+\left(\dfrac{2\zeta_0}{\omega_0}+\dfrac{1}{R_c+r_p}\dfrac{K_b K_t}{K}\right)s+1\right]} \tag{5-73}$$

因为 ω_{hp} 很高，在保证阀稳定的前提下，允许 K_v 比较高。另一方面，一级阀为滑阀，其流量增益比喷嘴挡板阀大得多，也能提供比较高的 K_v 值。所以直接位置反馈滑阀式伺服阀的频宽主要由力马达的固有频率 ω_0 所决定。由于力马达动圈组件（包括一级阀阀芯）质量比较大，而对中弹簧刚度又比较低，因此固有频率 ω_0 较低。这种阀的频宽一般为 30～70Hz。

第五节　其它型式的电液伺服阀简介

电液伺服阀的结构有各种不同的型式，下面对几种典型的和比较特殊的结构型式作一简介。

一、弹簧对中式两级电液伺服阀

弹簧对中式伺服阀是早期伺服阀的结构型式，其结构原理如图 5-14 所示。它的第一级是双喷嘴挡板阀，第二级是滑阀，阀芯两端各有一根对中弹簧。无控制电流输入时，阀芯在对中弹簧作用下处于中位。当有控制电流输入时，对中弹簧力与喷嘴挡板阀输出的液压力相平衡，使阀芯取得一个相应的位移，输出相应的流量。

这种伺服阀属开环控制，其性能受温度、压力及阀内部结构参数变化的影响较大；衔铁及挡板的位移都较大，对力矩马达的线性要求较高；对中弹簧要求体积小、刚度大、抗疲劳好，因此制造困难；两端对中弹簧由于制造和安装上的误差，易对阀芯产生侧向卡紧力，增加阀芯摩擦力，使阀的滞环增大，分辨率降低。但由于结构简单、造价低，可适用于一般的、性能要求不高的电液伺服系统。

二、射流管式两级电液伺服阀

射流管式伺服阀如图 5-15 所示。射流管由力矩马达带动偏转。射流管焊接于衔铁上，并由薄壁弹簧片支承。液压油通过柔性的供压管进入射流管，从射流管喷嘴射出的液压油进入与滑阀两端控制腔分别相通的两个接收孔中，推动阀芯移动。射流管的侧面装有弹簧板及反馈弹簧丝，其末端插入阀芯中间的小槽内，阀芯移动推动反馈弹簧丝，构成对力矩马达的力反馈。力矩马达借助于薄壁弹簧片实现对液压部分的密封隔离。

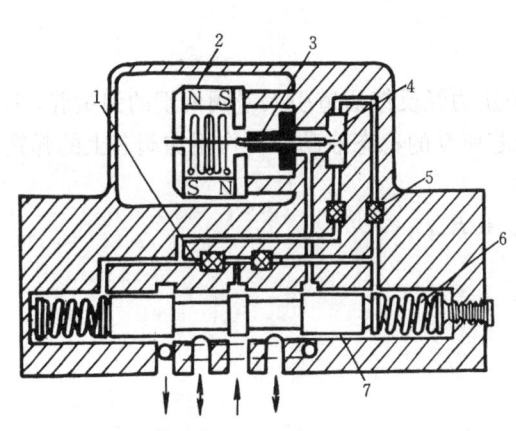

图 5-14 弹簧对中式两级电液伺服阀
1—固定节流孔 2—力矩马达 3—弹簧管
4—喷嘴 5—过滤器 6—平衡弹簧 7—阀芯

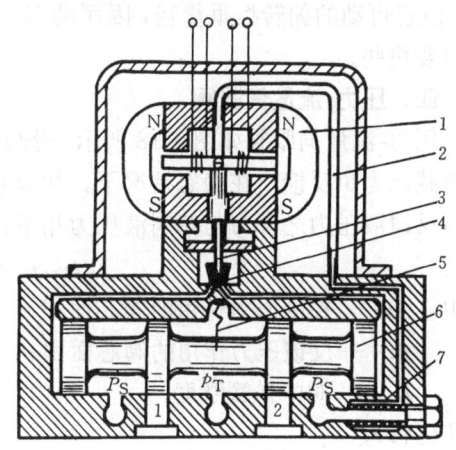

图 5-15 射流管式两级电液伺服阀
1—力矩马达 2—柔性供压管 3—射流管
4—射流接收器 5—反馈弹簧 6—阀芯 7—过滤器

射流管式伺服阀的最大优点是抗污染能力强。缺点是动态响应较慢，特性不易预测，力矩马达结构及工艺复杂，细长的射流管及柔性供压管易出现结构谐振。

三、偏转板射流式两级电液伺服阀

偏转板射流式伺服阀如图 5-16 所示。它由力矩马达、偏转板射流放大器和滑阀组成。滑阀位移通过反馈杆产生机械力矩反馈到力矩马达衔铁组件。

偏转板射流放大器由射流盘和偏转板组成，见图 5-17。射流盘上开有一个射流喷嘴和两个对称的接收口。射流喷嘴与液压能源相通，两个接收口分别与第二级滑阀两端的控制腔相连。偏转板上开有 V 型导流窗口，其上端与衔铁固连，并由弹簧管支承，其下端通过反馈杆末端的小球插入滑阀阀芯中间的小槽中。

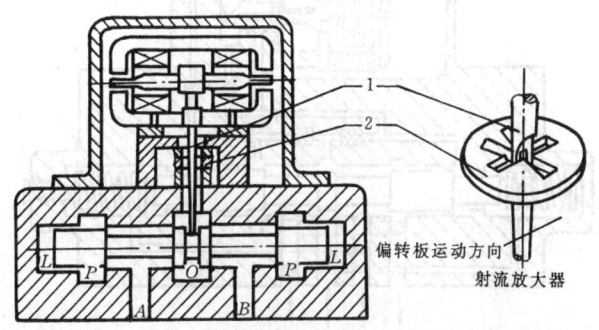

图 5-16 偏转板射流式伺服阀
1—偏转板 2—射流盘

当偏转板处于射流盘中间位置时，由喷嘴射出的射流被两个接收口均等地接收，在滑阀两端产生的恢复压力相等，阀芯不动。当偏转板偏转时，两个接收口内的恢复压力不等，在滑阀两端产生的压差控制阀芯运动。阀芯位移又带动反馈杆产生变形，以力矩的形式反馈到力矩马达的衔铁上，与衔铁产生的电磁力矩相平衡。

偏转板射流式伺服阀结构简单、工作可靠，具有射流管式伺服阀类似的优、缺点。但它可动的偏转板重量轻，因而动态响应要快些。

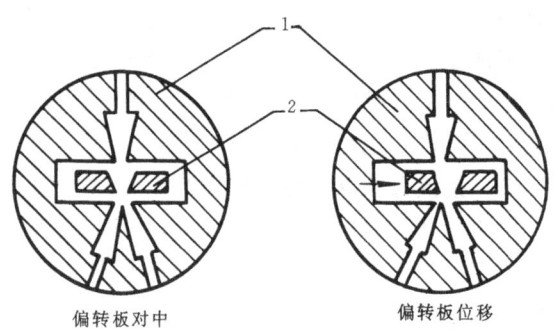

图 5-17 偏转板射流放大器原理图
1—射流盘 2—偏转板

四、压力-流量伺服阀

压力-流量伺服阀如图 5-18 所示。滑阀输出的压力经反馈通道引入滑阀两端的弹簧腔，形成负载压力负反馈。在稳态情况下，如果忽略阀芯所受的稳态液动力，作用在阀芯上的弹簧力与反馈液压力之合力与控制液压力相平衡，即

$$p_{Lp}A_v = p_L A_e + K_e x_v$$

式中　A_v——控制压力作用的阀芯面积；
　　　A_e——反馈压力作用的阀芯面积；
　　　K_e——对中弹簧刚度。

阀芯位移为

$$x_v = \frac{A_v}{K_e}p_{Lp} - \frac{A_e}{K_e}p_L$$

当负载压力 p_L 增大时，除阀口压降减小使输出流量减小外，还由于阀开口量减小而使输出流量进一步减小。因此，负载流量曲线的斜率比流量伺服阀的大，其压力-流量曲线见图 5-19。由图可见压力-流量伺服阀的线性很好。图中虚线是伺服阀最大开度时的压力-流量特性。

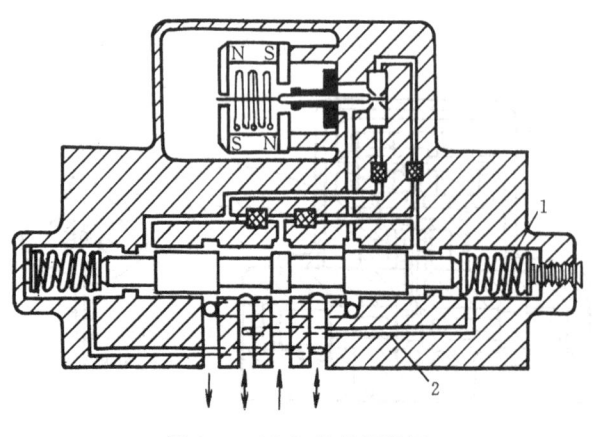

图 5-18 压力-流量伺服阀
1—平衡弹簧 2—压力反馈通路

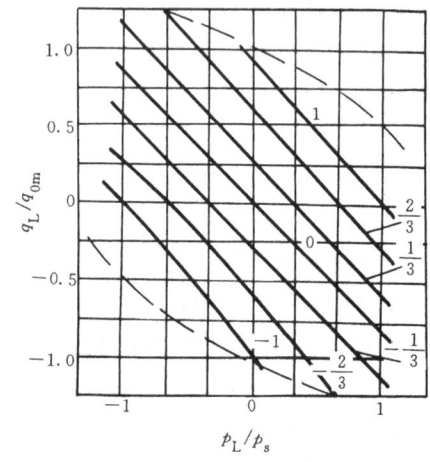

图 5-19 压力-流量伺服阀的压力-流量曲线

应当指出，在位置反馈伺服阀的基础上引入负载压力反馈，都可以构成压力-流量伺服阀。另外，负载压力除反馈到功率级滑阀外，也可以通过反馈喷嘴将负载压力反馈到挡板，或通过压力传感器反馈到伺服放大器，其作用是一样的。

压力-流量伺服阀的流量-压力系数大，但刚性差。通常用在负载惯性大、外负载力小或带谐振负载的伺服系统。

五、动压反馈伺服阀

压力-流量伺服阀虽然增加了系统的阻尼，但降低了系统的静刚度。为了克服这个缺点，出现了动压反馈伺服阀，见图 5-20。与压力-流量伺服阀相比，它增加了由弹簧活塞和液阻（固定节流孔）所组成的压力微分网络，负载压力通过压力微分网络反馈到滑阀。此阀在动态时，具有压力-流量伺服阀的特性，在稳态时具有流量伺服阀的特性。

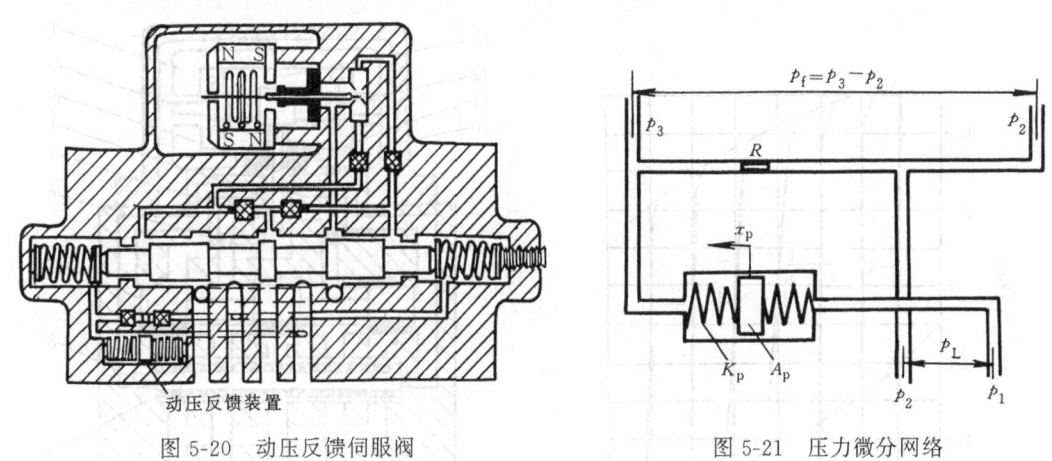

图 5-20 动压反馈伺服阀　　　　图 5-21 压力微分网络

压力微分网络简图见图 5-21。如果忽略滑阀运动所需的流量，则其流量连续性方程为

$$A_p \frac{dx_p}{dt} = \frac{1}{R} \Delta p_f \tag{5-74}$$

式中　R——固定节流孔的液阻；

　　　p_f——反馈压力。

忽略弹簧活塞的质量力和粘性力，则活塞力平衡方程为

$$(\Delta p_1 - \Delta p_3) A_p = K_p \Delta x_p$$

因为 $p_L = p_1 - p_2$，$p_f = p_3 - p_2$，所以 $p_1 - p_3 = p_L - p_f$，则

$$(\Delta p_L - \Delta p_f) A_p = K_p \Delta x_p$$

由上式求得

$$\frac{d\Delta x_p}{dt} = \frac{A_p}{K_p} \left(\frac{d\Delta p_L}{dt} - \frac{d\Delta p_f}{dt} \right)$$

将上式代入式（5-74）并取拉氏变换，经整理可求得压力微分网络的传递函数为

$$\frac{\Delta p_f}{\Delta p_L} = \frac{\tau s}{\tau s + 1} \tag{5-75}$$

式中　τ——压力微分网络的时间常数，$\tau = \dfrac{R A_p^2}{K_p}$。

从式（5-75）可以看出，在动态时负载压力反馈起作用，而在稳态时负载压力反馈不起作用。这样既增加了系统的动态阻尼,又不降低系统的静态刚度。

动压反馈伺服阀主要应用于大惯量负载的伺服系统。例如,雷达天线控制系统。

六、电液压力伺服阀

在图 5-18 中,把滑阀两端的对中弹簧去掉,就可以得到阀芯力平衡式压力控制伺服阀。此时,如果忽略阀芯的液动力,稳态时阀芯的力平衡方程为

$$p_L A_e = p_{Lp} A_v$$

可见,滑阀输出的负载压力 p_L 与喷嘴挡板阀的控制压力 p_{Lp} 成比例,也就是和输入电流 Δi 成比例。压力伺服阀的压力-流量曲线如图 5-22 所示。压力伺服阀的输出压力要受负载流量的影响。在负载流量增大时,阀芯所受的液动力也增大,使输出压力略有下降,即压力-流量曲线变成略微倾斜的形状。图中虚线抛物线是对应滑阀最大开度的特性。

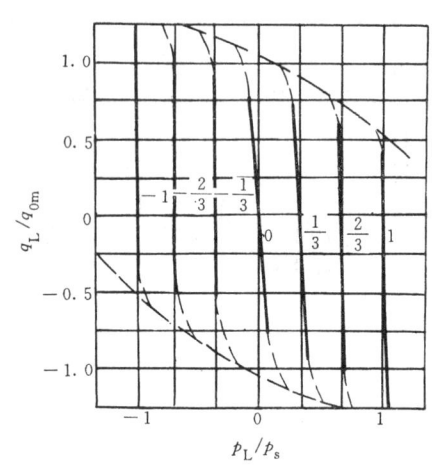

图 5-22 压力伺服阀的压力-流量曲线

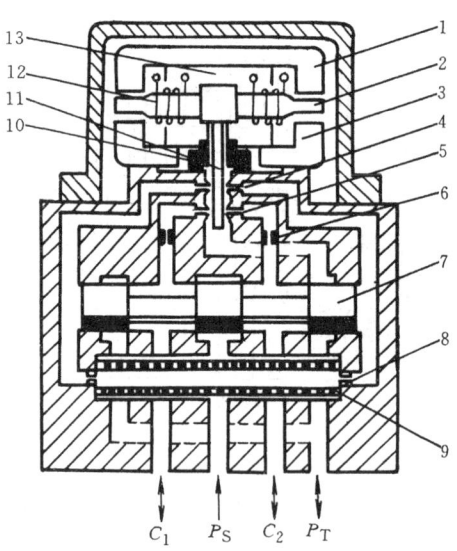

图 5-23 反馈喷嘴式压力伺服阀
1—上导磁体 2—衔铁 3—下导磁体
4—控制喷嘴 5—反馈喷嘴 6—反馈节流孔 7—阀芯
8—固定节流孔 9—过滤器 10—挡板 11—弹簧管
12—线圈 13—永久磁铁

滑阀输出的压力也可以通过一对反馈喷嘴反馈到挡板上构成压力伺服阀,如图 5-23 所示,当力矩马达有输入信号电流时,衔铁产生的电磁力矩使挡板偏离中位,喷嘴挡板阀输出的控制压差推动滑阀运动,输出负载压力。与此同时负载压力通过反馈喷嘴对挡板产生反馈力矩,使挡板回到中间位置,前置级停止工作,阀芯停止运动。此时,与负载压力成比例的反馈力矩等于力矩马达输入电流产生的电磁力矩。因此,滑阀输出的负载压力与输入电流的大小成正比。

上述两种压力伺服阀,由于反馈的结构和反馈所包围的环节不同,其性能也有差异。反馈喷嘴式的力矩马达及挡板在零位附近工作,线性好。但反馈喷嘴对挡板的作用力与反馈喷嘴腔感受的压力不是严格的线性,因此阀的压力特性线性度稍差。阀芯力平衡式力矩马达和挡板工作范围较大,对力矩马达线性要求高。压力反馈增益由阀芯大小凸肩面积之比来保证,压力反馈有固定的线性增益。

第六节 电液伺服阀的特性及主要的性能指标

电液伺服阀是一个非常精密而又复杂的伺服控制元件，它的性能对整个系统的性能影响很大，因此要求也十分严格。下面就电液流量伺服阀的特性及主要性能指标作一介绍。

一、静态特性

电液流量伺服阀的静态性能，可根据测试所得到负载流量特性、空载流量特性、压力特性、内泄漏特性等曲线和性能指标加以评定。

（一）负载流量特性（压力-流量特性）

负载流量特性曲线如图 5-24 所示，它完全描述了伺服阀的静态特性。但要测得这组曲线却相当麻烦，特别是在零位附近很难测出精确的数值，而伺服阀却正好是在此处工作。因此，这些曲线主要还是用来确定伺服阀的类型和估计伺服阀的规格，以便与所要求的负载流量和负载压力相匹配。

伺服阀的规格也可以由额定电流 I_n、额定压力 p_n、额定流量 q_n 来表示。

（1）额定电流 I_n 为产生额定流量对线圈任一极性所规定的输入电流（不包括零偏电流），以 A 为单位。规定额定电流时，必须规定线圈的连接形式。额定电流通常指单线圈连接、并联连接或差动连结而言。当串联连接时，其额定电流为上述额定电流之半。

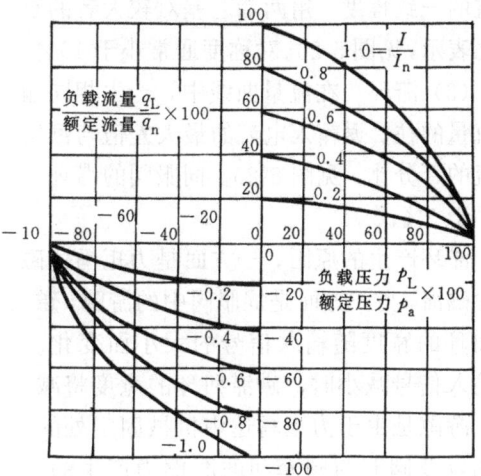

图 5-24 伺服阀的压力-流量曲线

（2）额定压力 p_n 额定工作条件时的供油压力，或称额定供油压力，以 Pa 为单位。

（3）额定流量 q_n 在规定的阀压降下，对应于额定电流的负载流量，以 m^3/s 为单位。通常，在空载条件下规定伺服阀的额定流量，此时阀压降等于额定供油压力，也可以在负载压降等于三分二供油压力的条件下规定额定流量，这样规定的额定流量对应阀的最大功率输出点。

（二）空载流量特性

空载流量曲线（简称流量曲线）是输出流量与输入电流呈回环状的函数曲线，见图 5-25。它是在给定的伺服阀压降和负载压降为零的条件下，使输入电流在正、负额定电流值之间以阀的动态特性不产生影响的循环速度作一完整的循环所描绘出来的连续曲线。

流量曲线中点的轨迹称为名义流量曲线。这是零滞环流量曲线。阀的滞环通常很小，因此可以把流量曲线的任一侧当作名义流量曲线使用。

流量曲线上某点或某段的斜率就是阀在该点或该段的流量增益。从名义流量曲线的零流量点向两极各作一条与名义流量曲线偏差为最小的直线，这就是名义流量增益线，见图 5-26。两个极性的名义流量增益线斜率的平均值就是名义流量增益，以 $m^3/s \cdot A$ 为单位。

伺服阀的额定流量与额定电流之比称为额定流量增益。

流量曲线非常有用,它不仅给出阀的极性、额定空载流量、名义流量增益,而且从中还可以得到阀的线性度、对称度、滞环、分辨率,并揭示阀的零区特性。

(1) 线性度 流量伺服阀名义流量曲线的直线性。以名义流量曲线与名义流量增益线的最大偏差电流值与额定电流的百分比表示,见图 5-26。线性度通常小于 7.5%。

(2) 对称度 阀的两个极性的名义流量增益的一致程度。用两者之差对较大者的百分比表示,见图 5-26。对称度通常小于 10%。

(3) 滞环 在流量曲线中,产生相同输出流量的往、返输入电流的最大差值与额定电流的百分比,见图 5-25。伺服阀的滞环一般小于 5%。

滞环产生的原因,一方面是力矩马达磁路的磁滞,另一方面是伺服阀中的游隙。磁滞回环的宽度随输入信号的大小而变化。当输入信号减小时,磁滞回环的宽度将减小。游隙是由于力矩马达中机械固定处的滑动以及阀芯与阀套间的摩擦力产生的。如果油是脏的,则游隙会大大增加,有可能使伺服系统不稳定。

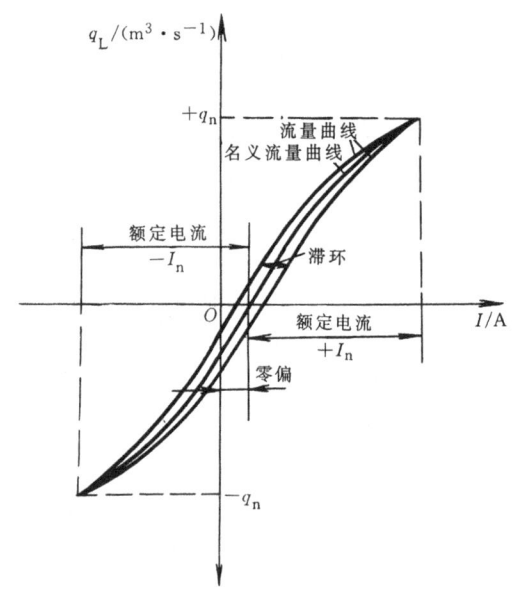

图 5-25 流量特性曲线

(4) 分辨率 使阀的输出流量发生变化所需的输入电流的最小变化值与额定电流的百分比,称为分辨率。通常分辨率规定为从输出流量的增加状态回复到输出流量减小状态所需之电流最小变化值与额定电流之比。伺服阀的分辨率一般小于 1%。分辨率主要由伺服阀中的静摩擦力引起的。

(5) 重叠 伺服阀的零位是指空载流量为零的几何零位。伺服阀经常在零位附近工作,因此零区特性特别重要。零位区域

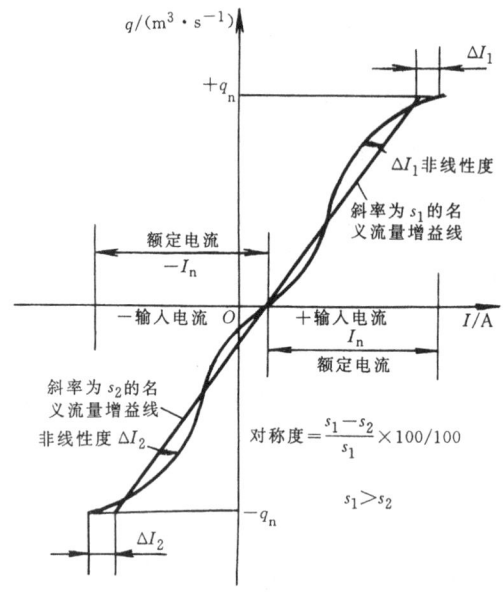

图 5-26 名义流量增益、线性度、对称度

是输出级的重叠对流量增益起主要影响的区域。伺服阀的重叠用两极名义流量曲线近似直线部分的延长线与零流量线相交的总间隔与额定电流的百分比表示,见图 5-27。伺服阀的重叠分三种情况,即零重叠、正重叠和负重叠。

(6) 零偏 为使阀处于零位所需的输入电流值(不计阀的滞环的影响),以额定电流的百分比表示。见图 5-25。零偏通常小于 3%。

(三) 压力特性

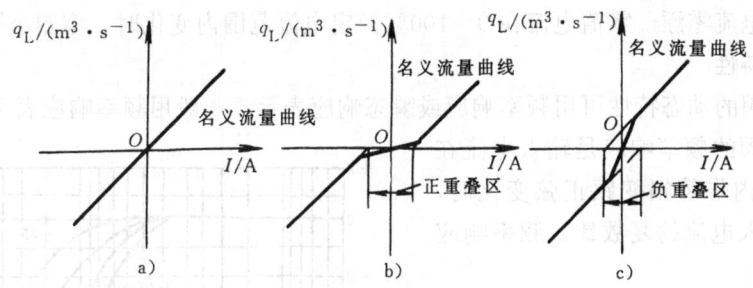

图 5-27 伺服阀的重叠
a) 零重叠 b) 正重叠 c) 负重叠

压力特性曲线是输出流量为零（两个负载油口关闭）时，负载压降与输入电流呈回环状的函数曲线，见图 5-28。负载压力对输入电流的变化率就是压力增益，以 Pa/A 单位表示。伺服阀的压力增益通常规定为最大负载压降的 ±40% 之间，负载压降对输入电流曲线的平均斜（图 5-28）。压力增益指标为输入 1% 的额定电流时，负载压降应超过 30% 的额定工作压力。

（四）内泄漏特性

内泄漏流量是负载流量为零时，从回油口流出的总流量，以 m^3/s 为单位。内泄漏流量随输入电流而变化，见图 5-29。当阀处于零位时，内泄漏流量（零位内泄漏流量）最大。

对两级伺服阀而言，内泄漏流量由前置级的泄漏流量 q_{p0} 和功率级泄漏流量 q_l 组成。功率滑阀的零位泄漏流量 q_c 与供油压力 p_s 之比可作为滑阀的流量-压力系数。零位泄漏流量对新阀可作为滑阀制造质量的指标，对旧阀可反映滑阀的磨损情况。

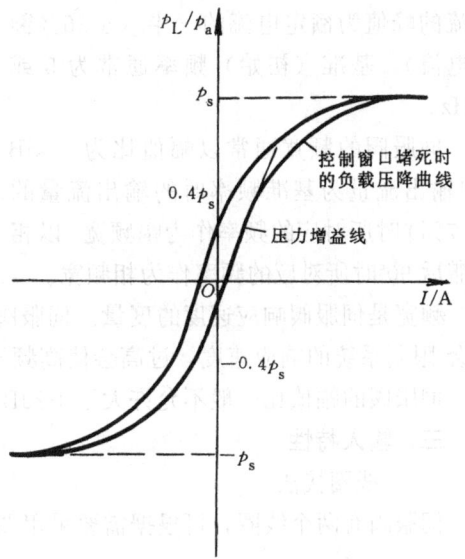

图 5-28 压力特性曲线

（五）零漂

工作条件或环境变化所导致的零偏变化，以其对额定电流的百分比表示。通常规定有供油压力零漂、回油压力零漂、温度零漂、零值电流零漂等。

(1) 供油压力零漂 供油压力在 70%～100% 额定供油压力的范围内变化时，零漂小于 2%。

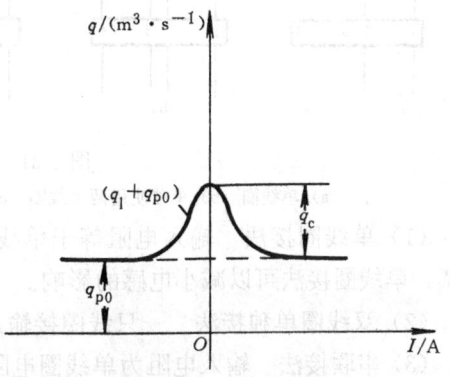

图 5-29 内泄漏特性曲线

(2) 回油压力零漂 回油压力在 0～20% 额定供油压力的范围内变化时，零漂应小于 2%。

(3) 温度零漂　工作油温每变化 40℃ 时，零漂小于 2%。

(4) 零值电流零漂　零值电流在 0~100% 额定电流范围内变化时，零漂小于 2%。

二、动态特性

电液伺服阀的动态特性可用频率响应或瞬态响应表示，一般用频率响应表示。

电液伺服阀的频率响应是输入电流在某一频率范围内作等幅变频正弦变化时，空载流量与输入电流的复数比。频率响应如图 5-30 所示。

伺服阀的频率响应随供油压力、输入电流幅值、油温和其它工作条件而变化。通常在标准试验条件下进行试验，推荐输入电流的峰值为额定电流的一半（±25% 额定电流），基准（初始）频率通常为 5 或 10Hz。

伺服阀的频宽通常以幅值比为 -3dB（即输出流量为基准频率时的输出流量的 70.7%）时所对应的频率作为幅频宽，以相位滞后 90° 时所对应的频率作为相频宽。

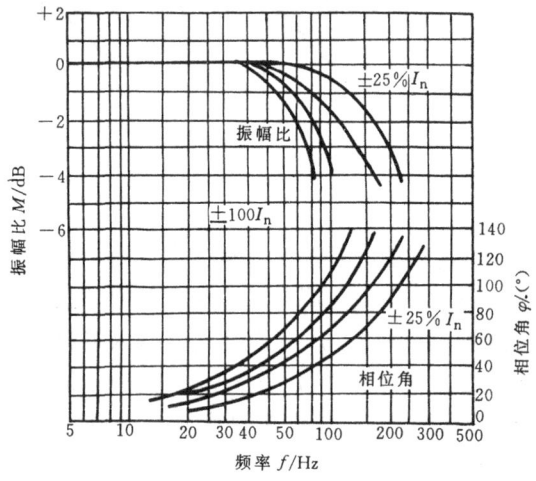

图 5-30　伺服阀的频率特性

频宽是伺服阀响应速度的度量。伺服阀的频宽应根据系统的实际需要加以确定，频宽过低会限制系统的响应速度，过高会使高频干扰传到负载上去。

伺服阀的幅值比一般不允许大于 +2dB。

三、输入特性

（一）线圈接法

伺服阀有两个线圈，可根据需要采用图 5-31 中的任何一种接法。

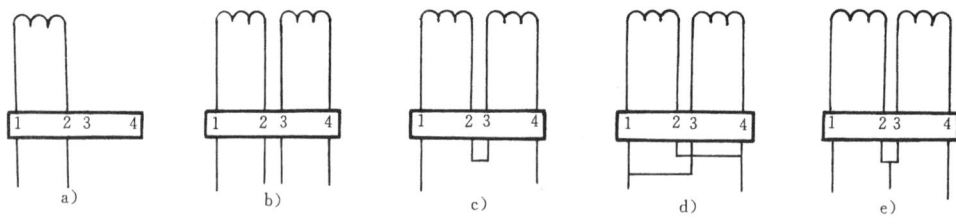

图 5-31　伺服阀线圈的接法

a) 单线圈　b) 单独使用两个线圈　c) 双线圈串联　d) 双线圈并联　e) 双线圈差接

(1) 单线圈接法　输入电阻等于单线圈电阻，线圈电流等于额定电流，电控功率 $P = I_n^2 R_c$。单线圈接法可以减小电感的影响。

(2) 双线圈单独接法　一只线圈接输入，另一只线圈可用来调偏、接反馈或引入颤振信号。

(3) 串联接法　输入电阻为单线圈电阻 R_c 的两倍，额定电流为单线圈时的一半，电控功率为 $P = \frac{1}{2} I_n^2 R_c$。串联连接的特点是额定电流和电控功率小，但易受电源电压变动的影响。

(4) 并联接法　输入电阻为单线圈电阻的一半，额定电流为单线圈接法时的额定电流，电

控功率 $P=\frac{1}{2}I_n^2R_c$。其特点是工作可靠性高,一只线圈坏了也能工作,但易受电流电压变动的影响。

（5）差动接法　差动电流等于额定电流,等于两倍的信号电流,电控功率 $P=I_n^2R_c$。差动接法的特点是不易受电子放大器和电源电压变动的影响。

（二）颤振

为了提高伺服阀的分辨能力,可以在伺服阀的输入信号上叠加一个高频低幅值的电信号,颤振使伺服阀处在一个高频低幅值的运动状态之中,这可以减小或消除伺服阀中由于干摩擦所产生的游隙。同时还可以防止阀的堵塞。但颤振不能减小力矩马达磁路所产生的磁滞影响。

颤振的频率和幅度对其所起的作用都有影响。颤振频率应大大超过预计的信号频率,而不应与伺服阀或执行元件与负载的谐振频率相重合。因为这类谐振的激励可能引起疲劳破坏或者使所含元件饱和。颤振幅度应足够大以使峰间值刚好填满游隙宽度,这相当于主阀芯运动约为 $2.5\mu m$ 左右。颤振幅度又不能过大,以致通过伺服阀传到负载。颤振信号的波形采用正弦波、三角波或方波,其效果是相同的。

思 考 题

1. 电液伺服阀由哪几部分组成？各部分的作用是什么？
2. 力矩马达为何要有极化磁场？
3. 永磁动铁式力矩马达的电磁力矩是如何产生的？为什么会出现负磁弹簧刚度？
4. 为什么把 K_t、K_m 称为中位电磁力矩系数和中位磁弹簧刚度？
5. 为什么动圈式力矩马达没有磁弹簧刚度？这种力矩马达有什么特点？
6. 为什么喷嘴挡板式力反馈两级伺服阀在稳态时,挡板在中位附近工作？有什么好处？
7. 如何提高力反馈伺服阀的频宽？提高频宽受什么限制？
8. 为了减小力矩马达线圈电感的影响,应采取什么措施？
9. 在什么情况下电液伺服阀可看成振荡环节、惯性环节、比例环节？
10. 为什么力反馈伺服阀流量控制的精确性需要靠功率滑阀的精度来保证？
11. 压力伺服阀与压力-流量伺服阀有什么区别？
12. 压力-流量伺服阀与动压反馈伺服阀有什么区别？

习 题

1. 已知电液伺服阀在线性区域内工作时,输入差动电流 $\Delta i=10\text{mA}$,负载压力 $p_L=20\times10^5\text{Pa}$,负载流量 $q_L=60\text{L/min}$。求此电液伺服阀的流量增益及压力增益。

2. 已知一电液伺服阀的压力增益为 $5\times10^5\text{Pa/mA}$,伺服阀控制的液压缸面积为 $A_p=50\times10^{-4}\text{m}^2$。要求液压缸输出力 $F=5\times10^4\text{N}$,伺服阀输入电流 Δi 为多少？

3. 力反馈两级伺服阀,其额定流量为 15L/min,额定压力为 $210\times10^5\text{Pa}$,阀芯直径 $d=0.5\times10^{-2}\text{m}$,为全周开口,如果要求此伺服阀频宽 $\omega_b>100\text{Hz}$,前置级喷嘴挡板阀的输出流量至少为多少？取流量系数 $C_d=0.62$,油液密度 $\rho=870\text{kg/m}^3$。

4. 力反馈两级电液伺服阀,其额定流量为 15L/min,额定压力 $210\times10^5\text{Pa}$,额定电流为 10mA,功率滑阀全周开口,阀芯直径 $d=0.5\times10^{-2}\text{m}$,喷嘴中心至弹簧管旋转中心距离 $r=0.87\times10^{-2}\text{m}$,反馈杆小球中心至喷嘴中心距离 $b=1.33\times10^{-2}\text{m}$,反馈杆刚度 $K_f=2.8\times10^3\text{N/m}$。求力矩马达力矩系数 K_t。计算时取 $C_d=0.62$,$\rho=870\text{kg/m}^3$。

5. 已知电液伺服阀额定流量为 10L/min,额定压力为 $210\times10^5\text{Pa}$,额定电流 10mA,功率滑阀为零开口四边滑阀,其零位泄漏流量为额定流量的 4%,伺服阀控制的双作用液压缸 $A_p=20\times10^{-4}\text{m}^2$,当伺服阀输入电流为 0.1mA 时,求液压缸最大输出速度和最大输出力。

第六章 电液伺服系统

电液伺服系统综合了电气和液压两方面的特长,具有控制精度高、响应速度快、输出功率大、信号处理灵活、易于实现各种参量的反馈等优点。因此,在负载质量大又要求响应速度快的场合使用最为合适,其应用已遍及国民经济和军事工业的各个技术领域。

第一节 电液伺服系统的类型

电液伺服系统的分类方法很多,可以从不同角度分类,如位置控制、速度控制、力控制等;阀控系统、泵控系统;大功率系统、小功率系统;开环控制系统、闭环控制系统等。根据输入信号的形式不同,又可分为模拟伺服系统和数字伺服系统两类。下面对模拟伺服系统和数字伺服系统作一简单的说明。

一、模拟伺服系统

在模拟伺服系统中,全部信号都是连续的模拟量,例如图 6-1 所示。在此系统中,输入信号、反馈信号、偏差信号及其放大、校正都是连续的模拟量。电信号可以是直流量,也可以是交流量。直流量和交流量相互转换可以通过调制器或解调器完成。

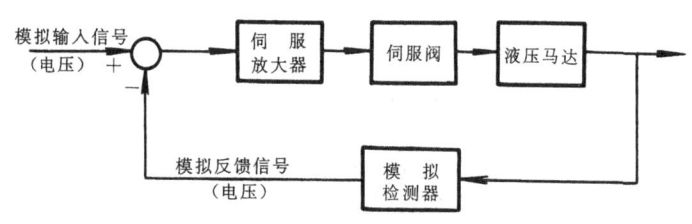

图 6-1 模拟伺服系统方块图

模拟伺服系统重复精度高,但分辨能力较低(绝对精度低)。伺服系统的精度在很大程度上取决于检测装置的精度,而模拟式检测装置的精度一般低于数字式检测装置,所以模拟伺服系统分辨能力低于数字伺服系统。另外模拟伺服系统中微小信号容易受到噪声和零漂的影响,因此当输入信号接近或小于输入端的噪声和零漂时,就不能进行有效的控制了。

二、数字伺服系统

在数字伺服系统中,全部信号或部分信号是离散参量。因此数字伺服系统又分为全数字伺服系统和数字-模拟伺服系统两种。在全数字伺服系统中,动力元件必须能够接收数字信号,可采用数字阀或电液步进马达。数字模拟混合式伺服系统如图 6-2 所示。数控装置发出的指令脉冲与反馈脉冲相比较后产生数字偏差,经数模转换器把信号变为模拟偏差电压,后面的动力部分不变,仍是模拟元件。系统输出通过数字检测器(即模数转换器)变为反馈脉冲信号。

数字检测装置有很高的分辨能力,所以数字伺服系统可以得到很高的绝对精度。数字伺服系统的输入信号是很强的脉冲电压,受模拟量的噪声和零漂的影响很小。所以当要求较高的绝对精度,而不是重复精度时,常采用数字伺服系统。此外,它还能运用数字计算机对信息进行贮存、解算和控制,在大系统中实现多环路、多参量的实时控制,因此有着广阔的发展前景。但是,

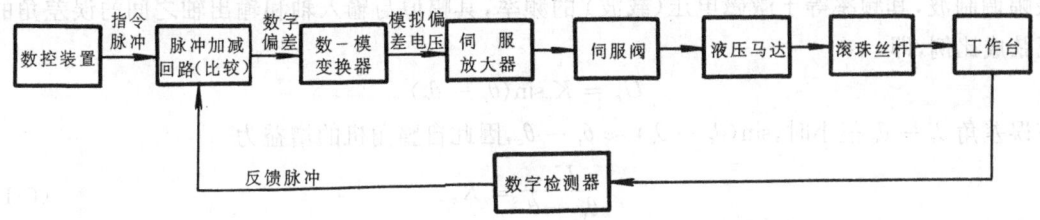

图 6-2 数字-模拟伺服系统方块图

从经济性、可靠性方面来看,简单的伺服系统仍以采用模拟型控制为宜。

下面研究位置控制、速度控制和力控制电液模拟伺服系统。

第二节 电液位置伺服系统的分析

电液位置伺服系统是最基本和最常用的一种液压伺服系统,如机床工作台的位置、板带轧机的板厚、带材跑偏控制、飞机和船舶的舵机控制、雷达和火炮控制系统以及振动试验台等。在其它物理量的控制系统中,如速度控制和力控制等系统中,也常有位置控制小回路作为大回路中的一个环节。

一、系统的组成及其传递函数

电液伺服系统的动力元件不外乎阀控式和泵控式两种基本型式,但由于所采用的指令装置、反馈测量装置和相应的放大、校正的电子部件不同,就构成了不同的系统。如果采用电位器作为指令装置和反馈测量装置,就可以构成直流电液位置伺服系统,如第一章所介绍的双电位器电液位置伺服系统。当采用自整角机或旋转变压器作为指令装置和反馈测量装置时,就可构成交流电液位置伺服系统。

图 6-3 所示是采用一对自整角机作为角差测量装置的电液位置伺服系统。自整角机是一

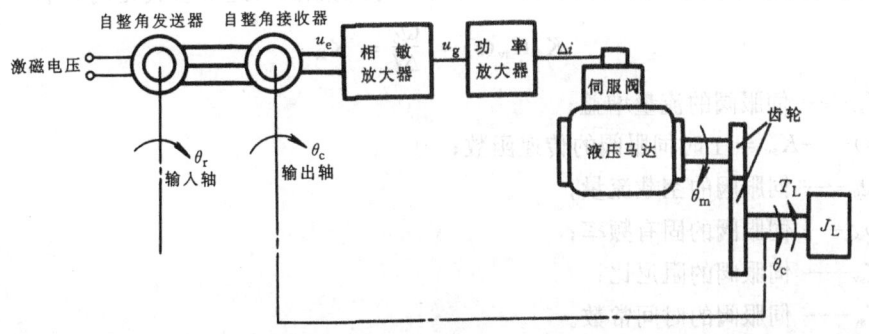

图 6-3 自整角机位置伺服系统原理图

种回转式的电磁感应元件,由转子和定子组成。在定子上绕有星形联接的三相绕组,转子上绕有单相绕组。在伺服系统中,自整角机是成对运行的,与指令轴相联的自整角机称为发送器,与输出轴相联的自整角机称为接收器。发送器转子绕组接激磁电压,接收器转子绕组输出误差信

号电压。接收器和发送器定子的三相绕组相联。自整角机测量装置输出的误差信号电压是一个振幅调制波,其频率等于激磁电压(载波)的频率,其幅值与输入轴和输出轴之间的误差角的正弦成比例,即

$$U_e = K_e \sin(\theta_r - \theta_c)$$

在误差角 $\theta_r - \theta_c$ 很小时,$\sin(\theta_r - \theta_c) \approx \theta_r - \theta_c$,因此自整角机的增益为

$$\frac{U_e}{\theta_r - \theta_c} = K_e \tag{6-1}$$

自整角机输出的交流误差电压信号经相敏放大器前置放大和解调后,把交流电压信号转换为直流电压信号。直流电压信号的大小比例于交流电压信号的幅值,其极性与交流电压信号的相位相适应。相敏放大器的动态与液压动力元件相比可以忽略,将其看成比例环节,其增益为

$$\frac{U_g}{U_e} = K_d \tag{6-2}$$

伺服放大器和伺服阀力矩马达线圈的传递函数与伺服放大器的形式有关。当采用电流负反馈放大器时,由于力矩马达线圈的转折频率 w_a 很高,可以忽略。伺服放大器输出电流 Δi 与输入电压 u_g 近似成比例。其传递函数可用伺服放大器增益 K_a 表示,即

$$\frac{\Delta I}{U_g} = K_a \tag{6-3}$$

电液伺服阀的传递函数采用什么形式,取决于动力元件的液压固有频率的大小。当伺服阀的频宽与液压固有频率相近时,伺服阀可近似地看成二阶振荡环节

$$K_{sv}G_{sv}(s) = \frac{Q_0}{\Delta I} = \frac{K_{sv}}{\frac{s^2}{\omega_{sv}^2} + \frac{2\zeta_{sv}}{\omega_{sv}}s + 1} \tag{6-4}$$

当伺服阀的频宽大于液压固有频率(3~5倍)时,伺服阀可近似看成惯性环节

$$K_{sv}G_{sv}(s) = \frac{Q_0}{\Delta I} = \frac{K_{sv}}{T_{sv}s + 1} \tag{6-5}$$

当伺服阀的频宽远大于液压固有频率(5~10倍)时,伺服阀可近似看成比例环节

$$K_{sv}G_{sv}(s) = \frac{Q_0}{\Delta I} = K_{sv} \tag{6-6}$$

式中 K_{sv}—— 伺服阀的流量增益;

$G_{sv}(s)$—— $K_{sv} = 1$ 时伺服阀的传递函数;

Q_0—— 伺服阀的空载流量;

ω_{sv}—— 伺服阀的固有频率;

ζ_{sv}—— 伺服阀的阻尼比;

T_{sv}—— 伺服阀的时间常数。

在没有弹性负载和不考虑结构柔度的影响时,阀控液压马达的动态方程可由式(3-55)表示,这里改写成以流量为输入的形式

$$\theta_m = \frac{\frac{1}{D_m}Q_0 - \frac{K_{ce}}{iD_m^2}\left(1 + \frac{V_t}{4\beta_e K_{ce}}s\right)T_L}{s\left(\frac{s^2}{\omega_h^2} + \frac{2\zeta_h}{\omega_h}s + 1\right)} \tag{6-7}$$

式中　i——齿轮传动比。

齿轮减速器的传动比为

$$i = \frac{\theta_m}{\theta_c} \quad \text{或} \quad \frac{\theta_c}{\theta_m} = \frac{1}{i} \tag{6-8}$$

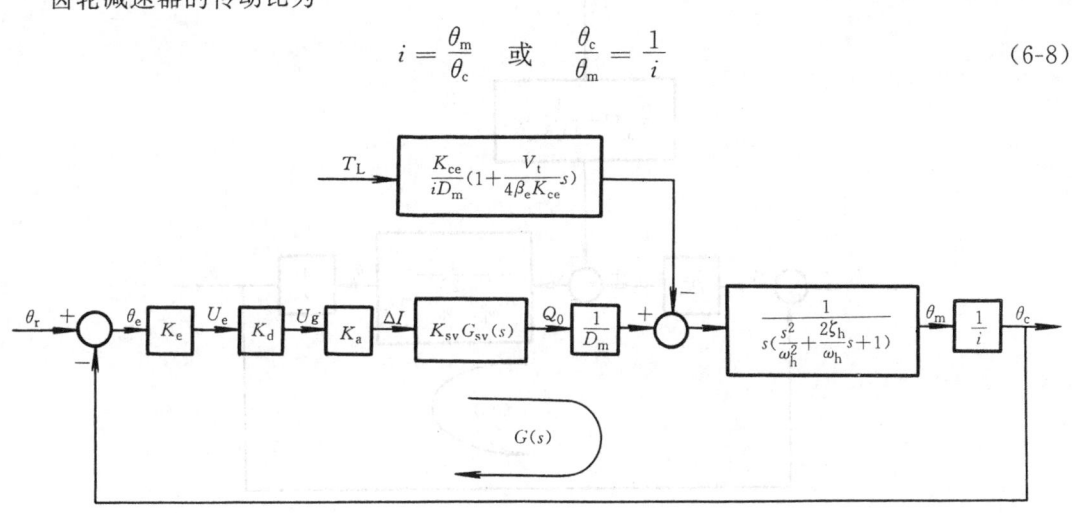

图 6-4　电液位置伺服系统方块图

由式(6-1)~(6-8)可以画出系统的方块图,如图 6-4 所示。由该方块图可写出系统的开环传递函数为

$$G(s)H(s) = \frac{K_v G_{sv}(s)}{s\left(\dfrac{s^2}{\omega_h^2} + \dfrac{2\zeta_h}{\omega_h}s + 1\right)} \tag{6-9}$$

式中　K_v——开环增益(也称速度放大系数),$K_v = \dfrac{K_e K_d K_a K_{sv}}{iD_m}$。

当考虑电液伺服阀的动特性时,由式(6-9)所表示的系统开环传递函数还是比较复杂的。为了简化分析,并得到一个比较简单的稳定判据,希望将式(6-9)进一步简化。通常电液伺服阀的响应速度较快,与液压动力元件相比,其动态特性可以忽略不计,把它看成比例环节。这样,系统的方块图可以简化为图 6-5 所示的形式。而系统的开环传递函数可以简化为

$$G(s)H(s) = \frac{K_v}{s\left(\dfrac{s^2}{\omega_h^2} + \dfrac{2\zeta_h}{\omega_h}s + 1\right)} \tag{6-10}$$

这个近似式除特殊情况外,一般都是正确的。因为液压固有频率通常总是回路中最低的,由它决定了系统的动态特性。

图 6-5 所示的简化方块图和式(6-10)所表示的简化开环传递函数很有代表性,一般的液压位置伺服系统往往都能够简化成这种形式。

二、系统的稳定性分析

简化后的方块图和开环传递函数与第四章所讨论的机液位置伺服系统的方块图和开环传递函数具有相同的形式。因此,系统的稳定条件仍为

$$K_v < 2\zeta_h \omega_h \tag{6-11}$$

为了保证系统可靠的稳定工作,并具有满意的性能指标,要求系统有适当的稳定裕量。通常相位裕量应在 30°~60° 之间,增益裕量 $20\lg K_g$ 应大于 6dB(或 $K_g > 2$)。下面我们讨论 $\gamma \geqslant$

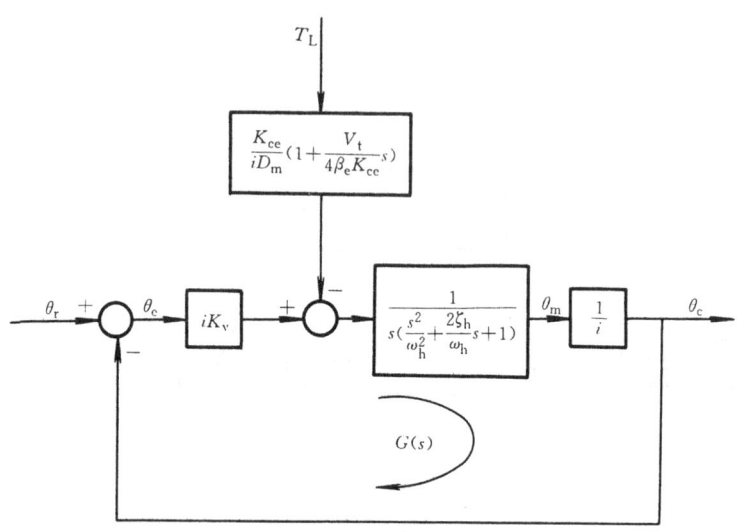

图 6-5 电液位置伺服系统简化方块图

$45°$、$20\lg K_g \geqslant 6\text{dB}$ 时，系统的开环增益应该取多大。

如果取增益裕量 $20\lg K_g \geqslant 6\text{dB}(K_g \geqslant 2)$，则有

$$\frac{K_v}{2\zeta_h\omega_h} \leqslant \frac{1}{K_g} = \frac{1}{2}$$

可得

$$\frac{K_v}{\omega_h} \leqslant \zeta_h \tag{6-12}$$

在相位裕量 $\gamma = 45°$ 时，其对应的相位为

$$\varphi(\omega_c) = -\frac{\pi}{2} - \arctan\frac{2\zeta_h\dfrac{\omega_c}{\omega_h}}{1-\left(\dfrac{\omega_c}{\omega_h}\right)^2} = -\frac{3}{4}\pi$$

因为 ω_c 只能取正值，故解得

$$\frac{\omega_c}{\omega_h} = -\zeta_h + \sqrt{\zeta_h^2 + 1} \tag{6-13}$$

如果取相位裕量 $\gamma \geqslant 45°$，则式(6-13)中的 ω_c 所对应的对数幅值

$$20\lg\frac{K_v}{\omega_c\sqrt{\left[1-\left(\dfrac{\omega_c}{\omega_h}\right)^2\right]^2 + \left(2\zeta_h\dfrac{\omega_c}{\omega_h}\right)^2}} \leqslant 0 \tag{6-14}$$

由式(6-13)和(6-14)可解得

$$\frac{K_v}{\omega_h} \leqslant 2\sqrt{2}\zeta_h\left(\sqrt{\zeta_h^2+1} - \zeta_h\right)^2 \tag{6-15}$$

当开环增益 K_v 取式(6-12)、(6-15)中的最小值时，就能同时满足 $\gamma \geqslant 45°$、$20\lg K_g \geqslant 6\text{dB}$ 的要求。未校正的液压位置伺服系统的阻尼比很小，因此相位裕量比较大，一般为 $70° \sim 80°$，可以根据增益裕量来确定 K_v 值，即由式(6-12)确定。

根据式(6-12)和式(6-15)可画出无因次开环增益 K_v/ω_h 与阻尼比的关系曲线,如图6-6所示。在图中,同时画出了闭环频率响应谐振峰值 $M_r=1.3$ 时, K_v/ω_h 与 ζ_h 的关系曲线。图6-6表明,由式(6-12)和式(6-15)得到的曲线与 $M_r=1.3$ 的曲线是比较一致的。也就是说,以液压阻

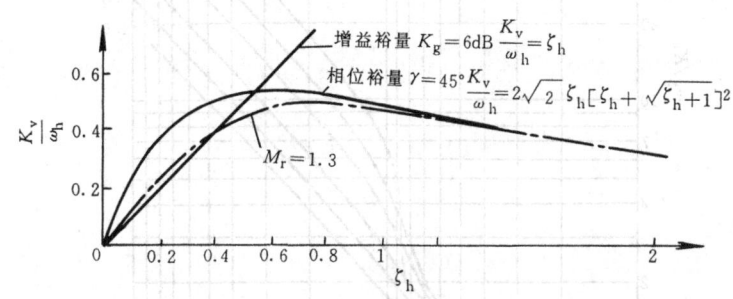

图6-6 无因次开环增益 K_v/ω_h 与阻尼比 ζ_h 的关系曲线

尼比 ζ_h 为参变量,根据式(6-12)或式(6-15)选取无因次开环增益, K_v/ω_h ,可以近似认为系统闭环频率响应的谐振峰值 $M_r \leqslant 1.3$ 。此时,单位阶跃响应的最大超调量小于23%。

三、系统响应特性分析

系统闭环响应特性包括对指令信号和对外负载力矩干扰的闭环响应两个方面。在系统设计时,通常只考虑对指令信号的响应特性,而对外负载力矩干扰只考虑系统的闭环刚度。

(一) 对指令输入的闭环频率响应

由图6-5所示的方块图可求得系统的闭环传递函数为

$$\frac{\theta_c}{\theta_r} = \frac{K_v}{\dfrac{s^3}{\omega_h^2} + \dfrac{2\zeta_h}{\omega_h}s^2 + s + K_v} = \dfrac{1}{\dfrac{\omega_h}{K_v}\left(\dfrac{s}{\omega_h}\right)^3 + 2\zeta_h\left(\dfrac{\omega_h}{K_v}\right)\left(\dfrac{s}{\omega_h}\right)^2 + \left(\dfrac{\omega_h}{K_v}\right)\left(\dfrac{s}{\omega_h}\right) + 1} \tag{6-16}$$

这是个三阶系统,其特征方程可用一个一阶因式和一个二阶因式表示,即

$$\frac{\theta_c}{\theta_r} = \frac{1}{\left(\dfrac{s}{\omega_b}+1\right)\left(\dfrac{s^2}{\omega_{nc}^2}+\dfrac{2\zeta_{nc}}{\omega_{nc}}s+1\right)} \tag{6-17}$$

式中　ω_b——闭环惯性环节的转折频率;
　　　ω_{nc}——闭环振荡环节的固有频率;
　　　ζ_{nc}——闭环振荡环节的阻尼比。

如果特征方程的系数是具体的数值,则可以求得 ω_b、ω_{nc} 和 ζ_{nc} ,但文字表达式不易求解。可以利用式(6-16)和式(6-17)特征方程的对应系数间的相互关系,把闭环参数 ω_b、ω_{nc}、ζ_{nc} 和开环参数 K_v、ω_h、ζ_h 之间的关系解出来,将它们绘成无因次曲线,如图6-7、图6-8、图6-9所示。已知开环参数 K_v、ω_h、ζ_h,利用这些曲线就可以求得闭环参数 ω_b、ω_{nc} 和 ζ_{nc}。分析这些曲线,可以发现,当 ζ_h 和 $\dfrac{K_v}{\omega_h}$ 值都较小时,闭环参数与开环参数有如下的近似关系

$$\omega_b \approx K_v, \quad \omega_{nc} \approx \omega_h, \quad \zeta_{nc} \approx \zeta_h - \frac{1}{2}(K_v/\omega_h)$$

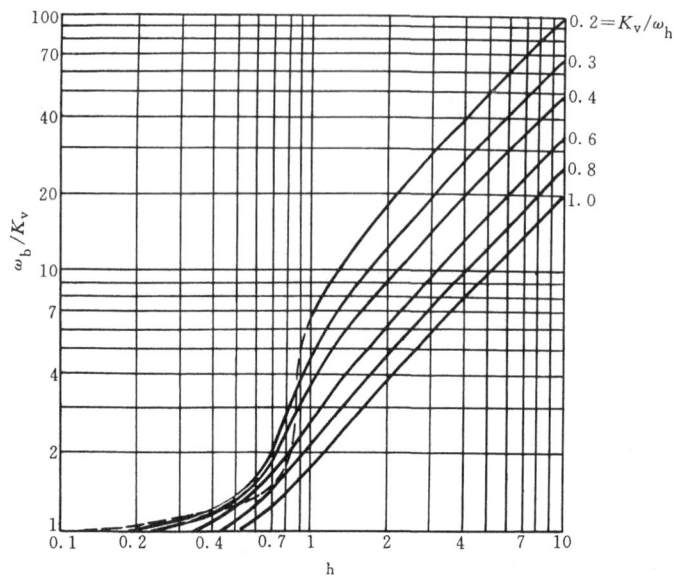

图 6-7 闭环惯性环节转折频率的无因次曲线

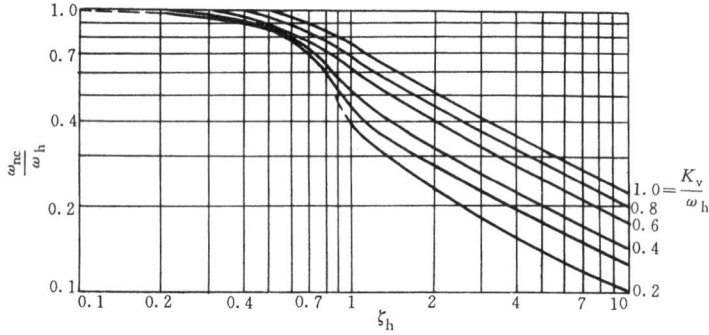

图 6-8 闭环振荡环节固有频率无因次曲线

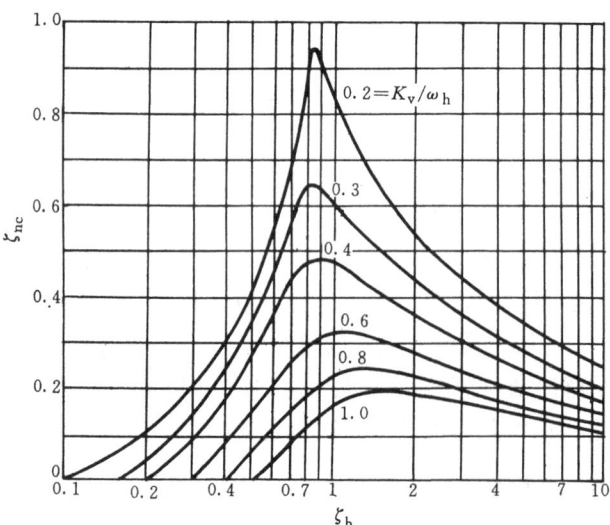

图 6-9 闭环振荡环节阻尼比曲线

由于未校正的液压位置伺服系统的 ζ_h 很小，K_v/ω_h 因受稳定性限制也比较小，故上述近似关系在系统初步设计时是很有用的，利用它可以估算出系统的动态品质。

根据式(6-17)可画出系统的闭环频率特性曲线，如图 6-10 所示。该曲线反映了伺服系统的响应能力。系统响应的快速性可用频宽表示。幅值频宽是幅值下降至 −3dB，即下降到低频值的 0.707 时所对应的频率范围。此外，还可以用相位频宽度量响应的快速性。相位频宽是相位滞后 90° 时所对应的频率范围。图 6-10 表明，系统的频宽近似等于闭环惯性环节的转折频率 ω_b。因为在开环阻尼比 ζ_h 很小时，闭环振荡环节的固有频率 ω_{nc} 较高，系统的响应速度由闭环惯性环节所决定。图 6-7 表明，在阻尼比 ζ_h 较小时，ω_b/K_v 略大于 1，又因为 $\omega_c \approx K_v$，所以系统的频宽 ω_b 略大于穿越频率 ω_c，相位频宽也略大于 ω_c。

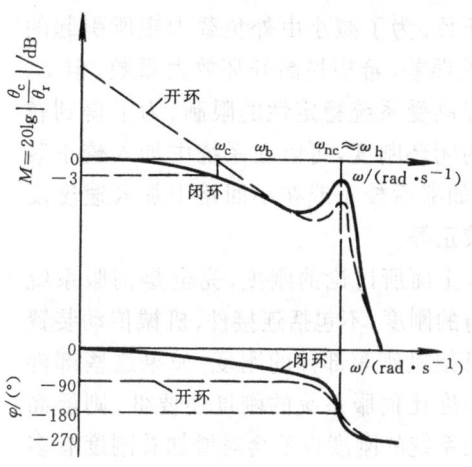

图 6-10　位置伺服系统闭环频率特性

液压伺服系统的频宽主要受液压动力元件的限制，即受 ω_h 和 ζ_h 所限。所以要提高系统的响应速度，就必须提高 ω_h 和适当地提高 ζ_h。由图 6-8 可知，过大的 ζ_h 值将使 ω_{nc} 降低，要影响系统的响应速度。

（二）系统的闭环刚度特性

由图 6-5 和式(6-17)可写出系统对外负载力矩的传递函数为

$$\frac{\theta_c}{T_L} = \frac{-\dfrac{K_{ce}}{K_v i^2 D_m^2}\left(1+\dfrac{V_t}{4\beta_e K_{ce}}s\right)}{\left(\dfrac{s}{\omega_b}+1\right)\left(\dfrac{s^2}{\omega_{nc}^2}+\dfrac{2\zeta_{nc}}{\omega_{nc}}s+1\right)} \tag{6-18}$$

该式表示系统的闭环柔度特性，其倒数即为系统的闭环刚度特性。考虑到 $B_m = 0$ 时，$2\zeta_h\omega_h = \dfrac{4\beta_e K_{ce}}{V_t}$，则闭环刚度可写成

$$\frac{T_L}{\theta_c} = \frac{-\dfrac{K_v i^2 D_m^2}{K_{ce}}\left(\dfrac{s}{\omega_b}+1\right)\left(\dfrac{s^2}{\omega_{nc}^2}+\dfrac{2\zeta_{nc}}{\omega_{nc}}s+1\right)}{\dfrac{s}{2\zeta_h\omega_h}+1} \tag{6-19}$$

由于闭环惯性环节的转折频率 ω_b 和 $2\zeta_h\omega_h$ 值很接近，因此一阶滞后环节和一阶超前环节可近似抵消，则刚度的表达式简化为

$$\frac{T_L}{\theta_c} = -\frac{K_v i^2 D_m^2}{K_{ce}}\left(\frac{s^2}{\omega_{nc}^2}+\frac{2\zeta_{nc}}{\omega_{nc}}s+1\right) \tag{6-20}$$

根据上式绘制的闭环动态刚度特性曲线示于图 6-11。由图可见，在谐振频率 ω_{nc} 处闭环刚度最小，其值为

$$\left|-\frac{T_L}{\theta_c}\right|_{min} = \frac{2\zeta_{nc}K_v i^2 D_m^2}{K_{ce}} \tag{6-21}$$

在式(6-19)中，令 $s = 0$，可得系统的闭环静态刚度为

$$\left| -\frac{T_\mathrm{L}}{\theta_\mathrm{c}} \right|_{\omega=0} = \frac{K_\mathrm{v} i^2 D_\mathrm{m}^2}{K_\mathrm{ce}} \tag{6-22}$$

系统的闭环刚度与开环放大系数 K_v 成正比。为了减小由外负载力矩所引起的位置误差,希望提高开环放大系数,但 K_v 的提高受系统稳定性的限制。为了得到较高的闭环刚度,可以在系统中加入校正装置,如滞后校正或在小回路中加入速度反馈校正等。

上面所讨论的刚度,完全是伺服系统本身的刚度,不包括连接件、机械传动装置和机架机座等部件的刚度。如果这些部件的刚度比伺服系统的刚度还要低,则提高伺服系统的刚度也不会对增加总刚度有多大影响,此时必须设法提高机械部件的机械刚度。

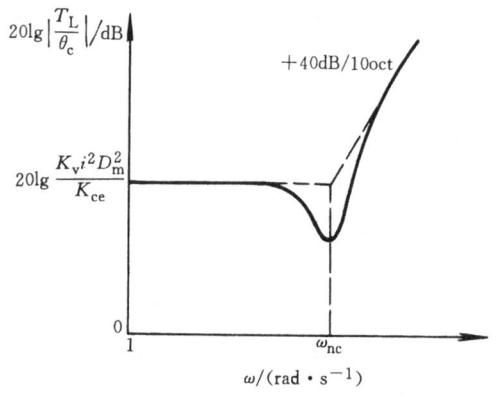

图 6-11 位置伺服系统闭环动态刚度特性

四、系统的稳态误差分析

稳态误差表示系统的控制精度,是伺服系统的一个重要的性能指标。稳态误差是输出量的希望值与它的稳态的实际值之差。它由指令输入、外负载力(或外负载力矩)干扰和系统中的零漂、死区等内干扰引起。稳态误差与系统本身的结构和参数有关,也与输入信号的形式有关。

(一)指令输入引起的稳态误差

由指令输入引起的稳态误差也称跟随误差。根据稳态误差的定义有

$$E_\mathrm{r}(s) = \frac{\theta_\mathrm{r}(s)}{H(s)} - \theta_\mathrm{c}(s) \tag{6-23}$$

式中　$E_\mathrm{r}(s)$ —— 稳态误差的拉氏变换;
　　　$\theta_\mathrm{r}(s)$ —— 指令输入的拉氏变换;
　　　$H(s)$ —— 反馈通道的传递函数;
　　　$\theta_\mathrm{c}(s)$ —— 输出量的实际值的拉氏变换。

对于图 6-5 所示的单位反馈系统,$H(s) = 1$。根据图 6-5 和式(6-23)可求出系统对指令输入的误差传递函数为

$$\Phi_\mathrm{er}(s) = \frac{E_\mathrm{r}(s)}{\theta_\mathrm{r}(s)} = \frac{1}{1 + G(s)} = \frac{s\left(\dfrac{s^2}{\omega_\mathrm{h}^2} + \dfrac{2\zeta_\mathrm{h}}{\omega_\mathrm{h}} s + 1\right)}{s\left(\dfrac{s^2}{\omega_\mathrm{h}^2} + \dfrac{2\zeta_\mathrm{h}}{\omega_\mathrm{h}} s + 1\right) + K_\mathrm{v}} \tag{6-24}$$

式中　$G(s)$ —— 前向通道的传递函数。

利用拉氏变换的终值定理,求得稳态误差为

$$e_\mathrm{r}(\infty) = \lim_{s \to 0} sE_\mathrm{r}(s) = \lim_{s \to 0} s\Phi_\mathrm{er}(s)\theta_\mathrm{r}(s)$$

将式(6-24)代入上式,得

$$e_r(\infty) = \lim_{s \to 0} \frac{s^2\left(\dfrac{s^2}{\omega_h^2} + \dfrac{2\zeta_h}{\omega_h}s + 1\right)}{s\left(\dfrac{s^2}{\omega_h^2} + \dfrac{2\zeta_h}{\omega_h}s + 1\right) + K_v} \theta_r(s) \tag{6-25}$$

系统稳态误差与输入信号形式有关，即与 $\theta_r(s)$ 有关。下面取阶跃输入、等速输入和等加速输入作为典型输入信号来分析系统的稳态误差。

1. 阶跃输入

对阶跃输入 θ_r 有

$$\theta_r(s) = \frac{\theta_r}{s}$$

代入式(6-25)，得稳态误差 $e_r(\infty) = 0$。因为该系统开环传递函数中含有一个积分环节，因此是一阶无差系统，对系统阶跃输入，其稳态误差为零。

2. 等速输入

对等速输入 $\dot{\theta}_r$ 有

$$\theta_r(s) = \frac{\dot{\theta}_r}{s^2}$$

代入式(6-25)，得稳态误差

$$e_r(\infty) = \frac{\dot{\theta}_r}{K_v} \tag{6-26}$$

稳态速度误差是系统跟随等速输入时所产生的位置误差，而不是速度上的误差。

3. 等加速输入

对等加速输入 $\ddot{\theta}_r$，则

$$\theta_r(s) = \frac{\ddot{\theta}_r}{s^3}$$

代入式(6-25)，得稳态误差 $e_r(\infty) = \infty$。该系统（Ⅰ型系统）不能跟随等加速输入。

（二）负载干扰力矩引起的稳态误差

由负载干扰力矩引起的稳态误差也称负载误差。由图 6-5 可求得系统对外负载力矩的误差传递函数为

$$\Phi_{eL}(s) = \frac{E_L(s)}{T_L(s)} = \frac{-\theta_c(s)}{T_L(s)} = \frac{\dfrac{K_{ce}}{i^2 D_m^2}\left(1 + \dfrac{V_t}{4\beta_e K_{ce}}s\right)}{s\left(\dfrac{s^2}{\omega_h^2} + \dfrac{2\zeta_h}{\omega_h}s + 1\right) + K_v} \tag{6-27}$$

上式的倒数就是系统的闭环动态刚度特性。

稳态负载误差为

$$e_L(\infty) = \lim_{s \to 0} s\Phi_{eL}(s) T_L(s)$$

对恒值外负载力矩 T_{L0}，则有 $T_L(s) = \dfrac{T_{L0}}{s}$，可得

$$e_L(\infty) = \frac{K_{ce}}{K_v i^2 D_m^2} T_{L0} \tag{6-28}$$

上式表明，负载误差 $e_L(\infty)$ 的大小与负载干扰力矩 T_{L0} 成正比，而与系统的闭环静刚度 $\dfrac{K_v i^2 D_m^2}{K_{ce}}$

成反比。

从上面分析可以看出,提高速度放大系数 K_v,对于减小速度误差和负载误差都是有利的,而且还能减小由库伦摩擦、滞环和间隙等所引起的非线性作用,从而改善系统的准确性。但受到系统稳定性的限制。另外,还可看出,要减小负载误差就应减小 K_{ce},这将使阻尼比减小。因此,减小负载误差和增大阻尼比是矛盾的。解决这些矛盾的方法是对系统进行校正。

（三）零漂和死区等引起的静态误差

除了速度误差和负载误差外,放大器、电液伺服阀的零漂、死区以及使负载运动时的静摩擦都要引起位置误差。为了区别上述的稳态误差,将零漂、死区等在系统中造成的误差,称为系统的静差。

液压马达和负载等运动时的静摩擦力矩 T_f,可以看成外负载力矩作用于系统。对外负载力矩来说,系统是 0 型系统,因此静摩擦力矩要引起位置误差,形成死区（或静不灵敏区）。根据图 6-12,静摩擦力矩引起的静态位置误差为

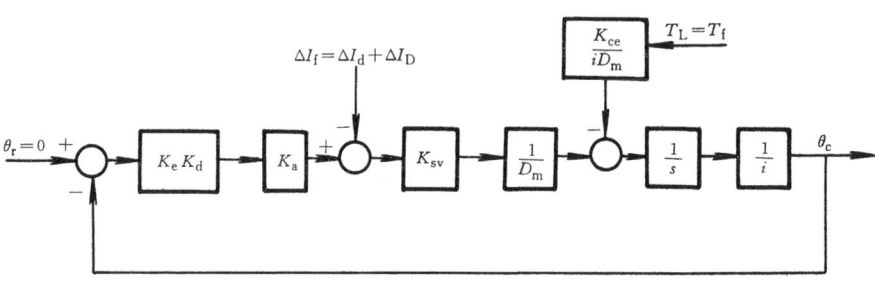

图 6-12 对静干扰的方块图

$$\Delta\theta_{c1} = \frac{K_{ce}T_f}{K_v i^2 D_m^2} \tag{6-29}$$

静摩擦力矩折算到伺服阀输入端的死区电流为

$$\Delta I_{D1} = \frac{K_{ce}T_f}{K_{sv}iD_m} \tag{6-30}$$

电液伺服阀的零漂和死区所引起的位置误差为

$$\Delta\theta_{c2} = \frac{\Delta I_d + \Delta I_D}{K_e K_d K_a} \tag{6-31}$$

式中　ΔI_d——伺服阀的零漂电流值；

ΔI_D——伺服阀的死区电流值。

在计算系统的总静差时,可以将系统中各元件的零漂和死区都折算到伺服阀的输入端,以伺服阀的输入电流值表示。假设总的零漂和死区电流为 $\Sigma\Delta I$,则总的静态位置误差为

$$\Delta\theta_c = \frac{\Sigma\Delta I}{K_e K_d K_a} \tag{6-32}$$

$\Delta\theta_c$ 也称系统的位置分辨率。因为只有当伺服阀的流入电流大于 $\Sigma\Delta I$ 时,系统才能有对应的输出。

从上面的分析可以看出,为了减小零漂和死区等引起的干扰误差,应增大干扰作用点以前的回路增益（包括反馈回路的增益）。在系统各元件的增益分配时应考虑这一点。显然,对所讨

论的系统而言,增大 K_e、K_d 对减小各干扰量所引起的位置误差都是有利的。

检测器的误差在控制回路之外,与回路的增益无关,它的误差直接反映到系统的输出端,从而直接影响系统的精度。显然,控制系统的精度无论如何也不会超过反馈测量系统的精度。因此,在高精度控制系统中,要注意反馈测量装置的选择。

五、计算举例

图 6-13 所示电液位置伺服系统。已知:液压缸有效面积 $A_p = 168 \times 10^{-4} \mathrm{m}^2$,系统总流量-压力系数 $K_{ce} = 1.2 \times 10^{-11} \mathrm{m}^3/\mathrm{s} \cdot \mathrm{Pa}$,最大工作速度 $V_m = 2.2 \times 10^{-2} \mathrm{m/s}$,最大静摩擦力 $F_f = 1.75 \times 10^4 \mathrm{N}$,伺服阀零漂和死区电流总计为 15mA。取增益裕量为 6dB,试确定放大器增益、穿越频率和相位裕量;求系统的跟随误差和静态误差。

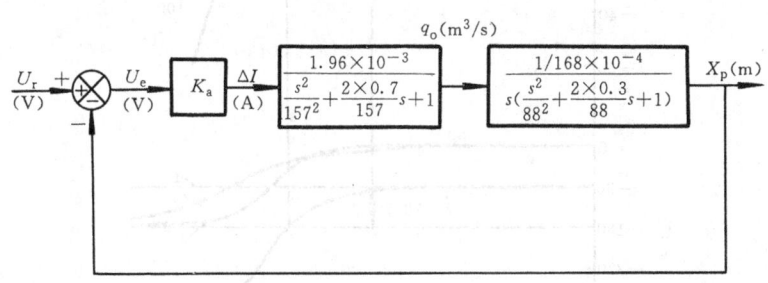

图 6-13 电液位置伺服系统方块图

系统的开环传递函数为

$$G(s)H(s) = \frac{K_v}{s\left(\dfrac{s^2}{157^2} + \dfrac{2 \times 0.7}{157}s + 1\right)\left(\dfrac{s^2}{88^2} + \dfrac{2 \times 0.3}{88}s + 1\right)}$$

式中,开环放大系数

$$K_v = \frac{K_a K_{sv}}{A_p} = \frac{1.96 \times 10^{-3}}{168 \times 10^{-4}} K_a$$

光电检测器与放大器增益 K_a 待定。

绘制 $K_v = 1$ 时的开环伯德图,如图 6-14 所示。图中相位曲线 1、2、3 分别是积分环节、伺服阀和阀控液压缸的相位曲线,其代数和为总相位曲线 4。为了满足系统的增益裕量为 6dB,可将图 6-14 中的零分贝线由 $0'$ 移至 0。由图可查得穿越频率 $\omega_c = 26.7 \mathrm{rad/s}$,对应的相位裕量为 $\gamma = 78.7°$。由新、老零分贝线的距离可得系统的开环放大系数 $K_v = 24.7 \mathrm{l/s}$。光电检测器与伺服放大器增益

$$K_a = \frac{K_v}{1.96 \times 10^{-3} \times 59.5} = 211.8 \mathrm{A/m}$$

系统的跟随误差为

$$e_r(\infty) = \frac{V_m}{K_v} = \frac{2.2 \times 10^{-2}}{24.7} \mathrm{m} = 0.89 \times 10^{-3} \mathrm{m}$$

静摩擦力引起的死区电流为

$$\Delta I_{D1} = \frac{K_{ce}}{K_{sv}A_p}F_f = \frac{1.2 \times 10^{-11}}{1.96 \times 10^{-3} \times 168 \times 10^{-4}} \mathrm{A} = 6.38 \times 10^{-3} \mathrm{A}$$

零漂和死区引起的总静态误差为

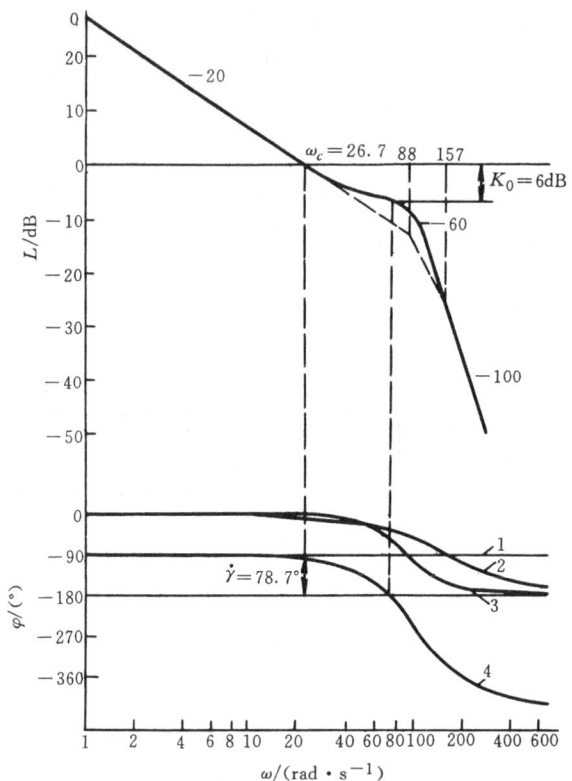

图 6-14 系统的伯德图

$$\Delta x_{\mathrm{p}} = \frac{\Sigma \Delta I}{K_{\mathrm{a}}} = \frac{(15 + 6.38) \times 10^{-3}}{211.8}\mathrm{m} = 0.1 \times 10^{-3}\mathrm{m}$$

系统的总误差为跟随误差和总静态误差之和,即 $(0.89 + 0.1) \times 10^{-3}\mathrm{m} = 0.99 \times 10^{-3}\mathrm{m}$。

第三节 电液伺服系统的校正

以上讨论了比例控制的电液位置伺服系统,其性能主要由动力元件参数 ω_{h} 和 ζ_{h} 所决定。对这种系统,单纯靠调整增益往往满足不了系统的全部性能指标,这时就要对系统进行校正。高性能的电液伺服系统一般都要加校正装置。

对液压伺服系统进行校正时,要注意到它的特点。液压位置伺服系统的开环传递函数通常可以简化为一个积分环节和一个振荡环节,而液压阻尼比一般都比较小,使得增益裕量不足,相位裕量有余。另一个特点是参数变化较大,特别是阻尼比随工作点变动在很大的范围内变化。

一、滞后校正

滞后校正的主要作用是通过提高低频段增益,减小系统的稳态误差,或者在保证系统稳态精度的条件下,通过降低系统高频段的增益,以保证系统的稳定性。

图 6-15a 表示一种由电阻、电容组成的滞后校正网络。它串联在前向通路的直流部分上,

接在相敏放大器和功率放大器之间。其传递函数为

$$G_c(s) = \frac{u_o(s)}{u_i(s)} = \frac{\dfrac{s}{\omega_{rc}} + 1}{\dfrac{\alpha s}{\omega_{rc}} + 1} \qquad (6\text{-}33)$$

式中 ω_{rc} —— 超前环节的转折频率,$\omega_{rc} = \dfrac{1}{RC}$,$R$、$C$ 为电阻及电容;

α—— 滞后超前比,$\alpha > 1$。

由于 $\alpha > 1$,滞后时间常数大于超前时间常数,网络具有纯相位滞后。其伯德图示于图 6-15b,可以看出滞后网络是一个低通滤波器。利用它的高频衰减特性,可以在保持系统稳定的条件下,提高系统的低频增益,改善系统的稳态性能,或者在保证系统稳态精度的条件下,降低系统的高频增益,以保证系统的稳定性。滞后校正利用的是高频衰减特性,而不是相位滞后。在阻尼比较小的液压伺服系统中,提高放大系数的限制因素是增益裕量,而不是相位裕量,因此采用滞后校正是合适的。

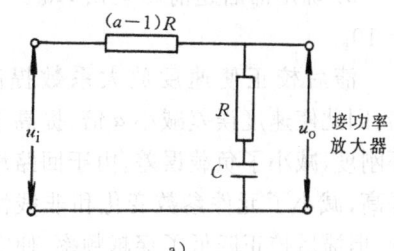

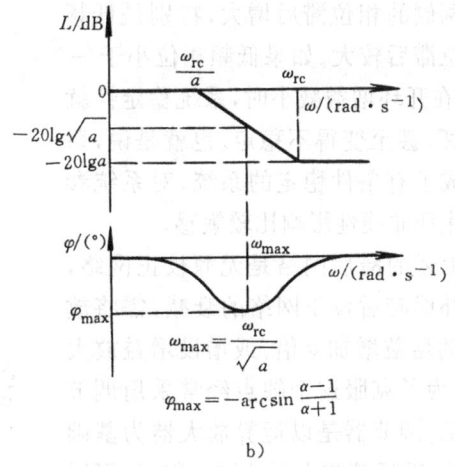

图 6-15 滞后校正网络及其伯德图

图 6-5 所示的系统加入滞后校正后,系统的开环传递函数为

$$G(s)H(s) = \frac{K_{vc}\left(\dfrac{s}{\omega_{rc}} + 1\right)}{s\left(\dfrac{\alpha}{\omega_{rc}} s + 1\right)\left(\dfrac{s^2}{\omega_h^2} + \dfrac{2\zeta_h}{\omega_h} s + 1\right)} \qquad (6\text{-}34)$$

式中 K_{vc}—— 校正后的速度放大系数,$K_{vc} = \alpha K_v$。

根据式(6-34)可绘出校正后的系统的开环伯德图,见图 6-16 中的曲线 1。

设计滞后校正网络主要是确定参数 ω_c、ω_{rc} 和 α。设计步骤如下:

1) 根据稳态误差的要求,确定系统的速度放大系数 K_{vc}。

2) 利用已确定的速度放大系数 K_{vc},画出未校正系统的伯德图,如图 6-16 中的曲线 2,检查未校正系统的相位裕量和增益裕量,看是否满足要求。

3) 如果不满足要求,则应根据相位裕量和增益裕量的要求确定新的增益穿越频率 ω_c。在 ω_c 处的相位为

$$\varphi_c(\omega_c) = -180° + [\gamma + (5° \sim 12°)] \qquad (6\text{-}35)$$

式中,γ 是要求的相位裕量,增加 $5° \sim 12°$ 是为了补偿滞后网络在 ω_c 处引起的相位滞后。ω_{rc} 靠近 ω_c 时取大值,反之取小值。在伯德图上根据式(6-35)可确定出 ω_c。在 ζ_h 比较小时,增益裕量难以保证,应根据增益裕量确定 ω_c,然后检查相位裕量是否满足要求。

4) 选择转折频率 ω_{rc}。为了减小滞后网络对 ω_c 处相位滞后的影响,应使 ω_{rc} 低于新增益交界

频率 ω_c 的 1 到 10 倍频程，一般可取 $\omega_{rc} = \left(\dfrac{1}{4} \sim \dfrac{1}{5}\right)\omega_c$。

5) 确定滞后超前比 α。由 $K_{vc} = \alpha K_v = \alpha \omega_c$，可确定出 α。α 值一般在 $10 \sim 20$ 之间，通常取 $\alpha = 10$。

滞后校正使速度放大系数提高 α 倍，因此使速度误差减小 α 倍。提高了闭环刚度，减小了负载误差。由于回路增益提高，减小了元件参数变化和非线性影响。但滞后校正降低了穿越频率，使穿越频率两侧的相位滞后增大，特别是低频侧相位滞后较大。如果低频相位小于 $-180°$，在开环增益减小时，系统稳定性就要变坏，甚至变得不稳定。也就是说，系统变成了有条件稳定的系统，对系统参数变化和非线性影响比较敏感。

上述的滞后网络是无源校正网络，为了补偿滞后校正网络的衰减，需将放大器的增益增加 α 倍，或增设增益放大装置。为了克服这个缺点经常采用调节器校正。调节器是以运算放大器为基础组成的。因运算放大器的增益很高，可以很容易组成并实现各种调节功能。

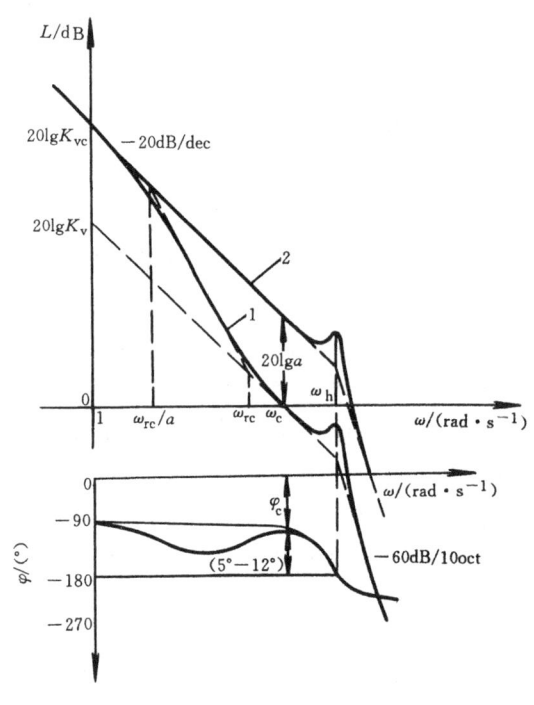

图 6-16　具有滞后校正的位置伺服系统伯德图

二、速度与加速度反馈校正

速度反馈校正的主要作用是提高主回路的静态刚度，减少速度反馈回路内的干扰和非线性的影响，提高系统的静态精度。加速度反馈主要是提高系统的阻尼。低阻尼是限制液压伺服系统性能指标的主要原因，如果能将阻尼比提高到 0.4 以上，系统的性能可以得到显著的改善。

根据需要速度反馈与加速度反馈可以单独使用，也可以联合使用。我们这里同时使用，但分别讨论这两种反馈各自的作用。

在图 6-4 所示的位置伺服系统中加上速度与加速度反馈校正后的简化方块图，如图 6-17 所示。利用测速发电机可以将液压马达的转速转换为反馈电压信号；在速度反馈电压信号后面再接上微分电路或微分放大器，就可以得到加速度反馈电压信号。将速度与加速度电压信号反馈到功率放大器的输入端，就构成了速度与加速度反馈。

假定伺服阀的响应速度很快，把它看成比例环节，即 $K_{sv}G_{sv}(s) = K_{sv}$，则由图 6-17 所示的方块图可以求得速度与加速度反馈校正回路的闭环传递函数为

$$\dfrac{\theta_m}{U_g} = \dfrac{K_a K_{sv}/D_m(1+K_1)}{s\left[\dfrac{s^2}{\omega_h(1+K_1)} + \dfrac{2\zeta_h + K_2 \omega_h}{\omega_h(1+K_1)}s + 1\right]} \tag{6-36}$$

式中　K_1—— 只有速度反馈校正时校正回路的开环增益，

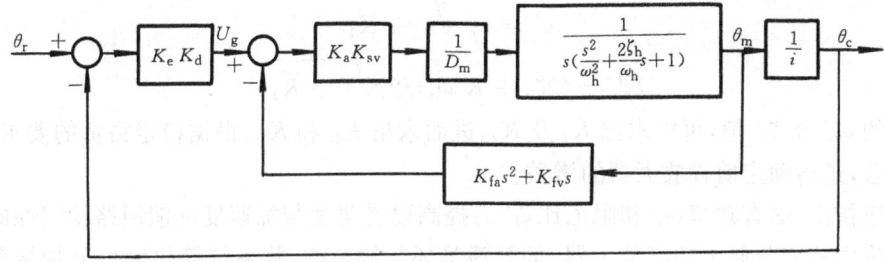

图 6-17 具有速度与加速度反馈的系统方块图

$$K_1 = \frac{K_a K_{sv} K_{fv}}{D_m} \tag{6-37}$$

K_2—— 只有加速度反馈校正时校正回路的开环增益,

$$K_2 = \frac{K_a K_{sv} K_{fa}}{D_m} \tag{6-38}$$

整个位置伺服系统的开环传递函数为

$$G(s)H(s) = \frac{K_v/(1+K_1)}{s\left[\dfrac{s^2}{\omega_h(1+K_1)} + \dfrac{2\zeta_h + K_2\omega_h}{\omega_h(1+K_1)}s + 1\right]} \tag{6-39}$$

式中 K_v—— 系统未加校正时的开环增益,$K_v = K_e K_d K_a K_{sv}/D_m i$。

只有速度反馈校正时,式(6-39)中的 $K_2 = 0$。此时,速度反馈校正使位置系统的开环增益降为 $K_v/(1+K_1)$,固有频率增大为 $\omega_h \sqrt{1+K_1}$,阻尼比下降为 $\zeta_h/\sqrt{1+K_1}$。开环增益的下降,可以通过调整前置放大器的增益 K_d 加以补偿。校正后的固有频率与阻尼比的乘积等于校正前的固有频率与阻尼比的乘积,阻尼比的减小恰好抵消了固有频率的增大。因此,系统允许的开环放大系数没有变化。但是固有频率的提高,为系统频宽的提高创造了条件。如果能通过其它途径提高阻尼比,就可以提高系统的频宽。

速度反馈校正在液压马达不动时不起作用,系统的开环增益等于未校正时的开环增益 K_v。当液压马达运动时才有反馈信号,并使系统开环增益大幅度降低,有利于系统的稳定。因此,液压马达不动时的开环增益 K_v 可以取得很高,通常取 $K_v = 4000 \sim 5000 l/s$,使系统具有很高的静态刚度。另外,由于速度反馈回路包围了功率放大器、伺服阀和液压马达等,而速度反馈回路的开环增益又比较高,一般为 $100 \sim 200 l/s$,所以被速度反馈回路所包围的元件的非线性,如死区、间隙、滞环以及元件参数的变化、零漂等都将受到抑制。

如果只有加速度反馈校正时,式(6-39)中的 $K_1 = 0$。此时,系统的开环增益 K_v 和固有频率 ω_h 均不变,阻尼比因 K_2 而增加。因此增大 K_2 可以显著降低谐振峰值。谐振峰值降低,既可以提高稳定性又可以使幅频特性曲线上移,从而提高系统的开环增益和频宽。而开环增益的提高又可以提高系统的刚度及精度。

由上述可见,加速度反馈提高了系统的阻尼,速度反馈提高系统的固有频率,但降低了增益和阻尼。如果同时采用速度反馈与加速度反馈,通过调整前置放大器增益 K_d,把系统的增益调到合适的位置,通过调整反馈系数 K_{fv}、K_{fa} 把固有频率和阻尼比调到合适的数值,系统的动态及静态指标即可以全面地得到改善。

设具有速度与加速度反馈校正的固有频率与阻尼比分别为 ω'_h 和 ζ'_h,根据式(6-36)有

$$\omega_h' = \omega_h \sqrt{1+K_1} \tag{6-40}$$

$$\zeta_h' = (2\zeta_h + K_2\omega_h)/2\sqrt{1+K_1} \tag{6-41}$$

根据期望的 ω'_h 及 ζ'_h 值,可以求出 K_1 及 K_2,进而求出 K_{fv} 和 K_{fa}。根据稳定裕量的要求可以确定开环增益,进而确定前置放大器的增益。

最后应指出,固有频率 ω'_h 和阻尼比 ζ'_h 的提高要受速度与加速度反馈回路稳定性的限制。在上述讨论中我们忽略了功率放大器、伺服阀等环节的影响,将系统简化为积分加振荡环节,此时穿越频率 ω_c 处的斜率为 -20dB/dec。如果速度与加速度反馈回路增益增大,使幅频特性曲线抬高,当 ω_c 增大至大于所略去环节的转折频率时,曲线将以 -40dB/dec 或 -60dB/dec 穿越零分贝线,ω_c 处的相位滞后将超过 $-180°$,局部反馈回路就不稳定了。

三、压力反馈和动压反馈校正

采用压力反馈和动压反馈校正的目的是提高系统的阻尼。负载压力随系统的动态而变化,当系统振动加剧时,负载压力也增大。如果将负载压力加以反馈,使输入系统的流量减少,则系统的振动将减弱,起到了增加系统阻尼的作用。

可以采用压力反馈伺服阀或动压反馈伺服阀实现压力反馈和动压反馈。也可以采用液压机械网络或电反馈实现压力反馈或动压反馈。

(一)压力反馈校正

在图 6-4 所示的位置伺服系统中加上压力反馈后的简化方块图,如图 6-18 所示。图中用压差或压力传感器测取液压马达的负载压力 p_L,反馈到功率放大器的输入端,构成压力反馈。

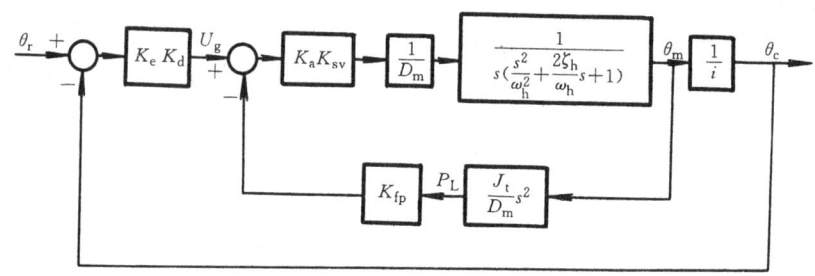

图 6-18 带压力反馈的系统方块图

由图 6-18 可求出压力反馈回路的闭环传递函数为

$$\frac{\theta_m}{U_g} = \frac{K_a K_{sv}/D_m}{S\left(\dfrac{s^2}{\omega_h^2} + \dfrac{2\zeta_h'}{\omega_h}s + 1\right)} \tag{6-42}$$

式中　ζ'_h——校正后的阻尼比,

$$\zeta'_h = \zeta_h + \frac{K_a K_{sv} K_{fp} J_t \omega_h}{2D_m^2} = \frac{K_{ce} + K_a K_{sv} K_{fp}}{D_m} \sqrt{\frac{\beta_e J_t}{V_t}} \tag{6-43}$$

位置系统的开环传递函数为

$$G(s)H(s) = \frac{K_v}{s\left(\dfrac{s^2}{\omega_h^2} + \dfrac{2\zeta_h'}{\omega_h}s + 1\right)} \qquad (6\text{-}44)$$

式中 K_v—— 系统的开环增益，$K_v = K_e K_d K_a K_{sv}/D_m i$。

由上式可以看出，压力反馈不改变开环增益 K_v 和液压固有频率 ω_h，但使阻尼比增加了。式 (6-43)表明，压力反馈校正是通过增加系统的总流量-压力系数来提高阻尼的。显然，压力反馈校正降低了系统的静刚度。

（二）动压反馈校正

采用动压反馈校正可以提高系统的阻尼，而又不降低系统的静刚度。将压力传感器的放大器换成微分放大器，就可以构成动压反馈，其方块图如图 6-19 所示。有关动压反馈校正的问题在第四章已讨论过，这里不再重复。

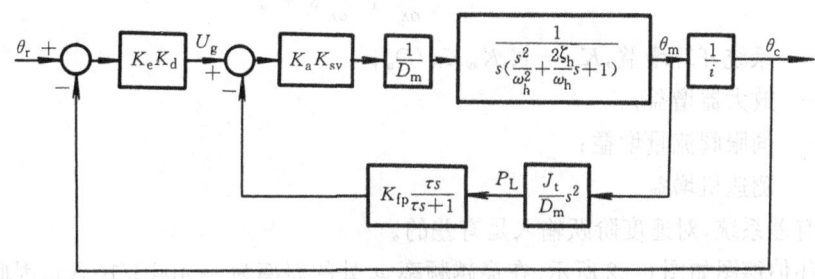

图 6-19　带动压反馈的系统方块图

采用压力反馈或动压反馈提高系统的阻尼，同样受局部反馈回路稳定性的限制。当 K_{fp} 过高时，由于伺服阀等小参数的影响，局部反馈回路就会变得不稳定。

第四节　电液速度控制系统

在实际工程中，经常需要进行速度控制，如原动机调速、机床进给装置的速度控制、雷达天线、炮塔、转台等装备中的速度控制等。在电液位置伺服系统中也经常采用速度局部反馈回路来提高系统的刚度和减小伺服阀等参数变化的影响，提高系统的精度。

电液速度控制系统按控制方式可分为：阀控液压马达速度控制系统和泵控液压马达速度控制系统。阀控马达系统一般用于小功率系统，而泵控马达系统一般用于大功率系统。

一、阀控马达速度控制系统

图 6-20 是用伺服阀控制液压马达的电液速度控制系统原理方块图，这是个未加校正的系统。忽略伺服放大器和伺服阀的动态，并假定负载为简单的惯性负载，则系统的方块图可用图 6-21 表示。其开环

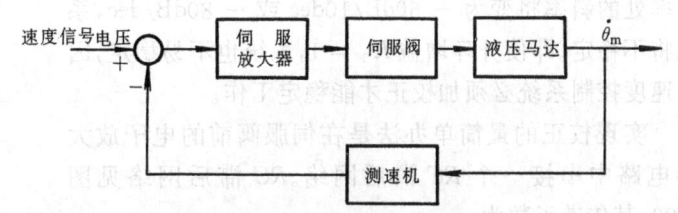

图 6-20　阀控马达速度控制系统原理方块图

传递函数为

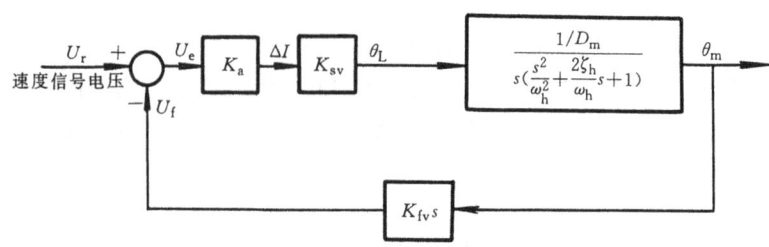

图 6-21 未校正的速度控制系统方块图

$$G(s)H(s) = \frac{K_0}{\dfrac{s^2}{\omega_h^2} + \dfrac{2\zeta_h}{\omega_h}s + 1} \tag{6-45}$$

式中　K_0——系统开环增益，$K_0 = K_a K_{sv} K_{fv}/D_m$；

　　　K_a——放大器增益；

　　　K_{sv}——伺服阀流量增益；

　　　K_{fv}——测速机增益。

这是个零型有差系统，对速度阶跃输入是有差的。

系统开环伯德图如图 6-22 所示。在穿越频率 ω_c 处的斜率为 $-40\mathrm{dB}/10\,\mathrm{oct}$，因此相位裕量

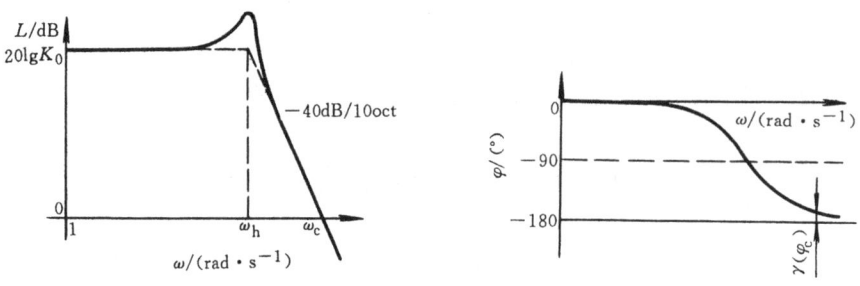

图 6-22 未校正的速度控制系统开环伯德图

很小，特别是在阻尼比 ζ_h 较小时更是如此。这个系统虽属稳定，但是在简化的情况下得出的。如果在 ω_c 和 ω_h 之间有其它被忽略的环节，如伺服阀这类环节，这时穿越频率处的斜率将变为 $-60\mathrm{dB}/10\mathrm{dec}$ 或 $-80\mathrm{dB}/\mathrm{dec}$，系统将不稳定。即使开环增益 $K_0 = 1$，系统也不易稳定，因此速度控制系统必须加校正才能稳定工作。

实现校正的最简单办法是在伺服阀前的电子放大器电路中串接一个 RC 滞后网络。RC 滞后网络见图 6-23，其传递函数为

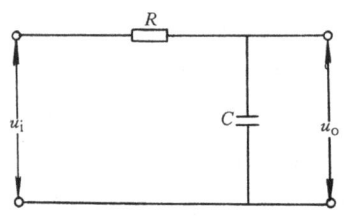

图 6-23 RC 滞后网络

$$\frac{u_o}{u_i} = \frac{1}{T_c s + 1} \tag{6-46}$$

式中 T_c—— 时间常数，$T_c = RC$。

校正后的系统方块图和开环伯德图分别示于图 6-24 和图 6-25。此时，穿越频率处的斜率为 $-20\mathrm{dB}/10\,\mathrm{oct}$，有足够的相位裕量。为了保证系统稳定，谐振峰值不应超过零分贝线，为此应满足

$$\omega_c < 2\zeta_h \omega_h \approx (0.2 \sim 0.4)\omega_h \tag{6-47}$$

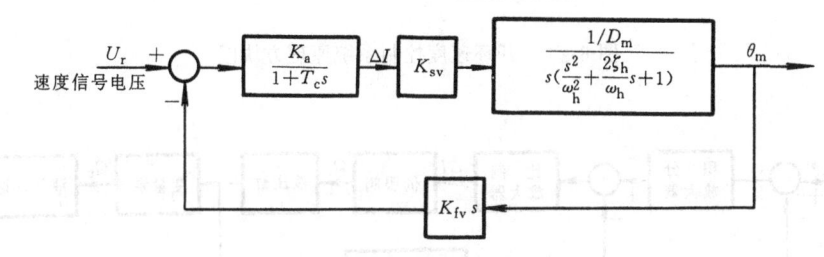

图 6-24 校正后的速度控制系统方块图

由图 6-25 的几何关系可求出滞后网络的时间常数为

$$T = \frac{K_0}{\omega_c} \tag{6-48}$$

这类系统的动、静态特性是由动力元件参数 ω_h、ζ_h 和开环增益 K_0 决定的。ω_h 和 ζ_h 一定时，可根据式(6-47)确定穿越频率 ω_c，根据误差要求确定开环增益 K_0，最后由式(6-48)确定校正环节的时间常数 T，根据 T 确定 R 及 C。

由图 6-25 看出，校正后回路的穿越频率比未校正回路的穿越频率低得多。但是为了保证系统的稳定性，不得不牺牲响应速度和精度。

采用 RC 滞后网络校正的系统仍是零型有差系统。为了提高精度，可采用积分放大器校正，使系统变成 I 型无差系统。其方块图和开环伯德图与未校正的位置伺服系统的方块图和伯德图相似，只是用速度传感器代替位移传

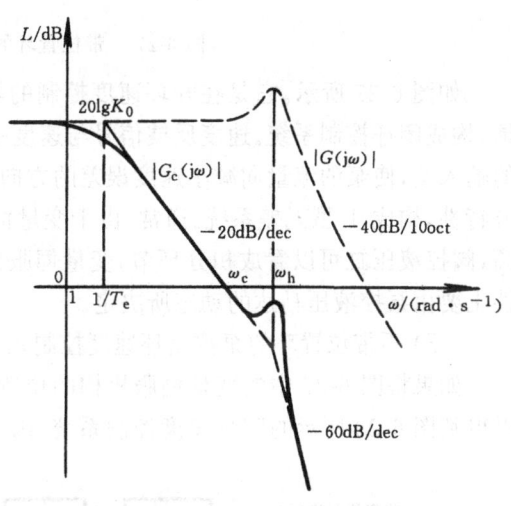

图 6-25 校正后的速度控制系统伯德图

感器。但积分环节的位置不一样，位置系统对指令信号是 I 型的，对负载干扰是零型的，而速度控制系统对指令信号和负载干扰都是 I 型的。

二、泵控马达速度控制系统

泵控马达速度控制系统有开环控制和闭环控制两种。

（一）泵控开环速度控制系统

如图 6-26 所示，变量泵的斜盘角由比例放大器、伺服阀、液压缸和位移传感器组成的位置回路控制。通过改变变量泵斜盘角来控制供给液压马达的流量，以此来调节液压马达的转速。因为是开环控制，受负载和温度变化的影响较大，控制精度差。

（二）带位置环的泵控闭环速度控制系统

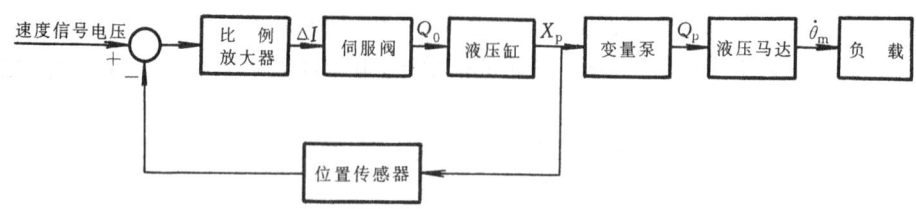

图 6-26 开环速度控制系统原理方块图

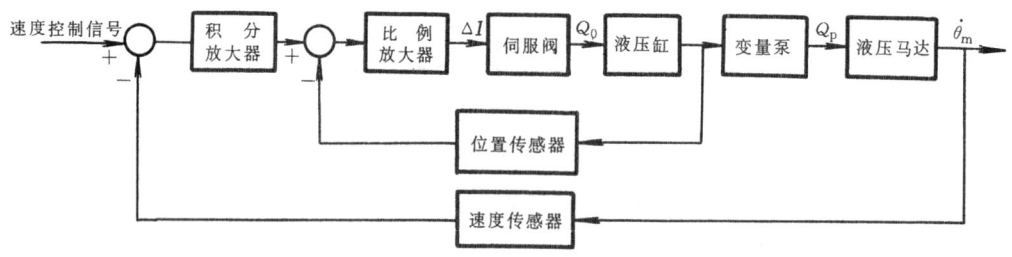

图 6-27 带位置环的泵控闭环速度控制系统

如图 6-27 所示。它是在开环速度控制的基础上,增加速度传感器将液压马达转速进行反馈,构成闭环控制系统。速度反馈信号与速度指令信号的差值经积分放大器加到变量伺服机构的输入端,使泵的流量向减小速度误差的方向变化。采用积分放大器是为了使开环系统具有积分特性,构成 I 型无差系统。通常,由于变量伺服机构的惯性很小,液压缸-负载的固有频率很高,阀控液压缸可以看成积分环节,变量伺服机构基本上可以看成是比例环节,系统的动态特性主要由泵控液压马达的动态所决定。

(三) 不带位置环的泵控闭环速度控制系统

如果将图 6-27 中的变量伺服机构的位置反馈去掉,并将积分放大器改为比例放大器,可以得到图 6-28 所示的闭环速度控制系统。因为变量伺服机构中的液压缸本身含有积分环节,

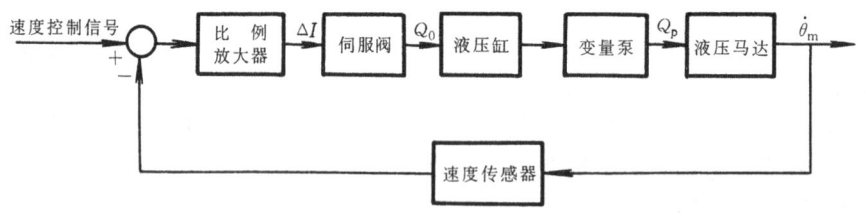

图 6-28 不带位置环的泵控闭环速度控制系统

所以放大器应采用比例放大器,系统仍是 I 型系统。由于积分环节是在伺服阀和变量泵斜盘力的后面,所以伺服阀零漂和斜盘力等引起的静差仍然存在。变量机构开环控制,抗干扰能力差,易受零漂、摩擦等影响。

三、计算举例

设速度控制系统的原理图和方块图如图 6-29 所示。

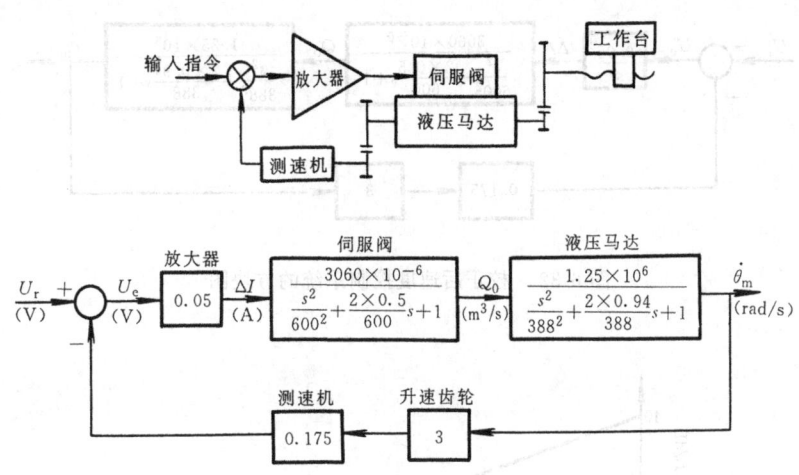

图 6-29 一个未加校正的速度控制系统

该系统的开环增益为

$$K_0 = 0.05 \times 3060 \times 10^{-6} \times 1.25 \times 10^6 \times 3 \times 0.175 \text{dB} = 100 \text{dB}$$

即 $K_0 = 40 \text{dB}$。根据图 6-29 可画出系统的开环伯德图,如图 6-30 所示。从图中可见,系统稳定裕量为负,是不稳定的。即使 K_0 值调到很低,对数幅频特性曲线也是以 -80dB/dec 或 -40dB/dec 的斜率穿越零分贝线,系统的相位裕量和幅值裕量都趋于负值,使系统不稳定,即使勉强维持稳定,由于 K_0 值太小,系统也谈不上什么精度了。为了使系统有一定的稳定裕量,必须加校正环

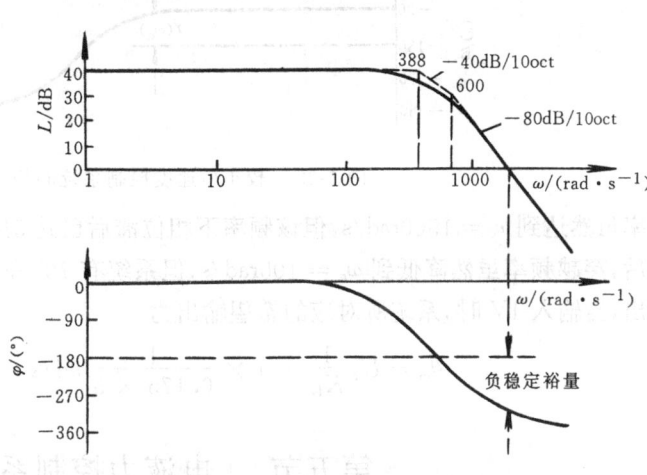

图 6-30 一个未加校正的速度控制系统开环伯德图

节。在速度控制系统中,可以用运算放大器组成积分放大器代替原来的放大器。积分放大器见图 6-31,其传递函数为

$$G_c(s) = \frac{1}{Ts}$$

式中 T—— 积分时间常数,$T = RC$。

若 $T = 20$,则

$$G_c(s) = \frac{0.05}{s}$$

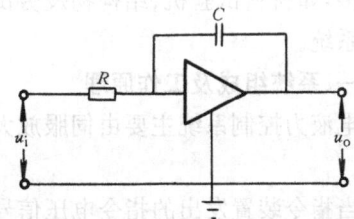

图 6-31 积分放大器

加校正后系统的方块图如图 6-32 所示,系统的开环伯德图如图 6-33 所示。未校正时系统的穿

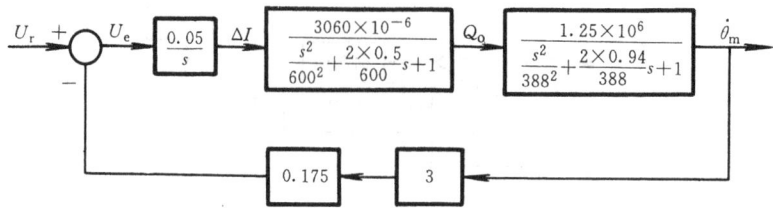

图 6-32 校正后速度控制系统的方块图

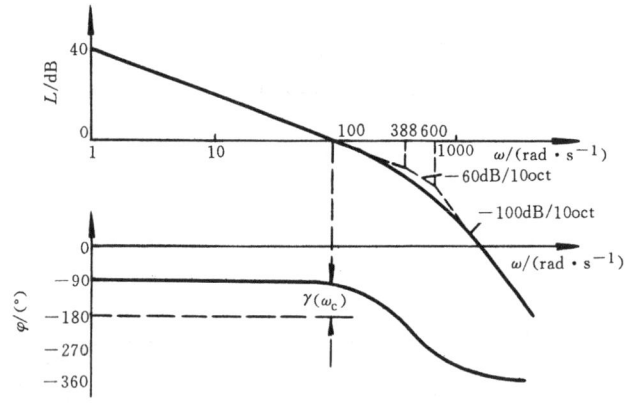

图 6-33 校正后速度控制系统的伯德图

越频率虽然达到 $\omega_c = 1500\mathrm{rad/s}$,但该频率下相位滞后已达 310°,所以系统是不稳定的。而采用校正后,穿越频率虽然降低到 $\omega_c = 100\mathrm{rad/s}$,但系统有 70° 左右的稳定裕量。从图 6-32 中还可以看出,当输入 1V 时,系统所对应的希望输出为

$$\dot{\theta}_m = U_r \frac{1}{K_{fv}} = 1 \times \frac{1}{0.175 \times 3}\mathrm{rad/s} = 1.9\mathrm{rad/s}$$

第五节 电液力控制系统

以力为被调量的液压伺服控制系统称为液压力控制系统。在工程实际中,力控制系统应用的很多,如材料试验机、结构物疲劳试验机、轧机张力控制系统、车轮刹车装置等都采用电液力控制系统。

一、系统组成及工作原理

电液力控制系统主要由伺服放大器、电液伺服阀、液压缸和力传感器等组成,如图 6-34 所示。

当指令装置发出的指令电压信号作用于系统时,液压缸便有输出力,该力由力传感器检测转换为反馈电压信号与指令电压信号相比较,得出偏差电压信号。此偏差信号经伺服放大器放大后输入到伺服阀,使伺服阀产生负载压差作用于液压缸活塞上,使输出力向减小误差的方向变化,直至输出力等于指令信号所规定的值为止。在稳态情况下,输出力与偏差信号成比例。因

为要保持一定的输出力就要求伺服阀有一定的开度,因此这是个零型有差系统。

应当指出,在力控制系统中,被调量是力。虽然在位置或速度控制系统中,要拖动负载运动也有力输出,但这种力不是被调量,它取决于被调量(位置或速度)和外负载力。在力控制系统中,输出力是被调量,而位置、速度等则取决于输出力和受力对象本身的状态。

在下面的讨论中,假定力传感器的刚度远大于负载刚度,可以忽略力传感器的变形,认为液压缸活塞的位移就等于负载的位移。

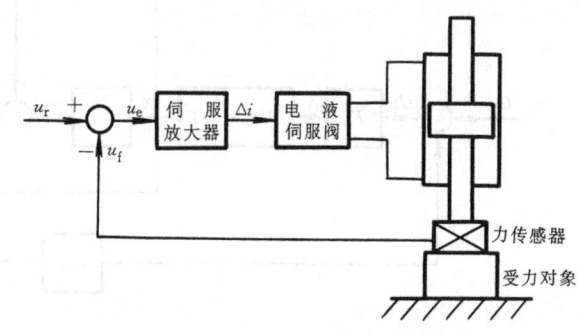

图 6-34 电液力控制系统原理图

二、基本方程与开环传递函数

偏差电压信号为

$$U_e = U_r - U_f \tag{6-49}$$

式中　U_r——指令电压信号;
　　　U_f——反馈电压信号。

力传感器方程为

$$U_f = K_{fF} F_g \tag{6-50}$$

式中　K_{fF}——力传感器增益;
　　　F_g——液压缸输出力。

伺服放大器动态可以忽略,其输出电流为

$$\Delta I = K_a U_e \tag{6-51}$$

式中　K_a——伺服放大器增益。

伺服阀传递函数可表示为

$$\frac{X_v}{\Delta I} = K_{xv} G_{sv}(s) \tag{6-52}$$

式中　X_v——伺服阀阀芯位移;
　　　K_{xv}——伺服阀增益;
　　　$G_{sv}(s)$——$K_{xv} = 1$ 时伺服阀的传递函数。

假定负载为质量、弹性和阻尼,则阀控液压缸的动态可用下面三个方程描述

$$\left. \begin{aligned} Q_L &= K_q X_v - K_c p_L \\ Q_L &= A_p s X_p + C_{tp} p_L + \frac{V_t}{4\beta_e} s p_L \\ F_g &= A_p p_L = m_t s^2 X_p + B_p s X_p + K X_p \end{aligned} \right\} \tag{6-53}$$

式中　m_t——负载质量;
　　　B_p——负载阻尼系数;
　　　K——负载弹簧刚度;
　　　C_{tp}——液压缸总泄漏系数。

由式(6-49)～(6-53)可画出力控制系统的方块图,见图 6-35。图中 $K_{ce} = K_c + C_{tp}$。

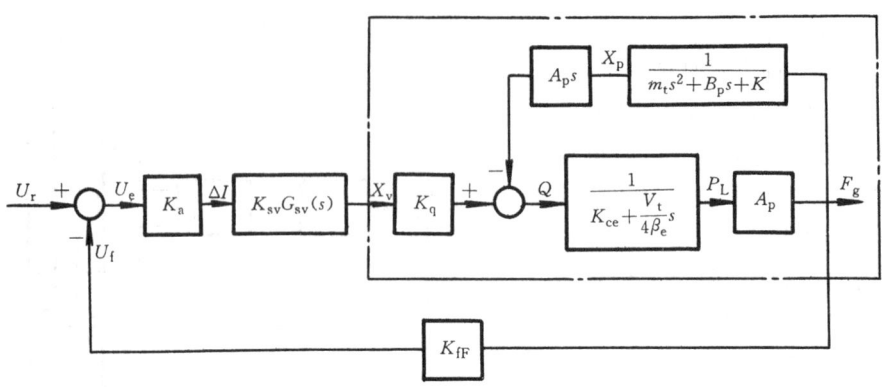

图 6-35 力控制系统的方块图

由式(6-53)中的三个基本方程消去中间变量 Q_L 和 X_p,或通过图 6-35 的方块图简化,可以得到阀芯位移 X_v 至液压缸输出力 F_g 的传递函数

$$\frac{F_g}{X_v} = \frac{\frac{K_q}{A_p} K \left(\frac{m_t}{K} s^2 + \frac{B_p}{K} s + 1 \right)}{\frac{V_t m_t}{4\beta_e A_p^2} s^3 + \left(\frac{K_{ce} m_t}{A_p^2} + \frac{V_t B_p}{4\beta_e A_p^2} \right) s^2 + \left(1 + \frac{K_{ce} B_p}{A_p^2} + \frac{V_t K}{4\beta_e A_p^2} \right) s + \frac{K_{ce} K}{A_p^2}} \quad (6\text{-}54)$$

该式与式(3-13)相比较,其分母的形式相同,不同的是分子多了一个二阶微分环节。式(6-54)的分母可以按式(3-13)的简化方法进行简化。通常,负载的阻尼系数 B_p 很小,可以忽略不计。则式(6-54)可以简化成

$$\frac{F_g}{X_v} = \frac{\frac{K_q}{K_{ce}} A_p \left(\frac{m_t}{K} s^2 + 1 \right)}{\frac{V_t m_t}{4\beta_e K_{ce} K} s^3 + \frac{m_t}{K} s^2 + \left(\frac{V_t}{4\beta_e K_{ce}} + \frac{A_p^2}{K_{ce} K} \right) s + 1} \quad (6\text{-}55)$$

或

$$\frac{F_g}{X_v} = \frac{\frac{K_q}{K_{ce}} A_p \left(\frac{m_t}{K} s^2 + 1 \right)}{\frac{A_p^2 m_t}{K_{ce} K_h K} s^3 + \frac{m_t}{K} s^2 + \left(\frac{A_p^2}{K_{ce} K_h} + \frac{A_p^2}{K_{ce} K} \right) s + 1} \quad (6\text{-}56)$$

式中 K_h——液压弹簧刚度,$K_h = \frac{4\beta_e A_p^2}{V_t}$。

如果再满足式(3-24)的条件,即

$$\left[\frac{K_{ce} \sqrt{K m_t}}{A_p^2 (1 + K/K_h)} \right]^2 \ll 1$$

则式(6-56)可近似写成

$$\frac{F_g}{X_v} = \frac{\frac{K_q}{K_{ce}} A_p \left(\frac{s^2}{\omega_m^2} + 1 \right)}{\left(\frac{s}{\omega_r} + 1 \right) \left(\frac{s^2}{\omega_0^2} + \frac{2\zeta_0}{\omega_0} s + 1 \right)} \quad (6\text{-}57)$$

式中 ω_m——负载的固有频率,$\omega_m = \sqrt{\frac{K}{m_t}}$;

ω_r——液压弹簧与负载弹簧串联偶合的刚度与阻尼系数之比,

$$\omega_r = \frac{K_{ce}}{A_p^2}\Big/\left(\frac{1}{K_h}+\frac{1}{K}\right);$$

ω_0——液压弹簧与负载弹簧并联偶合的刚度与负载质量形成的固有频率,

$$\omega_0 = \omega_h\sqrt{1+\frac{K}{K_h}} = \omega_m\sqrt{1+\frac{K_h}{K}};$$

ζ_0——阻尼比,$\zeta_0 = \frac{1}{2\omega_0}\frac{4\beta_e K_{ce}}{V_t[1+(K/K_h)]}$

K_q/K_{ce}——总压力增益。

根据式(6-57),图 6-35 所示的方块图可简化成图 6-36。由图 6-36 所示的方块图可以得到系统的开环传递函数为

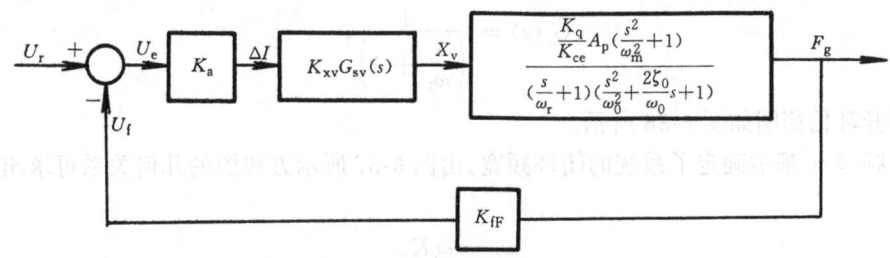

图 6-36 力控制系统简化方块图

$$G(s)H(s) = \frac{K_0 G_{sv}(s)\left(\dfrac{s^2}{\omega_m^2}+1\right)}{\left(\dfrac{s}{\omega_r}+1\right)\left(\dfrac{s^2}{\omega_0^2}+\dfrac{2\zeta_0}{\omega_0}s+1\right)} \tag{6-58}$$

式中 K_0——系统的开环增益,

$$K_0 = K_a K_{xv}\frac{K_q}{K_{ce}}A_p K_{fF} \tag{6-59}$$

如果伺服阀的固有频率远大于 ω_m 和 ω_0,可以将其看成比例环节。此时,系统的开环伯德图如图 6-37 所示。

下面讨论两种特殊的情况:

1) $K \gg K_h$,即负载刚度远大于液压弹簧刚度。此时,$\omega_r \approx \frac{K_{ce}K_h}{A_p^2}$,$\omega_0 \approx \omega_m = \sqrt{\frac{K}{m_t}}$。二阶振荡环节与二阶微分环节近似对消,系统动态特性主要由液体压缩性形成的惯性环节所决定。

2) $K \ll K_h$,即负载刚度远小于液压弹簧刚度。此时,$\omega_r \approx \frac{K_{ce}K}{A_p^2}$,$\omega_0 \approx \omega_h = \sqrt{\frac{K_h}{m_t}}$

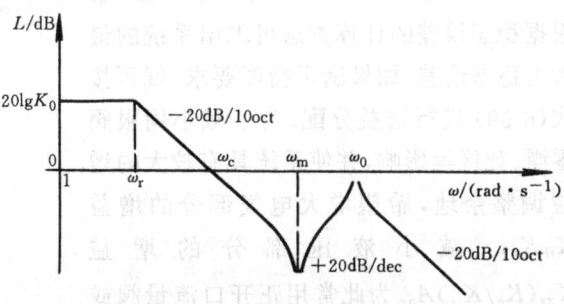

图 6-37 力控制系统开环伯德图

$\gg \omega_m = \sqrt{\dfrac{K}{m_t}}$。随着 K 降低,ω_r、ω_m、ω_0 都要降低,但 ω_r 和 ω_m 降低要多,使 ω_m 和 ω_0 之间的距离增大,ω_0 处的谐振峰值抬高。

三、系统特性分析

在 $G_{sv}(s)=1$ 时,从传递函数式(6-58)和图 6-37 所示的伯德图可以看出,系统的最大相位滞后为 90°,因此只考虑液压缸和负载的动态特性时,系统不会不稳定。但是,考虑到反馈传感器、伺服放大器及伺服阀的相位滞后时,系统有可能变为不稳定。为了保证系统稳定,应使 ω_0 处的谐振峰值不超过零分贝线,并使增益裕量大于 6dB。

力控制系统的稳定性受负载刚度的影响很大,负载刚度越小,系统越不易稳定。负载刚度变小时,ω_0(或 ω_h)处的谐振峰值可能超过零分贝线,系统变为不稳定。故一般用最小的负载刚度来分析和设计系统的稳定性。

为使系统在低负载刚度时仍能稳定工作,而又不降低响应速度,可在 ω_c 与 ω_m 之间加校正环节,校正环节的传递函数为

$$G_c(s) = \frac{1}{\left(\dfrac{s}{\omega_1}+1\right)^2}$$

校正后的开环伯德图如图 6-38 所示。

穿越频率 ω_c 基本确定了系统的闭环频宽。由图 6-37 所示方块图的几何关系可求出穿越频率

$$\omega_c = \omega_r K_0 \tag{6-60}$$

在 $K/K_h \gg 1$ 时

$$\omega_c \approx \frac{K_h K_a K_{xv} K_q K_{fF}}{A_p} \tag{6-61}$$

在 $K/K_h \ll 1$ 时

$$\omega_c \approx \frac{K K_a K_{xv} K_q K_{fF}}{A_p} \tag{6-62}$$

在 $K/K_h \ll 1$ 时,穿越频率受负载刚度的限制,随负载刚度变化而变化。这种系统的快速性(频宽)要有较全面的校正才能有较大幅度的提高。

在系统的穿越频率 ω_c 确定后,可根据转折频率 ω_r 由式(6-60)求出开环增益 K_0。根据稳态误差的计算方法可求出系统的最大力稳态误差。如果满足精度要求,就可按式(6-59)进行增益分配。为了减小伺服阀零漂、死区等影响,并使系统具有较大的增益调整余地,希望增大电气部分的增益 $K_{fF} K_a$,减小液压部分的增益 $K_{xv}(K_q/K_{ce})A_p$。为此常用正开口流量阀或零开口流量阀加泄漏通道,来减小总压力增益 K_q/K_{ce};在满足输出力的条件下,希望液压缸的面积小一些,这也有利于提高系统的频宽,这一点和位置系统不一样。在力

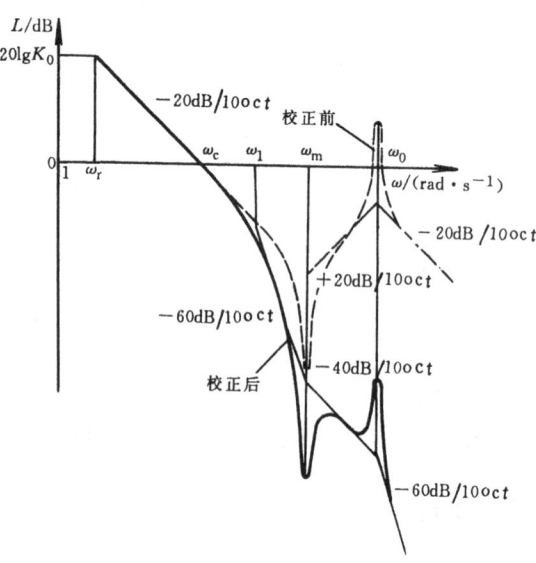

图 6-38 加校正后的力控制系统开环伯德图

控制系统中,一般不采用 $p_L \leqslant \frac{2}{3}p_s$ 的限制。而是相反,在阀流量允许的情况下(采用大一些的阀),使 p_L 接近 p_s。这有利于提高工作点处的 K_c 值和减小液压缸面积 A_p 值。如果精度不满足要求时,可加积分校正,使系统变为 I 型系统。

在力控制系统中,也可以采用压力控制伺服阀。压力控制伺服阀本身带有压力反馈,其压力增益特性平缓而呈线性。这种阀常用于开环压力控制,作为闭环控制中的一个元件使用也较理想。但由于这种阀的制造和调试较为复杂,所以在一般情况下应用较少。

思 考 题

1. 图 6-4 所示方块图在什么条件下可以简化成图 6-5 的方块图?
2. 考虑伺服阀的动态时,如何用频率法分析系统的动态特性?
3. 有哪些因素影响系统的稳态误差?
4. 在电液伺服系统中为什么要增大电气部分的增益,减小液压部分的增益?
5. 开环增益、穿越频率、系统频宽之间有什么关系?
6. 未加校正的液压伺服系统有什么特点?
7. 为什么电液伺服系统一般都要加校正装置?在电液位置伺服系统中加滞后校正、速度与加速度反馈校正、压力反馈和动压反馈校正的主要目的是什么?
8. 电液速度控制系统为什么一定要加校正?加滞后校正和加积分校正有什么不同?
9. 在力控制系统中负载刚度对系统特性有何影响?影响了哪些参数?
10. 力控制系统和位置控制系统对伺服阀的要求有什么不同?为什么?

习 题

1. 如图 6-39 所示电液位置伺服系统,已知:$K_q = 20 \times 10^{-6} \text{m}^3/\text{s} \cdot \text{mA}, D_m = 5 \times 10^{-6} \text{m}^3/\text{rad}, n = 0.03 \times 10^{-2} \text{m/rad}, K_f = 50\text{V/m}, \omega_h = 100\text{rad/s}, \zeta_h = 0.225$。求:

1) 系统临界稳定状态时的放大器增益 K_a 为多少?
2) 幅值裕量为 6dB 时的 K_a 为多少?
3) 系统作 2×10^{-2} m/s 等速运动时的位置误差为多少?伺服阀零漂 $\Delta I_d = 0.6$mA 时引起的静差为多少?

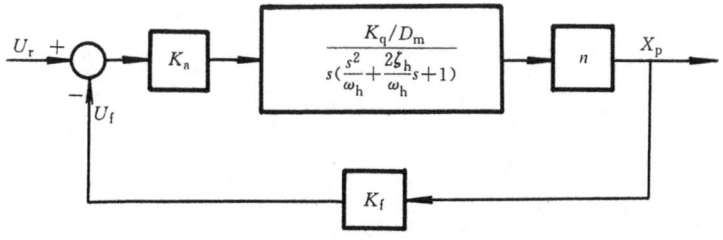

图 6-39 电液位置伺服系统

2. 有一稳定的电液位置伺服系统,其速度放大系数 $K_v = 20$ 1/s,为了保证稳态精度的要求需将速度放大系数提高到 100 1/s,求滞后校正网络的传递函数。

3. 有一振动台,其方块图如图 6-40 所示。已知系统参数为:$\omega_h = 140\text{rad/s}, \zeta_h = 0.2, K_{sv} = 4 \times 10^{-2} \text{m}^3/\text{s} \cdot \text{A}, K_a = 1 \times 10^{-2} \text{A/V}, K_f = 1.2 \times 10^2 \text{V/m}, A_p = 1 \times 10^{-3} \text{m}^2$。求:

1) 不加速度反馈校正时的系统增益裕量 K_g 和闭环频宽 ω_b。
2) 将系统开环阻尼比提高到 $\zeta_h = 0.3$ 时的加速度反馈系数 K_{fa} 和系统增益裕量 K_g 及闭环频宽 ω_b。

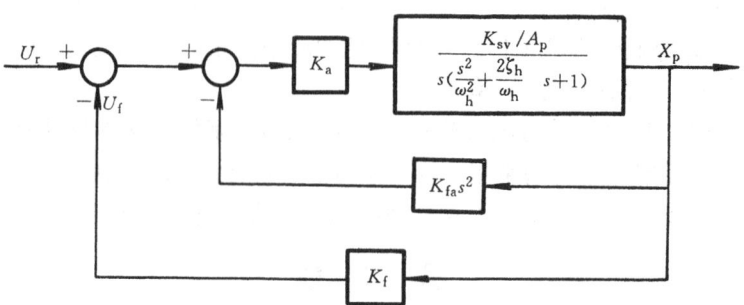

图 6-40 液压振动台方块图

4. 有一速度控制系统，其原理方块图如图 6-41 所示。已知系统参数为：电液伺服阀固有频率 $\omega_{sv} =$

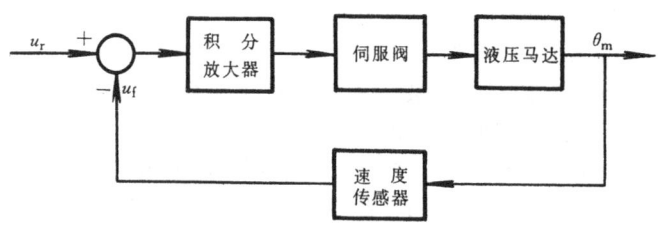

图 6-41 速度控制系统方块原理图

340rad/s，阻尼比 $\zeta_{sv} = 0.7$，流量增益 $K_{sv} = 3.5 \times 10^{-2} m^3/s \cdot A$，液压固有频率 $\omega_h = 183rad/s$，阻尼比 $\zeta_h = 0.2$，测速机增益 $K_{fv} = 0.19V \cdot s/rad$，液压马达排量 $D_m = 1.63 \times 10^{-6} m^3/rad$。求稳定裕量 $K_g = 6dB, \gamma = 87°$ 时积分放大器增益为多少？

第七章　液压伺服系统设计

工程上常用频率法设计液压伺服系统,这是一种试探法。根据技术要求设计出系统以后,需要检查所设计的系统是否满足全部性能指标。如不能满足,可通过调整参数或改变系统结构(加校正)等方法,重复设计过程,直至满足要求为止。因为设计是试探性的,所以设计方法具有较大的灵活性。

第一节　液压伺服系统的设计步骤

系统的设计步骤大致如下:
1) 明确设计要求。
2) 拟定控制方案,画出系统原理图。
3) 静态计算:确定动力元件参数,选择系统的组成元件。
4) 动态计算:确定系统组成元件的动态特性,画出系统的方块图,计算系统的稳定性、响应特性和静态精度。
5) 校验系统的动、静态品质,需要时对系统进行校正。
6) 选择液压能源。

在设计过程中,以上各步骤不是一成不变的,实际上是交叉和反复进行的,直至获得满意的结果为止。

一、明确设计要求

在设计时,首先要根据主机要求明确设计任务,包括:
1) 明确被控制的物理量是什么,是位置、速度、力还是其它物理量。控制规律是恒值控制还是随动控制。
2) 明确负载特性,即负载的类型、大小和负载的运动规律。确定负载最大位移、最大速度、最大加速度、最大消耗功率及控制范围等。
3) 控制精度的要求:由指令信号、负载力引起的稳态误差;由参数变化和元件零漂引起的静差;非线性因素(执行元件和负载的摩擦力,放大器和伺服阀的滞环、死区,传动机构的间隙等)引起的误差等。
4) 动态品质的要求:相对稳定性可用相位裕量和增益裕量、谐振峰值或超调量等来规定。响应的快速性可用穿越频率、频宽、上升时间和调整时间等来规定。
5) 明确工作环境,如环境温度、周围介质、环境湿度、外界冲击与振动、噪声干扰等。
6) 其它要求,如尺寸重量、可靠性、寿命及成本等。

二、拟定控制方案,画出系统原理图

伺服系统的控制方案主要是根据被控物理量类型、控制功率的大小、执行元件运动方式、各种静、动态性能指标值以及环境条件和价格等因素考虑决定的。在确定控制方案时应考虑:
(1) 采用开环控制还是闭环控制　要求结构简单、造价低、控制精度不需很高的场合宜采

用开环控制。反之,对外界干扰敏感、控制精度要求高的场合宜采用闭环。

(2) 采用阀控还是泵控　凡是要求响应快、精度高、结构简单,而不计较效率低、发热量大、参数变化范围大的小功率系统可采用阀控方式。反之,追求效率高、发热量小、温升有严格限制、参数量值比较稳定,而容许结构复杂些、价格高些、响应低些的大功率系统可采用泵控方式。

(3) 执行元件采用液压缸还是液压马达　在选择执行元件时,除了运动形式以外,还需考虑行程和负载。例如,直线位移式伺服系统在行程短、出力大时宜采用液压缸,行程长、出力小时宜采用液压马达。

(4) 采用机液伺服还是电液伺服。

控制方案决定以后,就可以构成控制系统职能方块图,从原理上满足系统设计的要求。在构成职能方块图时,还要考虑输入信号发送器和反馈传感器的形式。因为输入信号和反馈信号的形式不同,系统电子部分的方块结构也不同。

三、确定液压动力元件参数,选择系统元件

液压动力元件参数的选择是系统静态设计的一个主要内容。动力元件参数选择包括系统的供油压力 p_s,液压执行元件的主要规格尺寸,即液压缸的有效面积 A_p 或液压马达的排量 D_m,伺服阀的最大空载流量 Q_{0m}。当选择液压马达作执行元件时,还应包括齿轮传动比 i 的选择。

(一) 供油压力的选择

选择较高的供油压力,可以减小液压动力元件、液压能源装置和连接管道等部件的重量和尺寸,可以减小压缩性容积和减小油液中所含空气对体积弹性模量的影响,有利于提高液压固有频率。但执行元件主要规格尺寸(活塞面积和液压马达排量)减小,又不利于液压固有频率提高。

选择较低的供油压力,可以降低成本,可以减小泄漏、减小能量损失和温升,可以延长使用寿命,易于维护,噪声较低。在条件允许时,通常还是选用较低的供油压力。

在一般工业的伺服系统中,供油压力可在2.5~14MPa的范围内选取,在军用伺服系统中可在 21 ~ 32MPa 的范围内选取。

(二) 液压执行元件主要规格尺寸和伺服阀空载流量的确定

1. 按负载匹配确定

有关内容在第三章第五节中已经叙述。这里有负载匹配的图解法和负载最佳匹配的解析法两种。按负载匹配确定执行元件的主要规格尺寸和伺服阀空载流量,系统效率较高,适合于较大功率的伺服系统。

2. 按最大负载力和最大负载速度确定

工程上常用近似计算的方法确定执行元件的主要规格尺寸和伺服阀空载流量。

按最大负载力 F_{Lmax} 确定执行元件的规格尺寸,并限定伺服阀的负载压力 $p_L \leqslant \frac{2}{3}p_s$,则液压缸的有效面积为

$$A_p = \frac{F_{Lmax}}{p_L} = \frac{3}{2}\frac{m_t\ddot{x}_p + B_p\dot{x}_p + Kx_p + F_L}{p_s} \tag{7-1}$$

对系统的典型工作循环加以分析,可以确定最大负载力 F_{Lmax}。但作工作循环图是比较麻烦的,有时难以确定。作为近似计算,可以认为各类负载力同时存在,且为最大值。

伺服阀空载流量可按最大负载速度确定,并认为最大负载速度和最大负载力是同时出现的。则伺服阀空载流量为

$$q_{0m} = \sqrt{3} A_p \dot{x}_{pmax} \tag{7-2}$$

这种近似的计算方法偏于保守,计算出的活塞面积和伺服阀空载流量偏大,系统功率储备大。

另一种方法是按最大负载力确定液压缸活塞面积,然后按负载最大功率点的速度或最大负载速度确定伺服阀的空载流量,根据两者中的较大值选择伺服阀。

3. 按液压固有频率确定执行元件的主要规格尺寸

在负载很小并要求有较高的频率响应时,可按液压固有频率确定执行元件的规格尺寸。液压缸活塞面积为

$$A_p = \sqrt{\frac{V_t m_t}{4\beta}} \omega_h \tag{7-3}$$

液压固有频率可按系统要求频宽的 5~10 倍来确定。按液压固有频率确定的执行元件规格尺寸一般偏大,系统功率储备大。

选择阀控液压马达的参数时,只要将上述计算公式中 F_{Lmax}、$\dot{x}_{pmax}$、A_p、m_t 换成 T_{Lmax}、θ_m、D_m、J_t,就可以得相应的计算公式。

(三) 伺服阀的选择

伺服阀最大的压力-流量曲线应包围所有的负载工况点,并使 $p_L \leqslant \frac{2}{3} p_s$(对位置或速度控制)。伺服阀的额定流量应留有一定余量,通常取该余量为负载所需流量的 15% 左右,在快速性高的系统中可取到 30%。根据选定的供油压力 p_s 和计算出的伺服阀空载流量 q_{0m},可从伺服阀样本中选出合适的伺服阀。

除了流量规格之外,在选择伺服阀时还应考虑以下因素:

1) 流量增益的线性要好,压力灵敏度较大,但对力控制系统要求压力灵敏度较低为好;

2) 不灵敏度、温度和压力零漂尽量小,泄漏较小;

3) 伺服阀的频宽应满足系统要求,频宽过低将限制系统的响应特性,过高将损坏系统的抗干扰能力。伺服阀的频宽应高出液压固有频率的 3~5 倍。

4) 其它,如对污染的敏感性、是否加颤振信号、可靠性、价格等。

(四) 齿轮传动比的选择

1. 直接驱动

采用液压马达直接驱动,能获得较大的负载加速度,负载加速特性好;不存在齿轮传动间隙的非线性;避免了传动机构柔度的影响,可以提高连接刚度;但要求液压马达的低速性能好,适用于控制系统的低速液压马达难以得到。

2. 齿轮传动

选择齿轮传动比应考虑:

(1) 首先必须满足负载速度的要求,即

$$\frac{\omega_{mmax}}{i} \geqslant \omega_{Lmax}$$

$$\frac{\omega_{mmin}}{i} \leqslant \omega_{Lmin}$$

式中　　i——齿轮传动比；
　　　　ω_{mmax}——液压马达最高额定转速；
　　　　ω_{mmin}——液压马达最低稳定转速；
　　　　ω_{Lmax}——负载最高转速；
　　　　ω_{Lmin}——负载最低转速。

最高转速和最低转速所要求的传动比可能是不一样的，两者之间必须满足

$$\frac{\omega_{mmin}}{\omega_{Lmin}} \leqslant i \leqslant \frac{\omega_{mmax}}{\omega_{Lmax}} \tag{7-4}$$

式中，i 是可取的传动比。

(2) 为获得满意的液压固有频率，齿轮传动比应足够大。提高齿轮减速比可以减小负载惯量的影响，提高液压固有频率。在极端的情况下，液压固有频率将由液压马达和第一级齿轮的惯量所决定。

(3) 应使负载加速度尽量大，提高负载加速能力。负载轴上的力矩平衡方程为

$$iT_m = (i^2 J_m + J_L)\ddot{\theta}_L$$

式中　　T_m——液压马达产生的力矩；
　　　　J_m——液压马达和第一级齿轮的转动惯量；
　　　　J_L——末级齿轮和负载的转动惯量；
　　　　$\ddot{\theta}_L$——负载的加速度。

由上式得负载加速度为

$$\ddot{\theta}_L = \frac{iT_m}{i^2 J_m + J_L}$$

将上式对 i 求导令其等于零，求得最佳传动比为

$$i = \sqrt{\frac{J_L}{J_m}} \tag{7-5}$$

此时，负载最大加速度为

$$\ddot{\theta}_{Lmax} = \frac{T_m}{2\sqrt{J_m J_L}} \tag{7-6}$$

当负载惯量 J_L 一定时，为了增大 $\ddot{\theta}_{Lmax}$，应使液压马达的 $T_m/\sqrt{J_m}$ 尽量大。

采用齿轮减速，高速液压马达容易得到，价格便宜，同时改善了系统低速平稳性，但存在齿隙非线性。

(五) 其它元件的选择

反馈传感器或偏差检测器、交流误差放大器、解调器、直流功率放大器等元件可从有关资料、产品样本中选取。

在选择这些元件时，就要考虑系统在增益和精度上的要求。根据系统总误差的分配情况，看它们的精度（如零漂、不灵敏度等）是否满足要求。反馈传感器或偏差检测器的选择特别重要，检测器的精度应高于系统所要求的精度。反馈传感器或偏差检测器的精度、线性度、测量范围、测量速度等要满足要求。交流误差放大器、解调器、直流功率放大器的增益应满足系统要求，而且希望增益有一个调节范围。在增益分配允许的情况下，应使交流放大器保持较高的增

益,这样可以减小直流放大器漂移引起的误差。

四、动态计算

1) 确定各组成元件的动态特性(传递函数、频率特性),画出系统方块图,求出传递函数,画出开环伯德图。伺服阀和一些元件的传递函数可从样本中查到。通常,传感器、放大器的动态特性可以忽略,将其看成比例环节。

2) 由稳定性确定开环放大系数和放大器增益。

3) 由开环伯德图通过尼柯尔斯图画出闭环伯德图,确定系统的频宽等闭环参数。

4) 根据求出的开环增益计算系统的稳态误差和静态误差。

五、检验系统静、动态品质,需要时对系统进行校正

检验系统的静、动态性能指标是否满足设计要求,如不满足要求,就需对系统进行校正,或者重新选择动力元件参数,直至重新选择控制方案。

第二节 液压伺服系统设计举例

一、电液位置伺服系统设计举例

设计一数控机床工作台位置伺服系统,设计要求和给定参数如下:

工作台质量	$m_t = 1000$ kg
工作台最大摩擦力	$F_f = 2000$ N
最大切削力	$F_c = 500$ N
工作台最大行程	$S_{max} = 0.5$ m
工作台最大速度	$v_{max} = 8 \times 10^{-2}$ m/s
工作台最大加速度	$a_{max} = 1$ m/s²
静态位置误差(位置分辨率)	$e_f < \pm 0.05$ mm
速度误差	$e_r < 1$ mm
频带宽度	$f_{-3dB} > 10$ Hz

(一)组成控制系统原理图

由于系统的控制功率比较小、工作台行程比较大,所以采用阀控液压马达系统。系统方块原理图如图 7-1 所示。

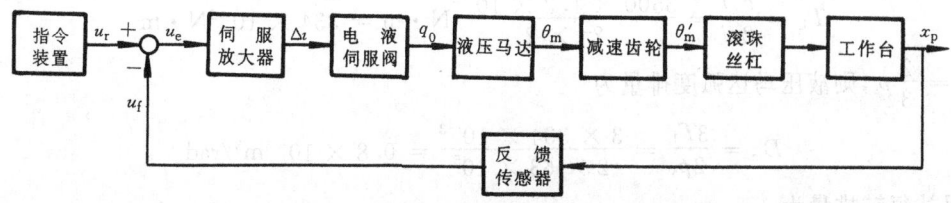

图 7-1 工作台位置系统方块原理图

(二)由静态计算确定动力元件参数,选择位移传感器和伺服放大器

1. 绘制负载轨迹图

负载力由切削力 F_c、摩擦力 F_f 和惯性力 F_a 三部分组成。这些力的图解,见图 7-2。摩擦力具有"下降"特性,如图 7-2b 的虚线所示。为了简化,可认为与速度无关,是定值,取最大值 $F_f =$

2000N，如图 7-2b 实线所示。惯性力按最大加速度考虑

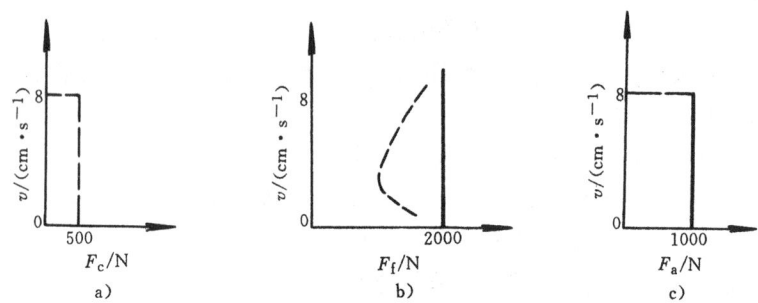

图 7-2 各种负载力图解

$$F_a = m_t a_{max} = 1000 \times 1 \text{N} = 1000\text{N}$$

假定系统是在最恶劣的负载条件(即所有负载力都存在,且速度最大)下工作,则总负载力为

$$F_{Lmax} = F_c + F_f + F_a = (500 + 2000 + 1000)\text{N} = 3500\text{N}$$

该系统的负载区域图如图 7-3 所示。

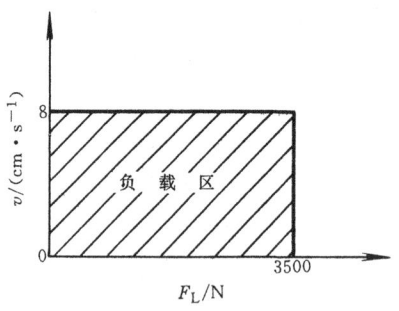

图 7-3 工作台液压系统的负载区域图

2. 选取供油压力 $p_s = 63 \times 10^5 \text{Pa}$

3. 求液压马达排量

设齿轮减速比 $i = \dfrac{\theta_m}{\theta'_m} = 2$，丝杠导程 $t = 1.2 \times 10^{-2} \text{m/r}$，则所需液压马达力矩为

$$T_L = \frac{F_L t}{2\pi i} = \frac{3500 \times 1.2 \times 10^{-2}}{2\pi \times 2} \text{N} \cdot \text{m} = 334 \times 10^{-2} \text{N} \cdot \text{m}$$

取 $p_L = \dfrac{2}{3} p_s$，则液压马达弧度排量为

$$D_m = \frac{3 T_L}{2 p_s} = \frac{3 \times 334 \times 10^{-2}}{2 \times 63 \times 10^5} = 0.8 \times 10^{-6} \text{m}^3/\text{rad}$$

液压马达每转排量为

$$Q_m = 2\pi D_m = 2\pi \times 0.8 \times 10^{-6} \text{m}^3/\text{r} = 5 \times 10^{-6} \text{m}^3/\text{r}$$

计算出的液压马达排量需标准化。按选取的标准化值再计算负载压力 p_L 值。本例液压马达排量计算值符合标准。

4. 确定伺服阀规格

液压马达最大转速为

$$n_{\max} = \frac{iv_{\max}}{t} = \frac{2 \times 8 \times 10^{-2}}{1.2 \times 10^{-2}} \text{r/s} = 13.3 \text{r/s} = 800 \text{r/min}$$

所以负载流量为

$$q_L = Q_m n_{\max} = 5 \times 10^{-6} \times 13.3 \text{m}^3/\text{s} = 66.67 \times 10^{-6} \text{m}^3/\text{s} = 4 \text{L/min}$$

此时伺服阀压降为

$$p_v = p_s - p_{L\max} = p_s - \frac{T_L}{D_m} =$$

$$\left(63 \times 10^5 - \frac{334 \times 10^{-2}}{0.8 \times 10^{-6}}\right) \text{Pa} = 21.25 \times 10^5 \text{Pa}$$

考虑到泄漏等影响,将 q_L 增大 15%,取 $q_L = 4.6 \text{L/min}$。根据 q_L 和 p_v,由图 7-4 查得额定流量(阀压降为 $70 \times 10^5 \text{Pa}$ 时的输出流量)为 8L/min 的阀可以满足要求,该阀额定电流为 $I_n = 30 \times 10^{-3} \text{A}$。

5. 选择位移传感器增益 $K_f = 100 \text{V/m}$,放大器增益 K_a 待定。

(三)计算系统的动态品质

1. 确定各组成元件的传递函数,画出系统方块图

因为负载特性没有弹性负载,因此液压马达和负载的传递函数为

$$\frac{\theta_m}{\theta_0} = \frac{1/D_m}{s\left(\dfrac{s^2}{\omega_h^2} + \dfrac{2\zeta_h}{\omega_h}s + 1\right)} \tag{7-7}$$

工作台质量折算到液压马达轴的转动惯量为

$$J_t = \frac{m_t t^2}{4\pi^2 i^2} = \frac{1000 \times (1.2 \times 10^{-2})^2}{4\pi^2 \times 2^2} \text{kg} \cdot \text{m}^2 = 9.12 \times 10^{-4} \text{kg} \cdot \text{m}^2$$

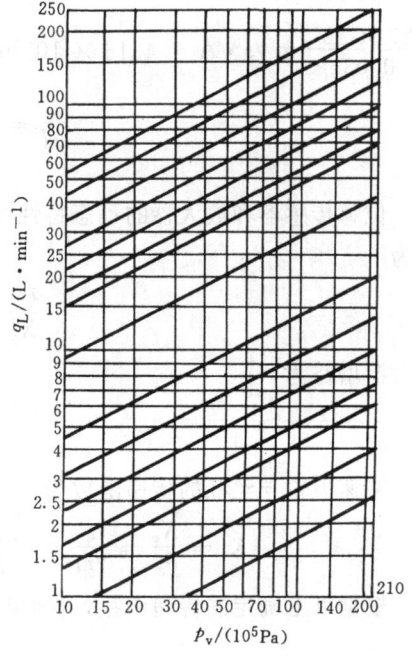

图 7-4 选择伺服阀规格时使用的列线图

考虑到齿轮、丝杠和液压马达的惯量,取 $J_t = 1.2 \times 10^{-3} \text{kg} \cdot \text{m}^2$,并取液压马达的容积 $V_t = 10 \times 10^{-6} \text{m}^3$。则液压固有频率为

$$\omega_h = \sqrt{\frac{4\beta_e D_m^2}{V_t J_t}} = \sqrt{\frac{4 \times 7000 \times 10^5 \times (0.8 \times 10^{-6})^2}{10 \times 10^{-6} \times 1.2 \times 10^{-3}}} \text{rad/s} = 388 \text{rad/s}$$

假定阻尼比仅由阀的流量-压力系数产生。零位流量-压力系数 K_{c0} 可按式(2-48)近似计算,取 $W = 2.51 \times 10^{-2} \text{m}$, $r_c = 5 \times 10^{-6} \text{m}$, $\mu = 1.8 \times 10^{-2} \text{Pa}$,得

$$K_{c0} = \frac{\pi W r_c^2}{32\mu} = \frac{\pi \times 2.51 \times 10^{-2} \times (5 \times 10^{-6})^2}{32 \times 1.8 \times 10^{-2}} \text{m}^3/\text{s} \cdot \text{Pa} = 3.42 \times 10^{-12} \text{m}^3/\text{s} \cdot \text{Pa}$$

液压阻尼比为

$$\zeta_h = \frac{K_{c0}}{D_m}\sqrt{\frac{\beta_e J_t}{V_t}} = \frac{3.42 \times 10^{-12}}{0.8 \times 10^{-6}}\sqrt{\frac{7000 \times 10^5 \times 1.2 \times 10^{-3}}{10 \times 10^{-6}}} = 1.24$$

将 D_m、ω_h、ζ_h 值代入式(7-7)得

$$\frac{\theta_m}{\theta_0} = \frac{1.25 \times 10^6}{s\left(\frac{s^2}{388^2} + \frac{2 \times 1.24}{338}s + 1\right)}$$

伺服阀的传递函数由样本查得

$$\frac{\theta_0}{\Delta I} = \frac{K_{sv}}{\frac{s^2}{600^2} + \frac{2 \times 0.5}{600}s + 1}$$

额定流量 $q_n = 8\text{L/min}$ 的阀在供油压力 $p_s = 63 \times 10^5\text{Pa}$ 时，空载流量 $q_{0m} = 8 \times \sqrt{\frac{63 \times 10^5}{70 \times 10^5}}\text{L/min} = 7.6\text{L/min} = 1.27 \times 10^{-4}\text{m}^3/\text{s}$，所以阀的额定流量增益 $K_{sv} = \frac{q_{0m}}{\Delta I_n} = \frac{1.27 \times 10^{-4}}{0.03}\text{m}^3/\text{s} \cdot \text{A} = 4216 \times 10^{-6}\text{m}^3/\text{s} \cdot \text{A}$。则伺服阀的传递函数为

$$\frac{q_0}{\Delta I} = \frac{4216 \times 10^{-6}}{\frac{s^2}{600^2} + \frac{2 \times 0.5}{600}s + 1}$$

位移传感器和放大器的动态特性可以忽略，其传递函数可以用它们的增益表示。传感器增益为

$$\frac{U_f}{X_p} = K_f = 100 \quad \text{V/m}$$

放大器增益为

$$\frac{\Delta I}{U_e} = K_a \quad \text{A/V}$$

减速齿轮与丝杠的传递函数为

$$K_s = \frac{X_p}{\theta_m} = \frac{t}{2\pi i} = \frac{1.2 \times 10^{-2}}{2\pi \times 2}\text{m/rad} = 9.56 \times 10^{-4} \text{ m/rad}$$

根据以上确定的传递函数，可画出机床工作台液压伺服系统的方块图，如图 7-5 所示。

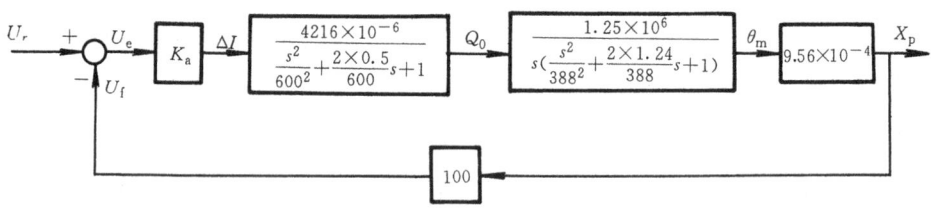

图 7-5 数控机床工作台液压伺服系统方块图

2. 绘制系统开环伯德图并根据稳定性确定开环增益

由方块图 7-5 绘制 $K_v = 1$ 时的开环伯德图，见图 7-6。然后将图中零分贝线下移至 O'，使相位裕量 $\gamma = 50°$，此时增益裕量 $K_g = 11\text{dB}$，穿越频率 $\omega_c = 84\text{rad/s}$，开环增益 $K_v = 39\text{dB} = 90\text{ l/s}$。

由图 7-5 得开环增益

$$K_v = K_a \times 4216 \times 10^{-6} \times 1.25 \times 10^6 \times 9.56 \times 10^{-4} \times 100 \text{ l/s} = 504K_a \text{ l/s}$$

所以放大器增益为

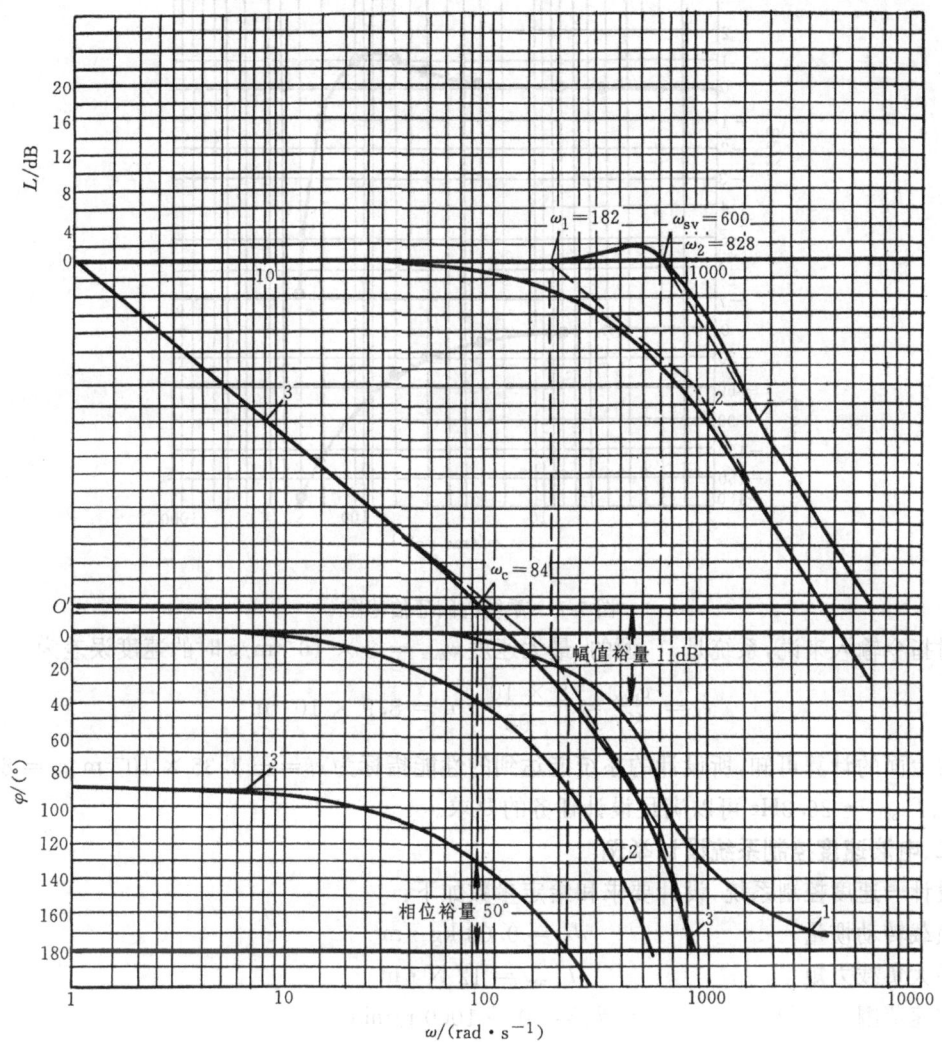

图 7-6 工作台液压伺服系统开环伯德图

$$K_a = \frac{K_v}{504} = \frac{90}{504} \text{A/V} = 0.179 \text{ A/V}$$

3. 求闭环系统的频宽

由图 7-6 所示的开环伯德图,通过尼柯尔斯图可以求得系统的闭环伯德图,如图 7-7 所示。由该图可得到闭环系统的频宽为

$$f_{-3dB} = \frac{\omega_{-3dB}}{2\pi} = \frac{165}{2\pi} \text{Hz} = 26.3 \text{Hz}$$

(四)计算系统的稳态误差

对于干扰来说,系统是零型的。启动和切削既不处于同一动作阶段,静摩擦干扰就不必考虑。伺服放大器的温度零漂($0.5\% \sim 1\% I_n$),伺服阀零漂和滞环($1\% \sim 2\% I_n$)、执行元件的不灵敏区($0.5\% \sim 1\% I_n$)。假定上述干扰量之和为 $\pm 2\% I_n$,由此引起的位置误差为

$$e_f = \frac{\pm 0.02 I_n}{K_a K_f} = \frac{\pm 0.02 \times 0.03}{0.179 \times 100} \text{m} = \pm 3.35 \times 10^{-5} \text{m}$$

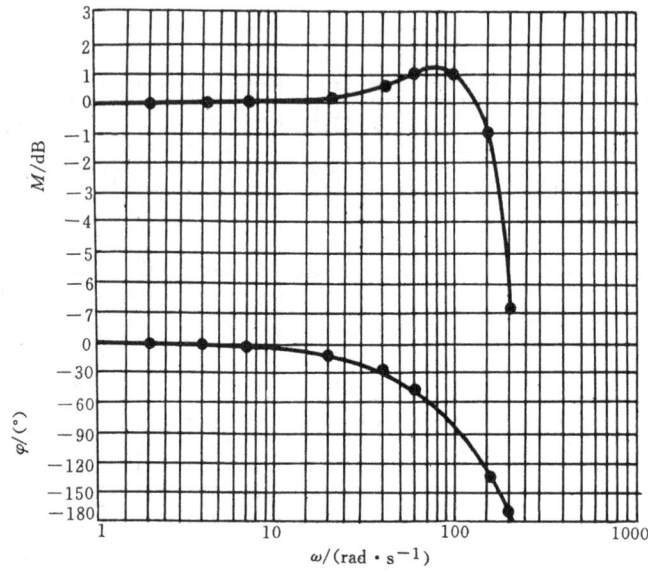

图 7-7 系统的闭环伯德图

对指令输入来说，系统是 I 型的，最大速度 $v_{max} = 8 \times 10^{-2}$ m/s 时的速度误差为

$$e_r = \frac{v_{max}}{K_v} = \frac{8 \times 10^{-2}}{90} \text{m} = 8.9 \times 10^{-4} \text{m}$$

由上面的计算可知，所设计的系统能达到的性能指标为 $e_f = \pm 3.35 \times 10^{-5}$ m、$e_r = 8.9 \times 10^{-4}$ m、$f_{-3dB} = 26.3$ Hz 可以满足设计任务的要求。

二、电液速度控制系统设计举例

设计一速度控制系统，设计要求和给定参数如下：

负载转动惯量　　　　　　　$J_L = 0.03$ kg·m²
最大负载力矩　　　　　　　$T_{Lmax} = 12$ N·m
转速范围　　　　　　　　　$\dot{\theta}_m = 50 \sim 1000$ r/min
转速误差　　　　　　　　　$e_v = \Delta\dot{\theta}_m \leqslant 5$ r/min
幅频宽　　　　　　　　　　$f_{-3dB} > 20$ Hz
幅频正峰值小于 6 dB

（一）拟定系统工作原理图

由于控制功率较小，所以采用阀控液压马达系统，系统工作原理方块图如图 7-8 所示。

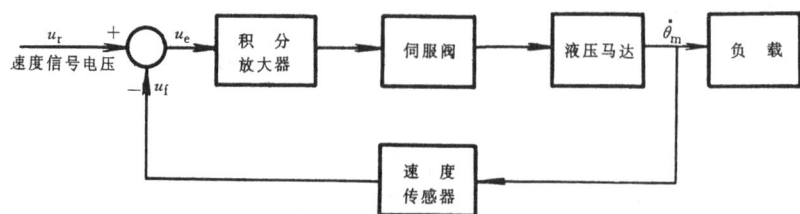

图 7-8　速度控制系统工作原理方块图

（二）确定动力元件参数及其它组成元件参数

1. 选择系统供油压力　　　　　　　$p_s = 70 \times 10^5 \text{Pa}$

2. 求液压马达排量

取 $p_L = \dfrac{2}{3} p_s$，则液压马达排量为

$$D_m = \frac{T_{L\max}}{p_L} = \frac{3T_{L\max}}{2p_s} = \frac{3 \times 12}{2 \times 70 \times 10^5} \text{m}^3/\text{rad} = 2.57 \times 10^{-6} \text{m}^3/\text{rad}$$

选取液压马达排量 $D_m = 2.5 \times 10^{-6} \text{m}^3/\text{rad}$。

3. 确定伺服阀规格

伺服阀流量为

$$q_L = 2\pi n_{\max} D_m = 2\pi \times 1000 \times 2.5 \times 10^{-6} \text{m}^3/\text{min} = 15.8 \times 10^{-3} \text{m}^3/\text{min}$$

此时伺服阀压降为

$$p_v = p_s - \frac{T_{L\max}}{D_m} = \left(70 \times 10^5 - \frac{12}{2.5 \times 10^{-6}}\right) \text{Pa} = 22 \times 10^5 \text{Pa}$$

根据 p_v、q_L 选取伺服阀。由图 7-4 查得，额定流量（阀压降为 $70 \times 10^5 \text{Pa}$ 时的输出流量）为 40L/min 的阀可以满足要求，该阀额定电流为 $I_n = 30 \times 10^{-3} \text{A}$。

4. 选择速度传感器和积分放大器

速度传感器在最大转速时输出电压为 10V，则速度传感器增益为

$$K_{fv} = \frac{10 \times 60}{2\pi \times 1000} \text{v} \cdot \text{s}/\text{rad} = 0.0955 \text{ v} \cdot \text{s}/\text{rad}$$

积分放大器增益 K_a 待定。

(三) 确定各环节的传递函数

1. 伺服阀的传递函数

供油压力 $p_s = 70 \times 10^5 \text{Pa}$ 时，阀的空载流量 $q_{0m} = \dfrac{40 \times 10^{-3}}{60} \text{m}^3/\text{s} = 0.667 \times 10^{-3} \text{m}^3/\text{s}$。

伺服阀流量增益为

$$K_{sv} = \frac{q_{0m}}{I_n} = \frac{0.667 \times 10^{-3}}{0.03} \text{m}^3/\text{s} \cdot \text{A} = 22.2 \times 10^{-3} \text{m}^3/\text{s} \cdot \text{A}$$

由样本查得伺服阀固有频率 $\omega_{sv} = 680 \text{rad}/\text{s}$，阻尼比 $\zeta_{sv} = 0.7$。于是伺服阀的传递函数为

$$\frac{Q_0}{\Delta I} = \frac{22.2 \times 10^{-3}}{\dfrac{s^2}{680^2} + \dfrac{2 \times 0.7}{680}s + 1}$$

2. 液压马达-负载的传递函数

取总压缩容积为

$$V_t = 3.5 \times 2\pi D_m = 3.5 \times 2\pi \times 2.5 \times 10^{-6} \text{m}^3 = 55 \times 10^{-6} \text{m}^3$$

式中，3.5 是考虑无效容积的系数。

根据所选液压马达查得 $J_m = 5 \times 10^{-4} \text{kg} \cdot \text{m}^2$，则负载总惯量为

$$J_t = J_m + J_L = (5 \times 10^{-4} + 0.03) \text{kg} \cdot \text{m}^2 = 3.05 \times 10^{-2} \text{kg} \cdot \text{m}^2$$

液压固有频率为

$$\omega_h = 2D_m \sqrt{\frac{\beta_e}{V_t J_t}} = 2 \times 2.5 \times 10^{-6} \sqrt{\frac{1.4 \times 10^9}{55 \times 10^{-6} \times 3.05 \times 10^{-2}}} \text{rad}/\text{s} = 145 \text{ rad}/\text{s}$$

假定 $B_m = 0$,取液压马达泄漏系数 $C_{tm} = 7 \times 10^{-13} \mathrm{m}^3/\mathrm{s} \cdot \mathrm{Pa}$。阀的流量-压力系数应取工作范围内的最小值,因为

$$K_c = \frac{C_d W x_{v0} \sqrt{\frac{1}{\rho}(p_s - p_{L0})}}{2(p_s - p_{L0})} = \frac{q_{L0}}{2(p_s - p_{L0})}$$

所以 K_c 最小值发生在 q_{L0} 和 p_{L0} 均为最小值的时候。在空载最低转速时 q_{L0} 和 p_{L0} 最小,此时

$$q_{L0} = 2\pi \times 2.5 \times 10^{-6} \times \frac{50}{60} \mathrm{m}^3/\mathrm{s} = 13.1 \times 10^{-6} \mathrm{m}^3/\mathrm{s}$$

考虑摩擦力矩,取 $p_{L0} = 7 \times 10^5 \mathrm{Pa}$。则

$$K_{cmin} = \frac{13.1 \times 10^{-6}}{2 \times (70 \times 10^5 - 7 \times 10^5)} \mathrm{m}^3/\mathrm{s} \cdot \mathrm{Pa} = 1 \times 10^{-12} \mathrm{m}^3/\mathrm{s} \cdot \mathrm{Pa}$$

由以上数据得阻尼比

$$\zeta_h = \frac{K_{ce}}{D_m}\sqrt{\frac{\beta_e J_t}{V_t}} = \frac{1.7 \times 10^{-12}}{2.5 \times 10^{-6}}\sqrt{\frac{1.4 \times 10^9 \times 3.05 \times 10^{-2}}{55 \times 10^{-6}}} = 0.6$$

液压马达-负载的传递函数为

$$\frac{\theta_m}{Q_0} = \frac{0.4 \times 10^6}{\frac{s^2}{145^2} + \frac{2 \times 0.6}{145}s + 1}$$

3. 其它环节的传递函数

忽略速度传感器和积分放大器的动态特性。速度传感器的传递函数为

$$\frac{U_f}{\dot{\theta}_m} = K_{fv} = 0.0955 \quad \mathrm{V} \cdot \mathrm{s/rad}$$

积分放大器传递函数为

$$\frac{\Delta I}{U_e} = \frac{K_a}{S} \quad \mathrm{A/V}$$

(四)根据系统精度要求确定开环增益

假定此例为恒速调节系统,则误差主要来自干扰和速度传感器。该系统对输入和干扰都是 I 型系统,所以对恒定干扰力矩和伺服阀零漂是无差的。

设传感器误差为 0.1%,由此引起的转速误差为 $\Delta \dot{\theta}_m = 1000 \times 0.001 \mathrm{r/min} = 1\mathrm{r/min}$。设计要求转速误差为 5r/min,去掉传感器产生的 1r/min 误差外,还有 4r/min 的误差是负载力矩变化引起的。设加载时间为 1s,则加载速度为 $\dot{T}_L = \frac{12}{1}\mathrm{N} \cdot \mathrm{m/s}$。等速负载力矩变化引起的转速误差为

$$\Delta \dot{\theta}_{mL} = \frac{K_{ce} \dot{T}_L}{D_m^2 K_0}$$

由此得满足转速误差的开环增益为

$$K_0 \geqslant \frac{K_{ce} \dot{T}_L}{D_m^2 \Delta \dot{\theta}_{mL}}$$

转速误差 $\Delta \dot{\theta}_{mL}$ 与 K_{ce} 成正比,因此最大误差发生在 K_{ce} 为最大的工作点。因为 $K_{ce} \approx K_c$,所以

$$K_{cemax} \approx K_{cmax} = \frac{Q_{Lmax}}{2(p_s - p_{Lmax})} =$$

$$\frac{2.5\times 10^{-6}\times 1000\times 2\pi}{2\times(70\times 10^5-48\times 10^5)\times 60}\text{m}^3/\text{s}\cdot\text{Pa}=5.9\times 10^{-12}\text{m}^3/\text{s}\cdot\text{Pa}$$

开环增益为

$$K_0\geqslant\frac{5.9\times 10^{-12}\times 12\times 60}{(2.5\times 10^{-6})^2\times 4\times 2\pi}\ \text{l/s}=270\ \text{l/s}$$

取 $K_0=280$。则放大器增益

$$K_a=\frac{K_0 D_m}{K_{fv}K_{sv}}=\frac{280\times 2.5\times 10^{-6}}{0.0955\times 22.2\times 10^{-3}}\text{A/s}\cdot\text{V}=0.33\ \text{A/s}\cdot\text{V}$$

(五) 绘制系统开环伯德图,检查系统稳定性

根据系统工作原理方块图图 7-8 和所确的传递函数可画出系统方块图,见图 7-9。

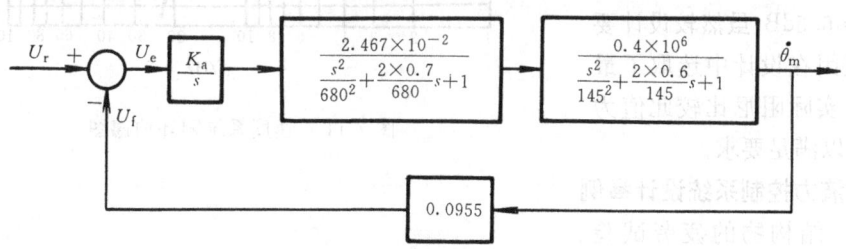

图 7-9　速度控制系统方块图

系统开环传递函数为

$$\frac{U_f}{U_e}=\frac{280}{s\left(\dfrac{s^2}{680^2}+\dfrac{2\times 0.7}{680}s+1\right)\left(\dfrac{s^2}{145^2}+\dfrac{2\times 0.6}{145}s+1\right)}$$

根据上式可画出系统开环伯德图,见图 7-10。由图可见,系统幅值裕量为 -4dB,因此系统不稳

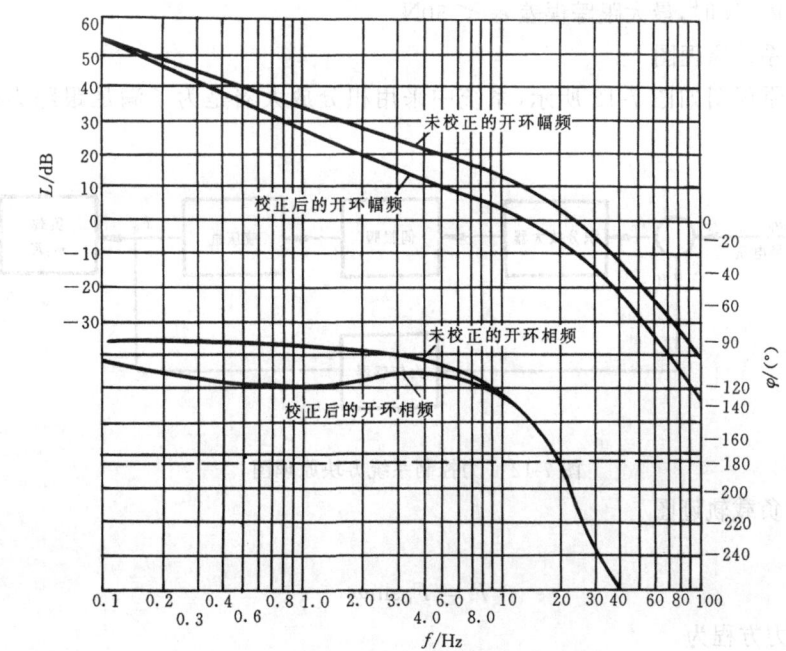

图 7-10　速度系统开环伯德图

定,需加校正装置。

(六) 确定校正装置参数

采用图 6-15 所示 RC 滞后校正网络将中频段降低 10dB,则幅值裕量变成 6dB,相位裕量 30°,穿越频率 $\omega_c = 15\text{Hz}$。由 $20\lg\alpha = 10$,得 $\alpha = 3.16$,取 $\omega_{rc} = 1\text{Hz}$。

利用尼柯尔斯可画出校正后的系统闭环伯德图,见图 7-11。该图表明,幅频宽 $f_{-3\text{dB}} > 20\text{Hz}$,谐振峰 $M_r = 6.5\text{dB}$,虽然较设计要求高些,但因在设计中选取了最小阻尼比,实际阻尼比较此值为大,所以可以满足要求。

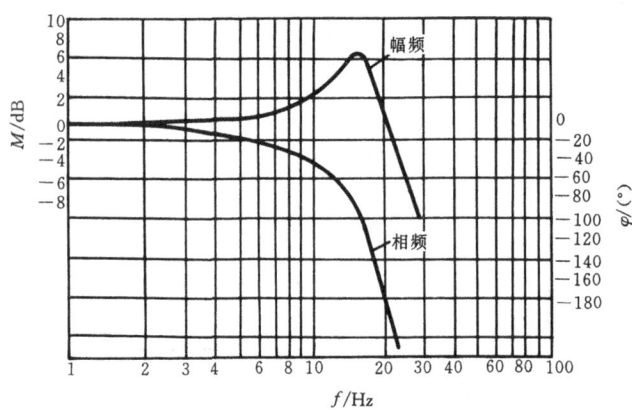

图 7-11 速度系统闭环伯德图

三、电液力控制系统设计举例

设计一结构物的疲劳试验机,已知:

结构物刚度　　　　　$K_s = 2.55 \times 10^6$　N/m

结构物质量　　　　　$m = 18\text{kg}$

技术要求:

最大加载力　　　　　$F_{\max} = 5 \times 10^3\text{N}$

频宽　　　　　　　　$f_{-3\text{dB}} > 31.8\text{Hz}(\omega_b > 200\text{rad/s})$

$F_0 = 4000t$　N 时,最大跟踪误差 $e_F < 50\text{N}$

(一) 拟定系统原理图

系统方块原理图如图 7-12 所示,系统中采用积分放大器是为了满足跟踪力函数 $F_0 = 4000t$ 的要求。

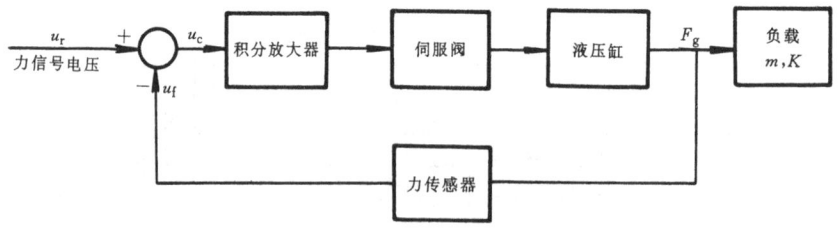

图 7-12 力控制系统方块原理图

(二) 绘制负载轨迹图

取

$$F = F_m \sin\omega t \tag{7-8}$$

则动力机构的力方程为

$$F = F_m \sin\omega t = m\ddot{x}_p + K_s x_p$$

解出上式,并令初始条件 $x_p(0) = \dot{x}_p(0) = 0$,则得速度函数
$$\dot{x}_p = \dot{x}_{pm}(\cos\omega t + \cos\omega_m t) \tag{7-9}$$
式中
$$\dot{x}_{pm} = \frac{F_m \omega}{K_s - m\omega^2} = \frac{F_m \omega}{m(\omega_m^2 - \omega^2)}$$

$$\omega_m = \sqrt{\frac{K_s}{m}}$$

式(7-8)与(7-9)就是负载轨迹方程。已知 $F_m = 5 \times 10^3 \text{N}, \omega = \omega_b = 200 \text{rad/s}$。在 0 到 F_m 之间给 F 以不同的值,由式(7-8)求出 t,然后再由式(7-9)求出 $\dot{x}_p$,从而求得负载轨迹 $\dot{x}_p = f(F)$,如图 7-13 所示。负载轨迹对称于纵轴,为了使动力元件能同时满足正反两个方向的要求,将第三象限负载轨迹(同第四象限)重合到第一象限,所得到的图形外廓线称为重叠轨迹。根据重叠轨迹与动力元件匹配来设计动力元件参数。

(三) 根据负载匹配确定动力元件参数

为了作图方便,使纵座标比例尺与速度平方成正比,这样动力元件输出特性曲线变成直线。对于定量泵加溢流阀形式的能源,为了使系统耗功最小,在供油压力 p_s 选定后,则应使液压泵输出流量最小。如选择泵流量等于伺服阀最大空载流量(忽略溢流阀溢流量),那么就要求伺服阀最大空载流量 q_{0m} 最小。在图 7-13 中,作一直线与负载轨迹上的 A、B 点同时相切,该直线所对应的系统耗功最小。由图得到 $A_p p_s = 1.36 F_m$,选取 $p_s = 100 \times 10^5 \text{Pa}$,则得

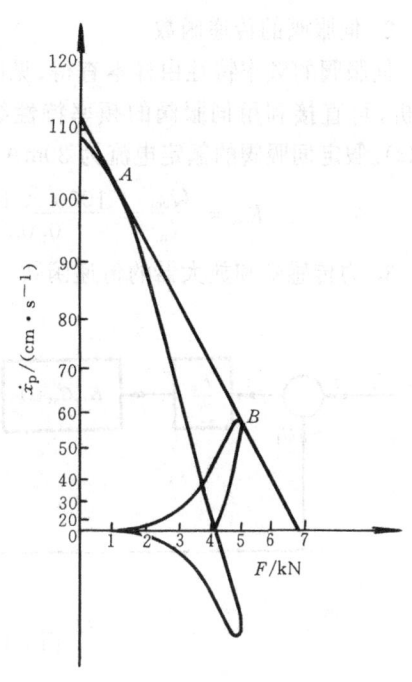

图 7-13 力控制系统的负载轨迹

$$A_p = \frac{1.36 F_m}{p_s} = \frac{1.36 \times 5 \times 10^3}{100 \times 10^5} \text{m}^2 = 6.8 \times 10^{-4} \text{m}^2$$

取标准液压缸 $A_p = 6.75 \times 10^{-4} \text{m}^2$。

同样,由图 7-13 得到动力元件能给出的最大空载速度为 1.114m/s,考虑系统的泄漏等,将伺服阀流量增大 30%,则伺服阀最大空载流量为

$$q_{0m} = 1.3 \times 1.114 \times A_p = 1.3 \times 1.114 \times 6.75 \times 10^{-4} \text{m}^3/\text{s} = 978 \times 10^{-6} \text{m}^3/\text{s}$$

选取最大空载流量为 $1000 \times 10^{-6} \text{m}^3/\text{s}$(60L/min)的伺服阀。取伺服阀的流量-压力系数为
$$K_c = 3.5 \times 10^{-11} \text{m}^3/\text{s} \cdot \text{Pa}$$
因为 K_c 比较大,所以需选正开口伺服阀。

(四) 确定系统元件的传递函数和系统方块图

1. 液压缸传递函数

忽略液压缸泄漏,则 $K_{ce} = K_c$,取 $\beta_e = 7000 \times 10^5 \text{Pa}, V_t = 10 \times 10^{-6} \text{m}^3$,将已知参数代入

式(6-55)可得液压缸传递函数

$$\frac{F_g}{X_v} = \frac{1.93 \times 10^7 K_q (7.06 \times 10^{-6} s^2 + 1)}{7.2 \times 10^{-10} s^3 + 7.06 \times 10^{-6} s^2 + 5.2 \times 10^{-3} s + 1}$$

或

$$\frac{F_g}{Q_0} = \frac{1.93 \times 10^7 \left(\frac{s^2}{376.4^2} + 1\right)}{\left(\frac{s}{376.4} + 1\right)\left(\frac{s}{409.7} + 1\right)\left(\frac{s}{8998.3} + 1\right)}$$

2. 伺服阀的传递函数

伺服阀的频率特性由样本查得,见图 7-15。根据频率特性可求出传递函数,但采用频率法分析,可直接利用伺服阀的频率特性绘制系统开环伯德图,而不必估计伺服阀的传递函数 $G_{sv}(s)$。假定伺服阀的额定电流为 30mA,则伺服阀的流量增益为

$$K_{sv} = \frac{Q_{0m}}{I_n} = \frac{1000 \times 10^{-6}}{0.03} \text{m}^3/\text{s} \cdot \text{A} = 3.33 \times 10^{-2} \text{m}^3/\text{s} \cdot \text{A}$$

3. 力传感器和放大器的传递函数

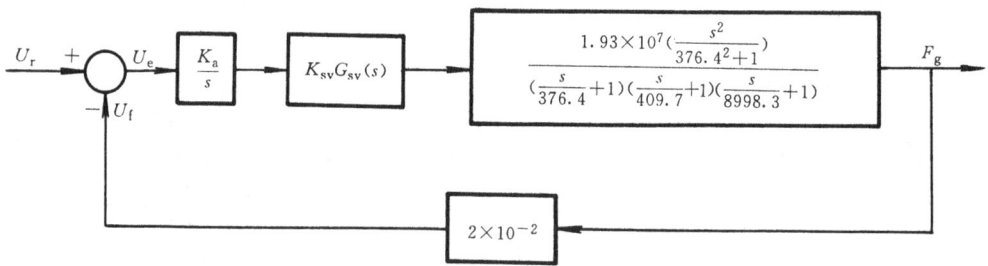

图 7-14 力控制系统方块图

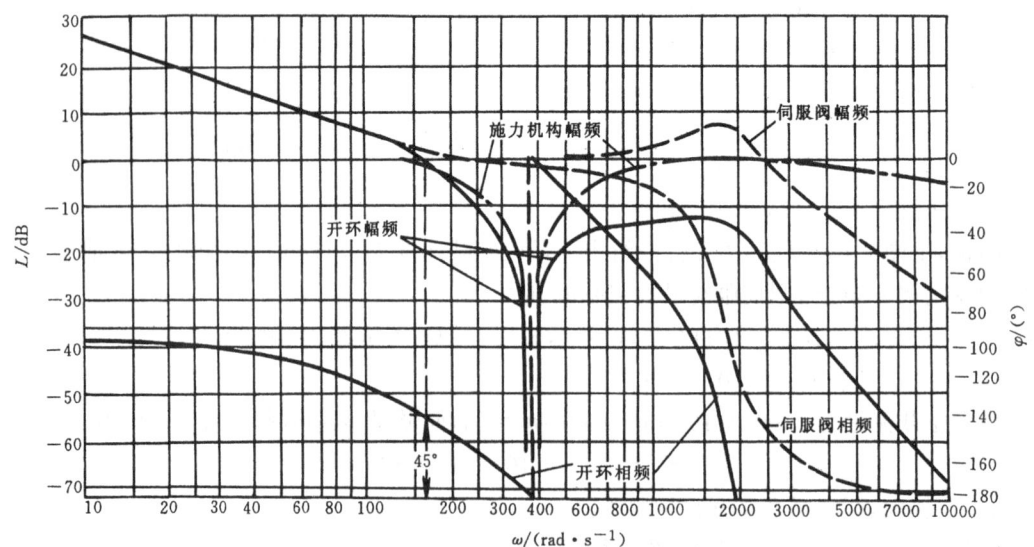

图 7-15 力控制系统开环伯德图

力传感器和放大器的传递函数可以其增益 K_{fF} 和 K_a 表示。选取力传感器增益 $K_{fF} = 2 \times$

10^{-2}V/N,放大器增益 K_a 待定。

将上述确定的传递函数代入方块图 7-12 得系统方块图,如图 7-14 所示。

(五)绘制系统开环伯德图,计算稳定性和确定开环增益

根据系统方块图可以画出系统开环伯德图,见图 7-15。由图可见,当相位等于 $-180°$ 时,对数幅频均小于零,因此系统是稳定的。当相位裕量 $\gamma = 45°$ 时,系统开环增益为 200l/s。其对应的闭环伯德图如图 7-16 所示,幅频宽为 230rad/s,满足设计要求。

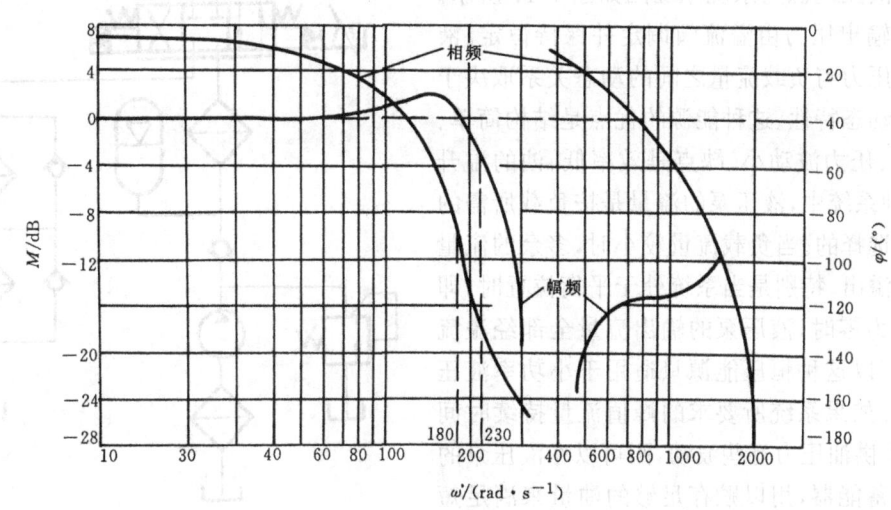

图 7-16 力控制系统闭环伯德图

(六)计算系统的跟踪误差

这是个 I 型伺服系统,跟踪斜坡输入时的稳态误差为

$$e_F = \frac{4000}{200}N = 20N$$

满足系统设计要求。

第三节 液压能源的选择

一、对液压能源的要求

液压伺服系统对液压能源的要求比较严格,通常要求选用独立的液压能源。液压能源除了满足系统的压力、流量要求外,还应满足以下要求:

(1)保证油液的清洁度 这是保证液压伺服系统可靠工作的关键。据统计,液压伺服系统的故障 80% 是由于油液污染造成的。通常液压伺服系统要求有 $10\mu m$ 的过滤器,对要求比较高的系统,则应有 $5\mu m$ 的过滤器。

(2)防止空气混入 空气混入将造成系统工作不稳定并使快速性降低。因此油液中空气含量不能超过规定值,一般油中的空气含量不应超过 $2\% \sim 3\%$。工程上可采用加压油箱(1.5×10^5Pa)来避免空气混入。

(3)保持油温恒定 温度过高,使液压元件寿命降低,油温变化大,使伺服阀的零漂加大,影响系统的性能。一般油温控制在 $35 \sim 45℃$ 之间。

(4) 保持油源压力稳定,减小油源压力波动　一般在液压伺服系统的液压能源中,都设有皮囊式蓄能器吸收油源的压力脉动,提高响应能力。

二、液压能源的形式

液压伺服系统通常采用恒压式液压能源,以满足伺服阀输入恒值压力的要求。常用的恒压油源有以下三种形式。

(一) 定量泵-溢流阀恒压能源

这种液压能源的系统原理图如图 7-17 所示。液压泵的输出压力由溢流阀调定并保持恒定。液压泵输出压力与负载流量之间的动态关系取决于溢流阀的动态特性。这种能源的优点是结构简单、反应迅速、压力波动小。缺点是效率低、油的温升大。在这种系统中,液压泵的流量是按负载所需的峰值流量选择的。当负载流量较小时,多余的流量从溢流阀溢出。特别是当系统处于平衡位置时,即负载流量为零时,液压泵的输出流量全部经溢流阀流走。所以这种恒压能源只适用于小功率液压伺服系统。如果系统所要求的峰值流量持续时间短,又允许供油压力有些波动,则可以在液压泵的出口接一蓄能器,用以贮存足够的油量来满足短时峰值流量的要求。这时可选流量较小的液压泵,从而降低功率损失和温升。蓄能器还可以减小压力脉动和冲击。

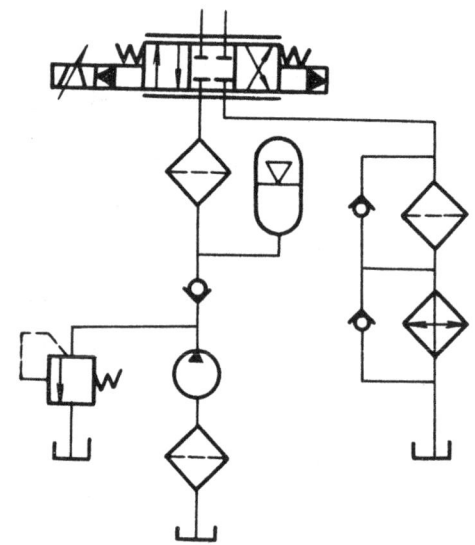

图 7-17　定量泵-溢流阀恒压能源

(二) 定量泵-蓄能器-卸荷阀恒压能源

如图 7-18 所示。供油压力变动范围由压力继电器和电磁溢流阀控制。当系统压力达到一定值时,压力继电器发出信号,电磁溢流阀使液压泵卸荷,系统压力由蓄能器保持。当系统压力降到某一值时,压力继电器发出反向信号,电磁溢流阀处于加载状态,液压泵又向系统供油,同时向蓄能器充油。为了保证液压泵能有一定的卸荷时间,供油压力应在一定的范围内变动是该系统的特点,否则液压泵频繁起停会降低液压泵寿命。这种恒压能源结构简单、能量损失少、效率高。

(三) 恒压变量泵液压能源

恒压变量泵液压能源如图 7-19 所示,由变量泵和恒压控制变量机构组成,恒压控制变量机构由恒压阀(滑阀)和变量活塞组成。液压泵输出压力由恒压阀弹簧调定。当液压泵的输出压力与恒压阀弹簧调定值不同时,恒压阀动作,改变变量活塞控制腔的压力,推动变量活塞移动改变泵的排量,直到泵的输出压力恢复到给定值为止。这种液压能源的特点是液压泵的输出流量取决于系统的需要。因此效率高,适合于高压、

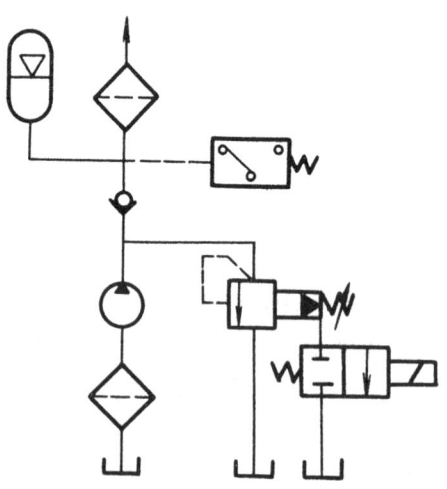

图 7-18　定量泵-蓄能器-卸荷阀恒压能源

大流量系统，也适用于流量变化大和间歇工作的系统。系统组成简单、重量轻，但是，恒压变量泵的结构复杂，变量机构惯性大，响应不如溢流阀快。当系统所需流量变化较大时，由于变量机构响应跟不上，会引起变大的压力变化。因此系统中常配有蓄能器，用来满足系统峰值流量的要求。另外，这种泵在系统需要的流量很小，特别是系统处于平衡位置而不需要流量时，泵的输出流量很小，而此时泵仍在高压下运转，泵由运动所产生的热量不能被油液带走。因此泵的温升高，有损于泵的寿命。所以在使用时要解决好泵的发热问题。

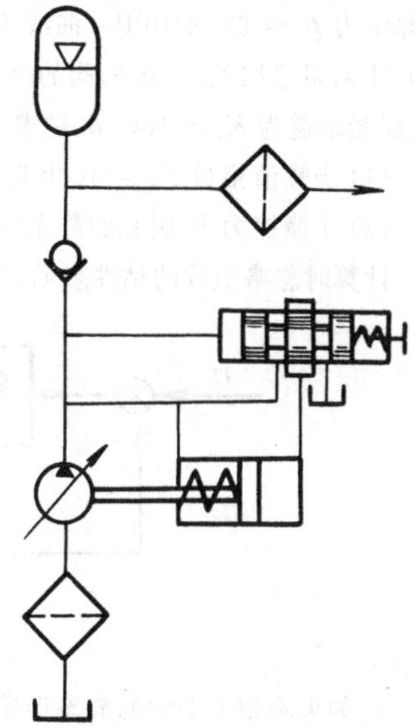

三、液压能源与负载的匹配

液压能源的压力和流量应满足系统负载所需要的压力和流量，同时又不造成能量及设备的浪费。当液压能源的压力-流量特性曲线完全包围负载的压力-流量曲线并留有一定余量时（见图7-20），能源装置的选择就是合理的。在图7-20中，对于负载特性曲线①表示液压能源的流量不足，对曲线②表示液压能源的压力不足。为了充分发挥能源的作用，提高效率，能源装置的最大功率点应尽量接近负载特性曲线的最大功率点。

阀控系统液压能源的选择如图7-21所示。图中，液压能源特性曲线虽未完全包围伺服阀的特性曲线，但完全包围了负载特性曲线，可以满足负载的要求。这样选择液压能源，可以提高系统效率。

图7-19 恒压变量泵液压能源

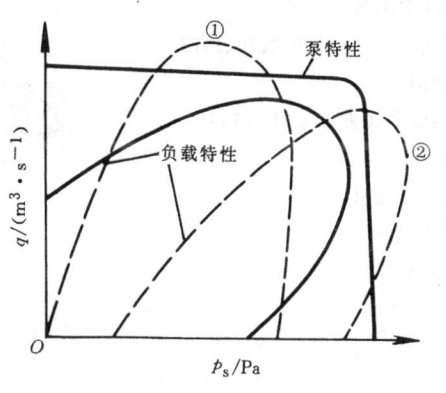

图7-20 液压能源与负载的匹配

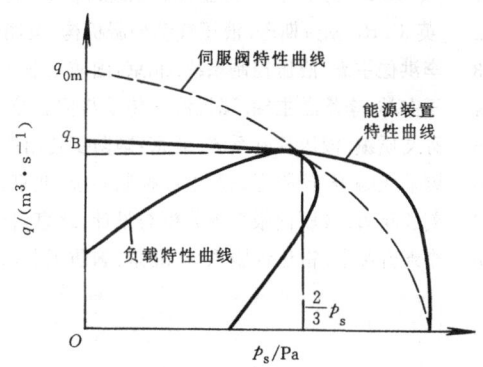

图7-21 能源装置、伺服阀、负载特性曲线

思 考 题

1. 在确定执行元件主要规格尺寸时，对位置和速度控制系统为什么要限定 $p_L \leqslant \frac{2}{3}p_s$？在力控制系统中是否也受此限制？为什么？
2. 如何确定伺服阀的规格？
3. 选择反馈传感器时应注意哪些问题？
4. 在设计系统时，可采用哪些方法确定系统的开环增益？
5. 伺服系统对液压能源有哪些要求？如何选择液压伺服系统的液压能源？

习 题

1. 有如图 7-22 所示阀控缸电液位置伺服系统,已知负载质量 $m = 1000\text{kg}$,干摩擦力 $F_f = 2000\text{N}$,负载最大行程 $x_{pmax} = 0.5\text{m}$,最大速度 $v_{max} = 10 \times 10^{-2}\text{m/s}$,最大加速度 $a_{max} = 2.2\text{m/s}^2$。最大输入信号电压 $u_r = 5\text{V}$,能源压力 $p_s = 63 \times 10^5\text{Pa}$,油液体积弹性模量 $\beta_e = 1.4 \times 10^9\text{Pa}$。所选用的电液伺服阀的固有频率 $\omega_{sv} = 600$ 1/s,阻尼比 $\zeta_{sv} = 0.5$,阀的流量增益 $K_{sv} = 4.44 \times 10^{-3}\text{m}^3/\text{s} \cdot \text{A}$,流量-压力系数 $K_c = 4 \times 10^{-12}\text{m}^3/\text{s} \cdot \text{Pa}$。反馈增益为 $K_f = 10\text{v/m}$。试求:

(1) 当幅值裕量 $K_g = 10\text{dB}$ 时的开环增益 K_v,伺服放大器增益 K_a,开环穿越频率 ω_c,相位裕量 γ。

(2) 干摩擦力 F_f 引起的静态误差 e_f。

计算时忽略负载的粘性阻尼和液压缸的泄漏。取总压缩容积 $V_t = 1.4 A_p x_{pmax}$。

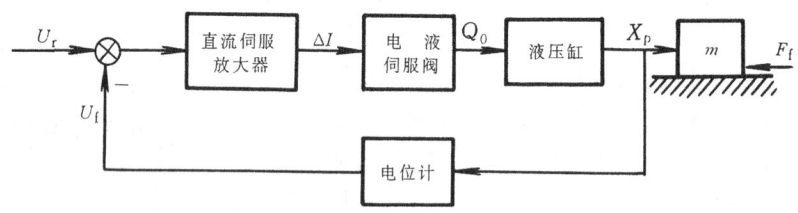

图 7-22 阀控缸电液位置伺服系统

2. 如果希望上题中的静态误差 e_f 下降为原来值的 1/4,采用滞后校正,校正元件参数 α 及 ω_{rc} 应为多少?相位裕量 γ 有多少?伺服放大器增益如何调整?

参 考 文 献

1 [英]H.E. 梅里特著. 液压控制系统. 陈燕庆译, 北京: 科学出版社, 1976
2 [英]C.R. 帕劳斯著. 液压气动伺服机构. 黄明慎译, 北京: 国防工业出版社, 1978
3 李洪仁主编. 液压控制系统. 北京: 国防工业出版社, 1981
4 王占林、李培滋主编. 飞机液压传动与伺服控制. 北京: 国防工业出版社, 1986
5 孙文质编. 液压控制系统. 北京: 国防工业出版社, 1985
6 顾瑞龙编著. 控制理论及电液控制系统. 北京: 机械工业出版社, 1984
7 刘长年著. 液压伺服系统分析与设计. 北京: 科学出版社, 1985
8 李连升编著. 雷达伺服系统. 北京: 国防工业出版社, 1983